数据驱动型竞争异化风险的
法律防控研究

熊春泉　聂佳龙　著

上海三联书店

目　　录

导　言

一

2017 年 12 月 8 日,习近平总书记在其主持的以"实施大数据战略"为主题的中共中央政治局第二次集体学习时指出,建设现代化经济体系离不开大数据发展与应用,要加快构建以数据为关键要素的数字经济。[①]所谓的现代化经济体系就是强调市场在资源配置中起决定性作用的经济体系。无数的事例早已证明,市场经济并不是完美无缺的,相反其缺陷也相当的明显,如难以有效解决外部性、公共物品供给、信息不对称与不完全、非价值物品等问题。因而,我们所能得到的历史经验是仅仅依靠市场机制自发形成的市场秩序并不能保障资源得到合理且有效的配置。"鉴于各种原因,自生自发的发展过程有可能陷入一种困境,而这种困境则是它仅凭自身的力量所不能摆脱的,或者说,至少不是它能够很快加以克服的。"[②]于是,对市场主体施加外部规制是有必要的。

规制(Regulation)意指"利用外部一定的强制力量对某一事物(或行为)偏离应有状态的矫正和规范[③]。由此定义可知,规制的发生必然要以规制对象的偏颇为依归。市场主体的偏颇表现为市场经济主体面对基于逐利性的有限理性所造成的个人利益与社会公共利益冲突时为了个人

---

① 人民网,http://cpc.people.com.cn/n1/2017/1209/c64094-29696290.html,最后访问时间:2019 年 11 月 10 日。

② [英]弗里德利希·冯·哈耶克:《法律、立法与自由》(第 1 卷),邓正来译,中国大百科全书出版社 2000 年版,第 135 页。

③ 李昌麒:《经济法学》,法律出版社 2008 年版,第 227 页。

利益的实现而损害社会公共利益。"'公共'表达了某一事物属于每个社会成员或与每个社会成员都相关这样一个概念"。①这个概念容纳了为了实现个人利益而损害社会公共利益的行为应成为法律规制的对象这一权威性范畴,因为利益是"这样一些要求、愿望或需要,即:如果要维护并促进文明,法律一定要为这些要求、愿望或需要作出某种规定"。②也就是说,对市场主体进行规制的起点是其在实现个人利益时损害了社会公共利益。

市场主体在实现个人利益时会损害社会公共利益在现实中有多种实现方法(如垄断、不正当竞争),而且随着时代的变迁还会有新的方法会被不诚实的市场主体凭借其聪明才智发明出来。当前大数据已通过搜索引擎、电子商务、社交网络等方式渗透于我们的生活、工作之中,其价值正日益得以彰显。正因如此,我们正处于大数据时代。由于趋利避害的本性在任何时代都不会改变,基于此以及参照以往的历史经验,大数据时代将会出现新的实现个人利益时会损害社会公共利益的方法。

在大数据时代,无论是我们的生活、工作,还是思维方式都会打上大数据技术的烙印。大数据时代抑或大数据技术,于上均能指向数据(Data)。那么,为什么是数据? 如果我们哪怕是简单地回顾下互联网发展史,答案就会不言自明了。

互联网(Internet)又称网际网路,指的是网络与网络之间以一组通用的协定相互串联而成的单一巨大国际网络。互联网滥觞于 1969 年的美军在阿帕网(ARPA)制定的协定(该协定由剑桥大学的 BBN 和 MA 执行)下将美国西南部大学加利福尼亚大学洛杉矶分校、加利福尼亚大学、斯坦福大学研究学院与犹他州大学的四台连接起来。1978 年贝尔实验室提出 UUCP,在此基础上,1979 年新闻组网络系统发展起来。1989 年被称之为 World Wide Web 的分类互联网信息的协议被提出来。1991 年Minnesota 大学开发出第一个连接互联网的友好接口。至此,互联网已定型。

互联网的出现,实现了地理位置不同且功能相互独立的计算机及其

---

① 王春业、聂佳龙:"从'三公'经费公开谈人大预算权的落实",《云南大学学报》(法学版)2013 年第 1 期。

② [美]罗斯科·庞德:《通过法律的社会控制》,沈宗灵译,商务印书馆,2010 年版,第41 页。

外部设备之间的资源共享与信息传递,从而突破了人们之间交流的时空限制。作为互联网基本元素的计算机在理论上由运算逻辑单元、控制器、输入与输出设备、记忆单元五大单元组成。这样,互联网中留下的数据都能够被记忆。这一特性也就决定了互联网具有"记忆成为常态,遗忘成为例外"的特点。随着互联网逐渐成为了人们生活、工作不可或缺的工具,大量反映个人在真实世界活动的数据在互联网之中被记忆。随着时间的推移,被记忆的数据在当前已是海量。这些海量的数据为通过对这些数据的交换、分析、整合与挖掘发现新知识、创造新价值进而实现大利润等奠定了基础。正因为如此,全球知名咨询公司麦肯锡(Mckinsey & Company)下面的全球研究所(Mckinsey Global Institute)在 2011 年 5 月发布了一份名为《大数据:下一个创新、竞争和生产率的前沿》(Big data:The next frontier for innovation, competition, and productivity)的报告。该报告系统阐述了大数据的概念,详细列举了大数据的核心技术,深入分析了大数据在不同行业的应用,明确提出了政府与企业决策者应对大数据发展的策略,并且指出"大数据现在无处不在:在每一个部门,在每一个经济体,在每一个组织和用户的数字技术都有大数据"(Big data is now everywhere-in every sector, in every economy, in every organization and user of digital technology)。[1]该报告发布后,美国、欧盟、法国、日本等相继公布了各自的大数据发展战略。受这些国家的影响与推动,大数据不仅仅成为了一个热门的词汇,更为重要的是越来越多的国家、科技公司认识到了"在大数据时代,数据就像是一个神奇的钻石矿,在其首要价值被发掘之后仍能不断产生价值"[2],它将重塑人类的生活、工作与思维。

　　时过境迁,当今发展大数据被绝大部分国家上升到了国家战略层面,而且随着大数据技术的成熟以及广泛的运用,人们已经意识到"得数据者得天下"。这可以从中外一些事件——如 2013 年的百度诉奇虎 360 案、2015 年的新浪微博诉脉脉案、2016 年的大众点评诉百度案,hiQ 诉

---

　　① Mckinsey Global Institute:"Big data:The next frontier for innovation, competition, and productivity",载麦肯锡全球研究所网 http://www.mckinsey.com/search.aspx?q=big+data%3A+the+next+frontier+for+innovation%2C+competition%2C+and+productivity,最后访问日期 2019 年 11 月 10 日。

　　② [英]维克托·迈尔—舍恩伯格、肯尼思·库克耶:《大数据时代:生活、工作与思维的大变革》,盛杨燕、周涛译,浙江人民出版社 2012 年版,第 135 页。

Linked In 案、Facebook 数据泄露事件等——中窥探其中的端倪。

本质隐藏在各种各样的现象之中。于是,我们对某一或某些事件进行细致入微的"解剖"可以触及一些本质性的东西。基于此,如果"解剖"这只"顺丰菜鸟之争"更为众人熟知的"麻雀","得数据者得天下"直觉判断或许会得到进一步的强化。"顺丰菜鸟之争"事件的经过大致如下:

> 2017 年 6 月 1 日,菜鸟网络发表声明称,顺丰速递分别于 2017 年 6 月 1 日凌晨与中午,关闭了自提柜数据的信息回传与整个淘宝平台的物流信息回传,建议商家改用其他物流公司的服务。对此,顺丰速递回应称,菜鸟网络在 2017 年 5 月为了自身商业利益要求丰巢提供与其无关的客户隐私数据遭到拒绝后单方面于 2017 年 6 月 1 日 0 点切断了丰巢信息接口,在此之前阿里系平台已将顺丰从物流选项中剔除。2017 年 6 月 2 日晚,国家邮政局召集菜鸟网络和顺丰速递高层来京协调,经协调双方同意从 6 月 3 日 12 时起,全面恢复业务合作和数据传输。①

从上述介绍中不难看出,"顺丰菜鸟之争"争的是数据。无论是顺丰速递还是菜鸟网络都是都以营利为目的的法人。由此,我们可以作这样一个较为大胆的推断:数据具有财产属性,申言之,由于数据具有财产属性,从而能够给其拥有者、使用者带来经济利润。

但是,数据为何能具有财产属性?这一属性又是如何给数据拥有者、使用者带来经济利润的?基于"一有适当的利润,资本就胆大起来"②的常识,由于大数据能够带来大利润,于是我们即便是对前述问题置之不理,依然会面临为了自身商业利益,数据被拥有者、使用者被控制进而阻碍市场竞争风险的问题。美国著名经济学家曼库尔·奥尔森认为,生产要素的自由流通,统一大市场的形成,是一国经济社会快速发展的关键因素。于是,前述所指的风险一旦成真将会危害经济社会的快速发展,进而损害所有人所有的利益即社会公共利益。因此,前述所指的风险问题应

---

① 腾讯网,https://finance.qq.com/a/20170606/005043.htm,最后访问时间:2019 年 11 月 10 日。

② 《马克思恩格斯选集》(第 2 卷),人民出版社 1995 年版,第 226 页。

该为我们要重视的问题。

<h1 style="text-align:center">二</h1>

　　目前,未来的发展趋势不仅仅是知识的驱动,还是智慧驱动、数据驱动①这一观点的正确性正日益增强。据此可知,数据驱动型竞争必然会在未来存在。无数事实已反复证明,竞争都存在着异化的风险。基于前述认识,可以说,数据驱动型竞争异化现象也必然会成为未来的真实事实。未雨先绸缪,因而当今时间节点我们肩负着提出应对之策的历史责任。但也必须承认站在当今时间节点,我们仅仅知道的是数据驱动竞争性的异化会有不正当竞争、垄断等,而这些并不是数据驱动竞争性异化的全部内容。于是,无论是问题的本身还是问题的解决都应当到指向的数据驱动之中去找寻。

　　之所以说未来的发展趋势是数据驱动,是因为当我们拥有海量的数据以及处理这些数据的技术就能从数据获得信息、知识等,然后在此基础上借助人工智能(Artificial Intelligence,简称 AI)等技术实现各种的具体应用。申言之,数据驱动之基础有二,即数据与处理数据的技术。于是,从理论上讲,克服数据驱动型竞争异化风险的进路也就有二。

　　但是,上述两种进路是选择其中一种还是两种都选择呢? 即便我们暂且不考虑这个问题,但我们也必须回答这两种进路各自的最优制度安排是什么这一问题。"制度是一个社会的博弈规则,或者更规范地说,他们是一些人为设计的、型塑人们互动关系的约束。"②也就是说,最优的制度安排应该是各方博弈主体实现了均衡的结果。前面已述及,由于数据不仅具有财产属性而且这种属性正日益增强,从而"顺丰菜鸟之争"实质上争的是数据,而信息安全扮演的不过是"背锅侠"的角色。而在当前的互联网环境下,尽管消费者是数据的生产者,但他们并不是数据的拥有者,真正的拥有者则是各种互联网平台背后的"信息帝国"。在物理力量

---

　　① 新华网,http://www.xinhuanet.com/tech/2016-10/24/c_1119771326.htm,最后访问日期 2019 年 11 月 10 日。

　　② [美]道格拉斯·C.诺斯:《制度、制度变迁与经济绩效》,杭行译,格致出版社、上海三联书店、上海人民出版社 2008 年版,第 50 页。

上,消费者无法与"信息帝国"相抗衡,更为重要的是互联网技术所突破的时空不受限等便利使得当今消费者不可能与涵盖了几乎所有消费领域的"信息帝国"们不发生联系。这样也就不可避免地导致了消费者一面通过各种互联网平台为其背后的"信息帝国"源源不断地生产数据,另一方面又不得不面对个人包括消费偏好等准确身份资料因为被知晓而使商家获得或维持其垄断权力导致自身权益处于随时可能被侵犯的风险。因此,最优的制度安排确切地说应该是消费者生产数据但不会因此而让其权益陷于或可能陷于被侵犯的境地。

"消费者生产数据但不会因此而让其权益陷于或可能陷于被侵犯的境地"其中所蕴含的潜台词是:原则上承认消费者对其所生产的数据拥有所有权,从而(1)消费者享有要求其所生产的数据无涉个人信息等,以及(2)认为其所生产的数据让其权益陷于或有可能陷于被侵犯的境地时有权随时要求收集或处理其数据的数据使用者删除这些数据。在信息时代,"信息是经过加工的数据,或者说,信息是数据处理的结果。信息与数据是不可分离的,数据是信息的表现形式,信息是数据的内涵。数据本身并没有意义,数据只有对实体行为产生影响时才成为信息。"①也就是说,消费者生产的数据只有经过加工后才有可能涉及个人信息。但是,消费者并不具有对其生产的数据进行加工的动机与能力,因而对消费者所生产的数据进行加工是否无涉个人信息的判断者首先是数据拥有者、使用者,其次才是消费者。人不是天使而是"理性的自身满足度的最大化者"。②基于此,由数据拥有者、使用者作为裁判者至少在逻辑上存在让消费者(1)项权利难以实现的可能。如果这种可能一旦在实现中上演,通过(2)项权利进行救济也改变不了个人信息等已被侵犯了的事实。因此,要想保证消费者权益不会陷于被侵犯的境地首先而且是重点的是对加工消费者所生产的数据进行规制。

凭借所掌握的海量数据,"信息帝国""可以把这些个人信息数据化,用整合了相关算法的软件对之进行分析和处理,从而得出关于每一个人的准确身份资料,包括个人兴趣、消费偏好、健康状况、家庭成员乃至工作

---

① 张兰廷:"大数据的社会价值与战略选择",中共中央党校 2014 年博士学位论文。

② [美]理查德·A.波斯纳:《法理学问题》,苏力译,中国政法大学出版社 2001 年版,第453 页。

单位、身份证号、家庭住址等。基于这些资料，……商业组织可以投放量身定做的广告，可以引导消费"①。由此可知，对数据进行加工最核心的关键性技术是算法（algorithm）。于是，对加工消费者所生产的数据进行规制的最后必然落脚于对大数据算法设计的规制。行文至此，也就不难知道，克服数据驱动型竞争异化风险落脚于大数据算法设计规制进路与消费者个人数据产权规制进路。此外，也不难知道前一进路指向的是处理数据的技术，后一进路则指向的则是数据。这样也就会回答了前面所提出的克服数据驱动型竞争异化风险的进路是一种还是两种的问题。

三

已故的经济学大师萨缪尔森曾对市场经济有过相当形象且恰当的评价，他说：

> 市场经济是一部复杂而精良的机器，它通过价格与市场体系对个人和企业的各种经济活动进行协调。它也是一部传递信息的机制，能将数十亿的各不相同的个人的知识和活动汇集在一起。在没有集中的智慧或计算的情况下，它解决了一个连当今最快的超级计算机也无能为力的涉及亿万个未知变量或相关关系的生产和分配问题。并没有去刻意地加以管理，但市场却一直相当成功地运行着。在市场经济中，没有一个单独的个人或组织专门负责生产、消费、分配和定价等问题。②

在市场经济作用下，一方面给我们带来了生产力与社会财富急剧增长的好处，但另一方面历史又不止一次无情地证明了市场经济并非如亚当·斯密所设想的在"看不见的手"作用下个人在追求自身利益的同时也

---

①　郑戈："在鼓励创新与保护人权之间——法律如何回应大数据技术革新的挑战"，《探索与争鸣》2016年第7期。

②　[美]保罗·萨缪尔森、威廉·诺德豪斯：《经济学》（第17版），萧琛等译，人民邮电出版社2007年版，第21页。

有效地促进了社会公共利益,反而给我们带来了诸多的副作用。"什么是副作用?副作用就是行为人在行为之前视其为目的主作用以外的可以容忍的作用。"①副作用的存在给人们至少提出了两项任务:一是知晓行为人所产生副作用的原因,二是预测与评价副作用可能带来的风险。"风险概念表明人们创造了一种文明,以便使自己的决定将会造成的不可预见的后果具备可预见性,从而控制不可控制的事情,通过有意采取的预防性行动及相应的制度化的措施战胜种种副作用。"②因此,对于市场经济副作用的克服必然要落脚于相应制度的建构。

随着大数据时代的到来,数据的财产属性日益增强,出于市场主体逐利的本性必然会有控制数据行为的出现。由于"每一时代的理论思维,从而我们时代的理论思维,都是一种历史的产物,在不同的时代具有非常不同的形式,并因而具有非常不同的内容"③,从而在前大数据理论思维指导下建构的相应制度不可能为克服控制数据行为这种市场经济副作用提供方案。由此,前面所提及的因为数据被控制而阻碍市场竞争风险问题之解决,必须依靠在大数据时代理论思维指导下构建的制度。

当前连接互联网信息远非早期的个人计算机与服务器那么简单,小至智能手环,大至整个住宅皆与互联网连接。得益于连接物联网媒介的丰富,在大数据时代我们逐渐成了一个会随时随地产生数据的"量化的自我(QS,全称 Quantified Self)"。④于是,对数据的控制无形中将我们置于了数据拥有者、使用者的控制之下。因而,对数据控制会显然不成比例强化数据拥有者、使用者的权力同时,使越来越多的人沦为了难以保护自己的自由、隐私等的弱者。当"强者能为其所为,而弱者受其必受"⑤普遍存在且并为人们感知到的时候,自然会希望法律能够为应对这种风险提供

---

① [德]彼得·科斯洛夫斯基:《伦理经济学原理》,孙瑜译,中国社会科学出版社 1997 年版,第 6 页。

② [德]贝克、威尔姆斯:《自由与资本主义》,路国林译,浙江人民出版社 2001 年版,第 121 页。

③ 《马克思恩格斯选集》(第 4 卷),人民出版社 1995 年版,第 284 页。

④ Melanie Swan. The Quantified Self: Fundamental Disruption in Big Data Science and Biological Discovery. Big Data, 2013, 1(2):85—99.

⑤ Thucydides. Jeremy Mynott(trans). The War of the Peloponnesians and the Athenians. Cambridge University Press, 2013:380.

新的保障,因为"法治迄今为止被证明是保护弱者权益、使人避免落入弱肉强食的丛林法则支配的最有效机制"。①因此,进一步地说,为防控因控制数据而阻碍市场竞争的风险提供新的保障制度是法律制度。

遍览历史,很容易发现社会是在技术循环——采用新技术解决已有问题,去掉采用新技术而引起的新问题又要更新技术予以解决——中得以进步发展。因而,技术变迁为我们理解历史变迁提供了有效的视角。正因如此,"我们无法抛弃技术而去谈时代,因为技术总比其他任何事物都更能代表一个时代的特征。我们活在技术的潮流之中,时代的更迭与技术的发展息息相关。"②因此,回答在大数据时代理论思维指导下建构法律制度这个问题的逻辑起点是大数据技术。

数据是记录信息的载体,由于"现代生活的种种需要及其复杂性对信息过程提出了前所未有的高度要求"③,从而大数据技术更多的意义应该在于:信息总量伴随数据激增从而能够帮助人们有效地生活。在经济学中,信息被认为是一种能够提高经济主体的效用和利润的有价值的资源,尽管此种资源在"质"(即不具有竞用性和一定程度上的排他性)和"量"(即价值通过预期收益变化来确定)上与普通商品不同。④于是,在市场经济中,大数据的应有价值则就转变成了能够为市场主体提高利润的资源。"天下熙熙,皆为利来;天下攘攘,皆为利往。"在此驱动下,在实现中也就难免有不诚实的经济主体凭借其聪明才智利用对信息进行控制而牟利的现象。这种现象的存在对于市场竞争无疑是有害无利的。因此,信息是在大数据时代理论思维指导下建构法律制度的核心。

对信息控制必然会导致经济主体与消费者之间拥有的信息量是不对称的,即经营者等比消费者拥有更多的信息。此种现象在经济学中被称为信息不完全与信息不对称。信息的不完全和不对称的存在会导致"逆向选择"的问题,即消费者对商品的需求量随价格的上升而减少。"对于市场机制来说,逆向选择的存在是一个麻烦,因为它意味着市场的低效

---

① 郑戈:"人工智能与法律的未来",《探索与争鸣》2017 年第 10 期。

② [美]布莱恩·阿瑟:《技术的本质——技术是什么,它是如何进化的》,曹东溟、王健译,浙江人民出版社 2014 年版,第 51—55 页。

③ [美]N.维纳:《人有人的用处——控制论和社会》,陈步译,商务印书馆 1978 年版,第 9 页。

④ 高鸿业:《西方经济学(微观部分)》(第四版),中国人民大学出版社 2007 年版,第 396 页。

率,意味着市场的失灵。"①市场充分竞争必然要求生产者等与消费者都能得到充分与正确的市场信息。于是,为了保证市场机制发挥其应有作用,解决信息不完全和信息不对称的问题是必须的。

解决该问题的逻辑思路是对信息进行调控,增加市场的"透明度"。由于市场机制并不能解决所有的信息不对称与信息不完全的问题,从而前述思路的实现必然要政府的介入。政府的介入意味着国家通过强制方式让消费者拥有充分与正确的市场信息。反言之,经营者等被课以了将其掌握的信息披露出来的义务与责任。据此,在大数据时代,对数据进行控制会阻碍市场竞争的真正原因是会导致信息不对称与信息不对称的问题。于是,通过对数据控制的方式来谋取自身经济利益而让市场(可能)陷入失灵的现象应当成为法律规制的对象。

上述现象可以以垄断、不正当竞争等不同的面孔出现。不论以何种面孔示人,但有一点是确信无疑的,即它们是经济主体在通过数据分析和数据价值挖掘改善盈利方式等核心环节而获得独特竞争优势过程中产生的异化。基于此,我们将前述现象统称为"数据驱动型竞争异化"。

四

若按照学术研究的"提出问题—分析问题—解决问题"程式来看,前面的文字应该完成了这项任务。但对问题——数据驱动型竞争异化风险——进行仔细的研究与推敲就会发现,前面的文字始终假设了"与所有技术一样,大数据技术本身无所谓'好'与'坏',因此它在伦理学上是中性的"。②然而,有无数的事例能够证明"科技既不是好的,也不是坏的,但也绝不是中性的"。这是因为任何的技术在本质上可以视为人类思维的物化形式。人类的思维都是根植于文化之中,而文化存在着偏见。③"每个人的心理都是个人经验和长期历史文化的积淀,并依赖已有的行为模式

---

① 高鸿业:《西方经济学(微观部分)》(第四版),中国人民大学出版社 2007 年版,第 398—399 页。

② 邱仁宗、黄雯、翟晓梅:"大数据技术的伦理问题",《科学与社会》2014 年第 4 期。

③ 张玉宏、秦志光、肖乐:"大数据算法的歧视本质",《自然辩证法研究》2017 年第 4 期。

与他人交往"①,因而任何人或多或少对他人或群体存在片面甚至是错误的认识,并在此种认识生发出歧视行为(因为歧视源于偏见)。

大数据技术与所有的技术一样,也是人类思维的物化形式,从而其本身在逻辑上就会自带偏见的因子。此外,大数据技术所指向的对象是数据,具言之,通过适当的编码(即数字介质)将当前一切事物的属性与规律传递到另外一个通过的事物上,得以"无损(或等同)"全息表达。②而数字系统是清晰的方式与"它们根植于其中的文化融合在一起"。③自身与所处理的对象均内含偏见因子,从而大数据技术不可避免地拥有歧视这一劣根性。这一劣根性,有学者将其概括为大数据算法歧视,其依据是2016 年 9 月,《自然》发表了篇题为《More accountability for big-data algorithms》的社论文章。该文章指出大数据有可能增加偏见,并会复制或加剧人类犯错的潜在风险。④我们认为这种概括并不是很准确,因为在内涵上囊括不了因为处理根植于带有偏见因子文化中的数据而产生的歧视,称之为"大数据歧视"较为合理。

休谟在《人类理解研究》中提出了一个著名的"休谟问题",即人类关于实际事情的一切推论,其本性是建立在因果关系上的,而基础又在于经验,但由经验而得的一切结论基础何在?⑤我们认为,答案应该是基于经验而得到的关于实际事情的推论能够减低信息传递成本,比如如果没有"中国人非常勤劳"这一全称判断,我们要采取信息传递成本特别高的方式——分别对所有的中国人是非常勤劳的进行描述——来完成认知任务。正因如此,在现实中人们往往根据或者乐于根据有效的经验归纳出的全称判断来对已知的事物进行描述,对未知事物进行预测。此种认识模式对群体的认知同样适用。基于此种认知模式所得出的群体特质等信息在心理学上称之为刻板印象。

从认知的角度看,偏见与刻板印象有关。刻板印象一词最初出现时仅仅是用作对群体的描述。但西方著名社会心理学家奥尔波特(Gordon

①　王春业、聂佳龙:"论博弈语境下法的生成",《甘肃理论学刊》2011 年第 4 期。

②　张玉宏、秦志光、肖乐:"大数据算法的歧视本质",《自然辩证法研究》2017 年第 4 期。

③　[英]托马斯·克伦普:《数字人类学》,郑元者译,中央编译出版社 2007 年版,第 2 页。

④　See More accountability for big-data algorithms, Nature, 2016, Vol. 537 (7621), pp.449 Pub Med.

⑤　[英]休谟:《人类理解研究》,关文运译,商务印书馆 1981 年版,第 32 页。

Willard Allport)指出,刻板印象不只是一种群体描述,更是一种认知结构,从而其所具有的"合理化(rationalizing)与合法化(justifying)功能超出了它所反映群体特质的功能"。[1]合理化与合法化功能一旦得到社会认同,信息加工者在群体内部参照性信息影响下导致对内群规范的遵守。对内群规范的遵守如果外显为行为,歧视也就产生了。

根据有效的经验归纳出的全称判断的认知模式首先是对有限的样本进行统计,然后在此基础上得出推论。统计样本的有限性必然导致关于实际事物的信息是不完全的。据此以及结合上面的论述,不难得出这样的结论,即大数据歧视是信息不完全的一种反应。对这一结论或许会招致"大数据至少有助于消除歧视"的质疑,因为大数据能够实现"全样本"研究,[2]而"全样本"会带来完全的关于实际事物的信息。此种质疑并非不可辩驳,因为"全样本"更多是由无数个存在于小数据时代的带有偏见因子的小样本所构成的。

前面已述及,要想保证市场机制发挥其应有作用就必须解决信息不完全的问题。于是,大数据歧视也就成了一个不能忽视的问题。公平竞争是市场经济的灵魂。由此可以说,大数据歧视是数据驱动型竞争的对立面。但是,当前由于"人们对于大数据存在认识误区,认为关于大数据的一切都是新的,不论是技术、数据还是可能性"[3],从而引致人们陷入了凡经过大数据而得的知识被视为是"科学"的认知误区。科技哲学家凯文·凯利在《失控》一书中指出:"人们在将自然逻辑输入机器的同时,也把技术逻辑带到了生命之中,……机器人、经济体、计算机程序等人造物也越来越具有生命属性。"[4]也就是说,经过大数据而得的知识不过是现实歧视现象的一种延伸而已。更为重要的此种延伸由于披上了"科学"的外衣,有加深歧视的可能。这也就为数据驱动型竞争即便是公平竞争但也得不到公平结果埋下了伏笔。从结果的角度看,大数据歧视与前面所提

---

[1]　Allport, Gordon W. 1954a. The Nature of Prejudice. MA: Perseus Books: 39.

[2]　熊春泉、聂佳龙:《大数据时代的中国法治建设——一种立法视角的分析》,中国政法大学出版社 2017 年版,第 103 页。

[3]　王俊美:"加学者呼吁谨防大数据歧视",中国社会科学网,http://ex.cssn.cn/xspj/gjsy/201804/t20180423_4209883.shtml,最后访问日期 2019 年 11 月 10 日。

[4]　[美]凯文·凯利:《失控——全人类的最终命运和结局》,新星出版社 2010 年版,第 4—5 页。

及的异化现象并不具有实质上的区别。因而，大数据歧视可以视为数据驱动型竞争的一种异化现象。

"近来的心理学研究已经证实，外显行为最终会作用于个体内在的思维习惯和感受。因此，法律可以被看做是降低偏见（包括公开的歧视，也包括私下的偏见）的一个有效方法，但是私下的偏见可能要在法律实施很长一段时间后方能见效。"①据此，对大数据歧视的防控是法律必须承担的任务。从加拿大约克大学传播学系副教授乔纳森·奥巴尔与加拿大公民自由协会隐私、监视与技术项目主管布伦达·麦克菲尔在加拿大国际治理创新中心官网发表的文章内容看，大数据歧视在数据驱动的自动化决策中任何一个环节——个人信息的收集、管理、分析、保留、公开与使用等环节中生成。②前述这些环节，概而言之，其实就两个，即数据收储与数据分析。从计算机技术的角度看，数据收储涉及数据库，数据分析则涉及大数据算法。因此，防控大数据歧视的进路也就是对数据及大数据算法进行法律规制。

数据驱动型竞争和其他类型的公平竞争一样，其本真是促进市场经济的安定与繁荣，充分发挥市场机制的作用。反向言之，防控数据驱动型竞争异化现象也就是为了实现前述本真。对上述内容进行总结，不难知道，防控数据驱动型竞争异化现象要从大数据算法设计、消费者个人数据产权的进路入手。对这些进路进行详细的探讨也就构成了本书的主要内容。

---

① 高明华："偏见的生成与消解　评奥尔波特《偏见的本质》"，《社会》2015 年第 1 期。

② 王俊美："加学者呼吁谨防大数据歧视"，中国社会科学网，http://ex.cssn.cn/xspj/gjsy/201804/t20180423_4209883.shtml，最后访问日期 2019 年 11 月 10 日。

第一章　大数据与大数据商业时代

　　1980 年,著名的未来学家阿尔文·托夫勒在《第三次浪潮》一书中预言第三次浪潮建设新的信息领域,无生命的环境会因为电子计算机输入了智慧而变得既丰富又活泼。这将会引致大数据成为入"第三次浪潮文明"时期的华彩乐章。事实证明,得益于计算机技术与海量数据库的发展与进步,个人在真实世界的活动以数据的形式得到了前所未有的记录,以及受益于互联网使记忆成为常态的特性该种记录的粒度①很高且频度不断增加,催生出了一个"以一种前所未有的方式,通过对海量数据进行分析,获得巨大价值的产品和服务,或者深刻的洞见"②的时代。受 2011 年 5 月全球知名咨询公司麦肯锡(Mckinsey & Company)下面的全球研究所(Mckinsey Global Institute)发布的一份名为《大数据:下一个创新、竞争和生产率的前沿》(Big data：The next frontier for in-novation, competition, and productivity)报告③的影响,现时代被命名为"大数据时代"。

---

　　① 粒度是数据粒度的简称,意指数据的细化程度,细化程度越高,粒度则越小;反之,细化程度越低,粒度级则越大。

　　② ［英］维克托·迈尔—舍恩伯格、肯尼思·库克耶:《大数据时代:生活、工作与思维的大变革》,盛杨燕、周涛译,浙江人民出版社 2012 年版,第 4 页。

　　③ 该报告系统阐述了大数据的概念,详细列举了大数据的核心技术,深入分析了大数据在不同行业的应用,明确提出了政府与企业决策者应对大数据发展的策略,并且指出"大数据现在无处不在:在每一个部门,在每一个经济体,在每一个组织和用户的数字技术都有大数据"(Big data is now everywhere—in every sector, in every economy, in every organization and user of digital technology.),这些迹象表明大数据时代已经到来。See Mckinsey Global Institute. Big da-ta：The next frontier for innovation, competition, and productivity, http://www.mckinsey. com/search. aspx? q ＝ big ＋ data％3A ＋ the ＋ next ＋ frontier ＋ for ＋ innovation％2C ＋ competition％2C＋and＋productivity.

第一节　走向"计算"

历史是一张无接缝的网,因而"人类社会每一个新的历史阶段开始时,都不可避免地要从过去的历史阶段继承下来许多既定的成分"。[①]由此,作为新的历史阶段的大数据时代势必与此之前的历史即前大数据时代相关。于是,无论是前大数据时代还是大数据时代于上均指向表征为各种统计、计算、科学研究、技术设计等所依据的数值的"数据"。因此,想要理解何为大数据和(或)大数据时代,将数据设为逻辑起点无疑比较合理且合适。

回顾人类历史,我们不难发现任何国家管理都需要参照数据。这一发现得以证成其实并不难:我们都知道"赋税……是行政权力整个机构的生活源泉"[②],税赋的征收必然涉及人口统计[③]等的问题。例如我国两汉时期的算赋与口赋。随着时代的发展,统计越来越成了一项经济社会发展的重要综合性基础性工作,统计数据也随之成了国家宏观调控与决策管理的重要依据。[④]基于此,可以说,数据更多的时候是在扮演国家管理工具的角色,从而国家管理在某种意义上讲就是"缘数据而治"。

"缘数据而治"意味着数据的收集、分析等以服务于国家管理为依归。所谓的国家管理就其本质而言无非是为了实现统治目的解决已存或潜在的社会问题的活动。社会问题存在于任何时空之中,相应地国家管理所需要的数据也必然是变化着的。此种变化决定了数据的收集、分析等是一项经常性的复杂工作。面对复杂,人类自古以来一直偏好将问题简约至其最原始构成元素的手段来获取分析与解决问题的方法、方式。[⑤]在

---

① 张文显:《法理学》(第四版),高等教育出版社、北京大学出版社 2011 年版,第 162 页。

② 《马克思恩格斯全集》(第 8 卷),人民出版社 1961 年版,第 221 页。

③ 例如我国有按照人口数量征税的税种算赋与口赋;在西方,《圣经》中的路加福音有罗马犹太行省总督奎里纳斯为了征税,规定任何人都必须在规定的时间内回到自己的市镇进行人口登记的记载。

④ 宁吉喆:"坚持依法统计依法治统　确保统计数据真实准确",《人民日报》2016 年 12 月 8 日,第 12 版。

⑤ [美]约翰·H.米勒、斯科特·E.佩奇:《复杂适应系统:社会生活计算模型导论》,隆云滔译,上海人民出版社 2012 年版,第 11 页。

这一偏好的指引下，人类在漫长的历史中发明出了诸多的数据统计方法。

一、现代之前统计方法理论发展简史

哲学家叔本华曾言，未来，加之由想象构想出来的与之伴随的诱人成果常常让人获得最大愉悦与快乐。或许是因为为了获得这种最大的愉悦与快乐，人类很早就着迷于寻找诸如"时间有多长？""城墙有多高？""果实有多少？树叶有多少？"[1]这样难题的答案。在寻找答案的过程中，人类逐渐地迸发出了"平均数""众数"与"抽样"等统计智慧与方法。在拥有这些智慧与方法后，人类在进入公元元年后，统计对象向"由物及人"转变。据统计，从公元 2 年发生于我国西汉时期的人口普查开始至 1346 年，全世界发生的涉及人口或土地的统计事件不少于 5 次。[2]如果将这些为数不多的统计事件置于千年之久的历史之中追根溯源，理论缺乏必然是其中的一个根本原因。这是因为统计表面看是收集与分析数据的活动，但以较少的人力、物力、时间收集数据以及数据精度的提高、可靠度的增加等则离不开理论的支持。

依据现代统计学的观点，统计方法的理论基础是"概率"。所谓的概率指的是一个事件的发生，一种情况出现的可能性大小介于 0 与 1 之间的数量指标，它的形成与掷骰子进行的赌博活动密切相关。[3]1560 年，集数学家、物理学家、化学家、医学家与赌徒于一身的卡丹诺（Gerolamo Cardano）究其一生主要精力对"赌博"进行研究后写就的《赌博中的机会》一书问世。尽管该书有着"正如生理上的疾病需要研究一样，赌博这种社会病，也有理由作为一种可医治的疾病来研究"[4]的深远用意，但被后世

---

[1]　这三个问题在统计史中称之为"公元前的统计计数'三大难题'"。这三大难题的大致内容分别是第一届古代奥林匹克运动会在哪一年举办的、公元前带领士兵攻城的将军如何从远处用目测的方法估计城墙的高度以确定攻城梯子的长度、公元前一个部落首领如何在秋收时迅速估算出一棵大果树上的果实与树叶有多少？——参见郝丽、刘乐平、刘骏豪："统计历史的发展与统计科学的智慧"，《统计与信息论坛》第 11 期。

[2]　除了上文提及的西汉、古罗马时期的人口统计，其他三次统计分别为 1069 年威廉一世颁布的英格兰第一次官方统计英格兰土地志、1188 年杰拉尔德对威尔士进行了人口普查，以及乔瓦尼在人口普查的基础上开创了贸易统计先河。

[3]　陈希孺：《数理统计学简史》，湖南教育出版社 2002 年版，第 1 页。

[4]　陈希孺：《数理统计学简史》，湖南教育出版社 2002 年版，第 4 页。

传颂的则是发现了赌桌上"骰子"各面都有同等机会出现的规律,以及"骰子"出现各个点数"概率"的计算方法。在卡丹诺之后,法国数学家帕斯卡(Pascal)与费马(Femat)对"赌博"的研究更进一步,他们于1654年的通信中,通过运用组合数学、全概率公式、条件概率、独立性、期望等一系列与"概率"理论发展有着密切关系的概念和方法解决了"赌注分配"问题,并在此基础上提出了二项分布与负二项分布方法。1657年,荷兰科学家惠更斯(Huygens)《赌博中机会的推测》这部人类历史上第一部概率论著作的诞生,最终促成了"概率论"的诞生。

概率论诞生后,1713—1898年先后诞生了"大数定律、贝叶斯定理、误差分析和回归与相关"这四个被称之为统计科学历史上最具标志性的重大发现。大数定律(Law of large numbers)最早出现于瑞士著名数学家雅可布・伯努利(Jakob Bernoulli)的遗著《推测术》(*Ars Conjectandi*)之中。伯努利对在轮盘旋转的赌博研究发现,当轮盘旋转大量次数后,其收益会趋于一个稳定的百分比。贝叶斯定理是以托马斯・贝叶斯(Thomas Bayes)名字命名的定理,因为贝叶斯在其遗世之作《机遇理论中一个问题的解》(*An Essay Towards Solving a Problem in the Doctrine of Chances*)提出了被后世概括为"当分析样本大到接近总体数时,样本中事件发生的概率将接近于总体中事件发生的概率"的思想。"天文学自古代至18世纪是应用数学中最发达的领域,观测和数学天文学给出了建模和数据结合的最初例子,在这个意义下,天文学家是最初一代的数理统计学家……天文学的问题逐渐转向'算术平均'以及参数模型中的种种估计方法,到最小二乘法达到了顶峰。"[①]得益于在第谷、开普勒和伽利略等天文学家的观测研究,1755年,英国学者辛普森(Thomas Simpson)正式开启了天体"观测误差问题"(Observationalerror)的统计研究。如果说辛普森的研究最先向世人展现了是观测误差分析,那么法国学者拉普拉斯(Pierre-Simon Laplace)的研究成果——贝叶斯"逆概率"原理——则向世人展现的则是观测误差分析的可能性与可行性。对于他们两人的研究,美国历史学者斯蒂格勒曾有这样精彩绝伦的描述:"辛普森已经看到可以从'后门'接近不确定性的度量,而后来拉普拉斯正是从这个'后门'溜了进去,可当他转过去打开前门时,却发现了贝叶斯已

---

① 陈希孺:《数理统计学简史》,湖南教育出版社2002年版,第103—104页。

经把钥匙留在了锁上。"①在拉普拉斯之后,德国伟大的数学家高斯(C.F. Gauss)于 1809 年发表的天体力学名著《天体绕日运行理论》以"出乎人意料"且极其简洁的手法证了天体"观测误差"服从于"正态分布"。这一被后人称为的"正态误差"理论,它使得"正态分布"有了"概率分布"的身份。很遗憾的是,在高斯之后的很长一段时间内统计方法理论处于停滞的状态。该种状态的破冰缘于高尔顿(F.Galton)、埃基沃斯(F.Y.Edgeworth)与卡尔·皮尔逊(K.Pearson)三人联手发现了"回归与相关"理论。"回归与相关"理论的出现标志着近代统计方法理论大厦得以全部构建完毕。

二、简要的评析

没有理论指导的行为是盲动。不可否认,上述统计分析方法的出现让人类得以用有效的方法收集与分析数据。而且所收集与分析的数据在本质上具有很强的随机性,从而通过某种概率的分布规律来予以描述可以确保人类的统计行为具有科学性。②然而,这些方法存在着诸如"不接纳概率的主观解释,但事实上概率的频率解释本身根本无法回避主观判断""不使用先验信息,但是先验信息对我们的判断却至关重要""用事先精度解释在一切可能情况下精度的某种平均,但这种情况与事实和习惯不相容"③等缺陷,在一定程度上消解了它们的科学性。这意味着近代统计方法从范式角度上至少有转换的可能。

范式的转换过程的是范式Ⅰ→常规科学(在范式Ⅰ指引下积累的知识)→异例(范式Ⅰ无法解释的新现象)→危机(范式Ⅰ从根本上受到质疑)→革命(范式Ⅰ全面地崩溃)→范式Ⅱ。④从这一转换过程来看,近代统计方法存在范式转换的可能应该是存在着异例。"一个范式由主导概念、关键概念、关键原则和它们之间的一定类型的极其有力的逻辑关系构成。这个关系和这些原则将支配所有的言论,后者无意识地遵从它们的控制。"⑤由此

---

① 于忠义:"高尔顿发现相关与回归的历史回顾与反思",《统计与信息论坛》2009 年第 9 期。

② 陈希孺:《数理统计学简史》,湖南教育出版社 2002 年版,第 2 页。

③ 余鹏:"经典统计学的缺陷",《统计研究》1993 年第 6 期。

④ 宁骚:"行政改革与行政范式",《新视野》1998 年第 3 期。

⑤ [法]埃德加·莫兰:《复杂思想导论》,陈一壮译,华东师范大学出版社 2008 年版,第 59 页。

可知,前面所言的异例与近代统计方法所蕴涵的主导概念、关键概念、关键原则等有关系。

从前面关于统计方法理论发展史的论述不难知道,近代统计方法是围绕"概率"来予以建构的。之所以会选择"概率"来予以建构近代统计方法,其中原因主要有二:

(1)数据难以被记忆

数据统计是为实现某种社会管理所服务的。这也就决定了数据统计行为者所欲求的目的一经实现,数据便失去了在该次统计中所呈现出来的价值。价值产生于主体的需要,而"任何需要的满足所产生的最根本的后果是这个需要被平息,一个更高级的需要出现"①,因而遗忘会因为机体有了新的更高级的需要而得到被改变。由此,遗忘成了个体的常态。国家或者其他社会组织在某种意义上讲就是多个个体构成的有机集合,而"集体记忆是在一个由人们构成的聚合体中存续着"。②由此可以说,对于国家或者其他社会组织而言,不具有"价值"的数据注定要被其遗忘。这也就决定了数据难以被记忆。

(2)机会成本考量

任何时期社会的资源都是稀缺的,从而决定了"每次我们采用一种方法使用资源时,我们就放弃了用其他方法利用该资源的机会"。③于是,机会成本④是衡量作出一项决策的重要指标。数据没有被记忆会附带这样的从属后果:数据的价值没有穷尽。其中的原因除了数据统计行为所得数据被遗忘了外,还有便是前述数据即便是被记忆了,但它们要与其他的数据一起才能实现别的价值,而其他的数据要么是被遗忘了,要么是没有被收集。被遗忘了意味着数据要么是不可能再次收集,要么是即便能够再次收集而代价比较大。为了穷尽被记忆了的数据的价值而收集其他数据所付出的代价同样比较大。于是,从机会成本角度看,为了某一目的而

---

① 　[美]A.H.马斯洛:《人格与动机》,许金声、程朝翔译,华夏出版社1987年版,第70页。

② 　[法]莫里斯·哈布瓦赫:《论集体记忆》,毕然、郭金华壮译,上海人民出版社2002年版,第39—40页。

③ 　[美]保罗·萨缪尔森、威廉·诺德豪斯:《经济学》(第17版),萧琛等译,人民邮电出版社2007年版,第116—117页。

④ 　机会成本是一个经济学概念,指的是生产者放弃使用相同的生产要素在其他生产用途中获得的最高收入。

实现特定数据的特定价值比起穷尽数据的价值显然更经济。

由上可知,近代以"概率"为基础建构的统计方法尽管有诸多的缺陷,但在特定的历史条件下却有着合理性与科学性———窥小样本数据而知全数据。但是,毕竟小样本数据不是全数据,小样本数据所能揭示的也仅仅是全数据的一角而非全部。于是,随着历史的发展,近代以"概率"为基础建构的统计方法所固有的缺陷必然会日益凸显。这也就决定了统计方法的建构基础发生变化,而这种变化最终会导致范式的转变。

三、以"计算"为核心的现代统计方法

伴随社会发展的是复杂的计算和计算的复杂日渐增多,而算筹、算盘计算尺、机械计算机等计算工具的局限性也日益显现。于是,迫于现实的需求,科学家们将目光投向了人脑,因为对人脑中的神经系统作直接的观察,会觉得它的功能是数字型。①通过对神经系统的研究后发现其基本元件是神经元,而神经元的功能是发出与传播神经脉冲。所谓的神经脉冲是"沿着每一根轴突②的所传导的一种连续的变化"。③基于此种认识,科学家们得到了"每一个基本运算只需要一个器官"的原则。在这一原则的指导下,按照"每一个这种器官,都必须'存储'一个数(在去掉这器官前已存储的一个数之后)。它从另一个当时与它有连结的其他器官,把这个数接受过来;而且当它受到'询问'时,它还能够把这个数'复述'出来,送给另外一个此时与它连结的器官"④的原理于 1946 年 2 月 14 日制造出了能够胜任复杂计算任务的电子计算机。

电子计算机的发明对社会产生了深刻的影响,而且这种影响一直持续至今甚至还会持续到相当久远的未来。在当今能够感知到的影响是从上面所介绍的电子计算机的原理引申出来的"记忆"特性所带来的。计算机的"记忆"特性所带来的显而易见的结果的是大量的数据被存储在计算机中。随着时间的流逝,被存储的数据指数级增长,从而数据的存储单位从最初常言的字节(Byte)、千字节(KB, 1 KB=1 024 Byte)、兆字节(MB, 1 MB=1 024 KB)、吉字节(GB, 1 GB=1 024 MB)、太字节(TB,

---

① [美]约·冯·诺依曼:《计算机与人脑》,甘子玉译,商务印书馆 2001 年版,第 29 页。
② 轴突指神经细胞胞浆向外伸出细长的突起。
③ [美]约·冯·诺依曼:《计算机与人脑》,甘子玉译,商务印书馆 2001 年版,第 30 页。
④ [美]约·冯·诺依曼:《计算机与人脑》,甘子玉译,商务印书馆 2001 年版,第 11 页。

1 TB＝1 024 GB)提升到了拍字节(PB, 1 PB＝1 024 TB)、艾字节(EB,1EB＝1 024PB)、泽字节(ZB, 1 ZB＝1 024EB)、尧字节(YB, 1 YB＝1 024 ZB)。可以说得益于计算机技术的发展,人类所拥有的数据是如此之大。面对这一客观事实,2007 年 1 月 28 日在一次海航运动意外失联的图灵奖得主吉姆·格雷(Jim Gray)曾敏锐地提出未来的科学研究是"第四范式:数据密集型科学发现"。①

"数据密集型科学发现"在统计方法上得到了体现与验证。其中标志性事件是,国际著名统计史研究专家、美国芝加哥大学的统计系斯蒂格勒教授(Steephen Stigler)于 2014 年在美国联合统计年会上(Joint Statistical Meetings)发表了关于"统计智慧"(Statistical Wisdom)的主旨的演讲,以及最新统计史研究专著《统计智慧的七根支柱》(*The Seven Pillar of Statistical Wisdom*)于 2016 年 3 月在哈佛大学出版社出版。

在《统计智慧的七根支柱》一书中,斯蒂格勒教授提出,汇总(Aggergation)、信息测度(Information Measurement)、似然(Likelihood)、相互比较(Intercomparisons)、回归(Regression)、试验设计(Design of Experiments)与残差(Residual)是支撑"统计智慧"大厦的七根支柱。②从斯蒂格勒教授关于统计智慧的七根支柱的论述可以知道,所谓的"统计智慧"是大量使用了计算机工具的。前面已述及,计算机对于数据处理、分析等是通过"计算"来实现的。既然未来的统计是"智慧"的,而"智慧"与计算机有关,那么现代统计方法自然以"计算"为核心。

第二节 大数据开启的时代

一、定义大数据

(一) 大数据的内涵

《统计智慧的七根支柱》出版发行后不久,Wainer 博士便在《科学》(Scinence)杂志上发表了题为《The Stanchions of Statistics》的评述性文

---

① 前三次科学研究范式是"实验归纳""模型推演"与"仿真模拟"。
② 参见郝丽、刘乐平、刘骏豪:"统计历史的发展与统计科学的智慧",《统计与信息论坛》第 11 期。

章。Wainer博士在文章中特别强调了《统计智慧的七根支柱》一书提出的"七根支柱"对于大数据时代的"统计智慧"有着重要的指导意义。[①]Wainer博士为何会有这样的判定？要想找寻答案，首先要知晓何为大数据时代。大数据时代，简单地讲是因大数据技术得到广泛运用的时代。而要了解大数据时代，首先要了解大数据。这样问题便可转化成为首先确定大数据的内涵，然后在此基础之上证成其与"统计智慧"具有某种契合度。

人类对任何事物的认识都要历经由知之不多向知之甚多、由模糊及深刻的过程。对于大数据的认识亦是如此。如前述及，作为名词的"大数据"早在20世纪80年代就已出现，但由于想象的色彩较为浓烈并没有引起世人的关注。然而，随着时间的流逝而日益成熟的大数据技术终于在2013年开始得到了世人的普遍关注。与之对应的是，2013年前后关于大数据的研究文献或者科普作品对大数据知之不多与不够深刻，最明显的例证便是这个时期介绍或描述大数据的方法较为一致："大数据有四个特征，即海量的数据规模（Volume）、快速的数据流转和动态的数据体系（Velocity）、多样的数据类型（Variety）和巨大的数据价值（Value）"或者"大数据除了具有4V的特征外，还有复杂性大（Complexity）的特征，即所谓的4V＋1C"。[②]而随着大数据技术发展以及研究的深入，发现大数据还有准确性（Veracity）、连通性（valence）。不可否认，正如"李杜诗篇万口传，至今已觉不新鲜"一样，随着时间的流逝，"大数据"无论是在我国还是国外都不再是一个高频率出现于媒体的词汇或者技术。但并不能由此证明我们对大数据已是全然知晓了，恰恰相反，探究大数据的内涵是必要的。

"哲学在处理它的证据时，其主要方法是描述归纳法。……哲学归纳抓住那些具有持续价值的特点，而摒弃那些琐屑细微转瞬即逝的东西。一桩具体的特殊事实，或一个种，会上升到被事实说明的属"。[③]对于大数据而言，"大"就是那些琐屑细微转瞬即逝的东西，因为随着技术的进步，界定"大"的尺寸会不断地增大。"'大数据'之'大'，更多的意义在于：人

---

① Wainer H. The Stanchions of Statistics，Scinence 2016，352(6287).

② 熊春泉、聂佳龙：《大数据时代的中国法治建设——一种立法视角的分析》，中国政法大学出版社2017年版，第100页。

③ ［美］A.N.怀特海：《观念的冒险》，周邦宪译，人民出版社2011年版，第250页。

类可以'分析和使用'的数据在大量增加,通过这些数据的交换、整合和分析,人类可以发现新的知识,创造新的价值,带来'大知识''大科技''大利润'和'大发展'",①而这些意义并不会随着"大"的尺寸的增大而改变。因此,将大数据界定为"那些大小超出了一般数据库软件的采集、储存、管理和分析等能力的,人类通过交换、整合和分析相应数据能够得到巨大社会价值的数据集"②是可取的。

(二)大数据与统计智慧

根据《辞海》的解释,智慧指的是对事物能认识、辨析、判断处理与发明创造的能力。③据此,"统计智慧"可以理解为:人类借助汇总、信息测度、似然、相互比较、回归、试验设计与残差这七根支柱对数据进行统计,能够获得事物能认识、辨析、判断处理与发明创造的能力。

从大数据内涵中我们很容易得出这样的基本认识:大数据的价值在于利用它对数据处理可以获得巨大社会价值。任何"被当作最终的规范或价值的东西,必须是从人的天性和现实生活中抽象出来的。"④多年的实践与发展证明了"大数据是信息化发展的新阶段。随着信息技术和人类生产生活交汇融合,互联网快速普及,全球数据呈现爆发增长、海量集聚的特点,对经济发展、社会治理、国家管理、人民生活都产生了重大影响"。⑤这些重大的影响都呈现了"智慧化"的特点。

"智慧"一词,中国来源于佛教中的"般若",《坛经·般若品第二》中有"般若者,唐言智慧也"的记载;西方则来源于基督教,《旧约·箴言》中有"Wisdom has built her house; She has hewn out her seven pillars"的记载。"语言是一种工具"⑥,从东西方的语言可以知道拥有智慧的人是智者、是先知,他们拥有不疑惑或者先于一般人知晓事理的能力。由于"一

---

①　涂子沛:《大数据:正在到来的数据革命,以及它如何改变政府、商业与我们的生活》,广西师范大学出版社2013年版,第57页。

②　熊春泉、聂佳龙:《大数据时代的中国法治建设——一种立法视角的分析》,中国政法大学出版社2017年版,第100—101页。

③　《辞海》编辑部:《辞海》,上海辞书出版社1989年版,第3973页。

④　[德]莫里茨·石里克:《伦理学问题》,孙美堂译,华夏出版社2001年版,第17页。

⑤　习近平:"实施国家大数据战略加快建设数字中国",中共中央网络安全和信息化办公室官网,http://www.cac.gov.cn/2017-12/09/c_1122084745.htm,最后访问日期2019年11月10日。

⑥　[奥]维特根斯坦:《哲学研究》,韩林合译,商务印书馆2013年版,第252页。

切现实事物本身都是合乎规律的"①,于是前述能力可以表述为:由于洞见了某种规律或规律性东西从而可以对未来或未知进行预测,且实践可以证成该预测。"大数据的核心就是预测。它通常被视为人工智能②的一部分,或者更确切地说,被视为一种机器学习。但是这种定义是有误导性的。大数据不是要教机器像人一样思考。相反,它是把数学算法运用到海量的数据上来预测事情发生的可能性。"③由此可知,大数据呈现出的"智慧化"特点是因为其对海量的数据进行处理可以对未来或未知进行预测。

将大数据呈现出的"智慧化"特点与"统计智慧"进行比较很容易发现两者在本质上并无实质性的不同。这样不仅证成了大数据与"统计智慧"的契合性,同时还可以将"智慧"予以一般性的表述:通过对数据进行处理而获得预测的能力。

二、大数据与预测

(一)大数据处理数据原理简介

前文已述及,预测既是大数据的核心也是大数据呈现出"智慧化"的原因。这不可避免地引出了这样的问题:大数据为何会有预测的能力?问题的答案往往蕴含在问题之中,于是要想回答前述问题了解大数据处理数据的原理无疑是必要的。

从技术层面看,目前通行的大数据系统从下至上分为三层:各类异构数据源、大数据采集与存储机制和大数据分析框架。各类异构数据源层旨在采集与立法工作分析系统相关数据,整合各种异构的结构化和非结构化的数据,为分析系统提供数据支持。采集到的海量数据通过转换、汇总进入 Hadoop 分布式存储及分析平台,使用 hive(基于 Hadoop 的一个数据仓库工具)、pig(一种编程语言)等大数据分析工具建立数据分析模

---

① [德]黑格尔:《精神现象学》,贺麟、王玖兴译,商务印书馆 1987 年版,第 101 页。

② 人工智能(Artificial Intelligence,简称 AI),就目前关于人工智能的研究文献看,有的界定为"像人一样思考的系统""像人一样行动的体系",还有的界定为"理性地思考的系统""理性地行动的系统",但是斯图尔特·罗素与彼得·诺维格对这些定义分析后,认为将人工智能界定为理性智能体(agent)的设计过程比较恰当。——参见聂佳龙:《基于正义标准复杂性范式分析的人工智能时代法律构建》,《湘江青年法学》(第四卷·第一辑)第 40 页。

③ [英]维克托·迈尔—舍恩伯格、肯尼思·库克耶:《大数据时代:生活、工作与思维的大变革》,盛杨燕、周涛译,浙江人民出版社 2012 年版,第 16 页。

型,然后采用 Spring MVC、EasyUI、Echarts 等 Web 工具开放立法工作管理系统,展示分析结果。

从数据处理流程看,大数据系统具体的运行机制大致如下:[1]

① 结构化数据、半结构化数据、非结构化数据通过数据流综合管理软件——ETL(ETL 是指数据抽取、转换和加载,即将分布的、异构数据源中的数据如关系数据、平面数据文件等抽取到临时中间层后进行清洗、转换、集成,最后加载到数据仓库或数据集市中)、Server 处理后进入报表系统、无线看数据系统、大数据管理系统、监控系统和告警系统;

② 如果数据流综合管理软件——ETL Server 对结构化数据、半结构化数据、非结构化数据处理无法进入报表系统、无线看数据系统、大数据管理系统、监控系统和告警系统时,则通过数据通讯层依次进行 Hadoop(Hadoop 由 Apache 基金会所开发的分布式系统基础架构,用户可以在不了解分布式底层细节的情况下,开发分布式程序,从而充分利用集群的威力进行高速运算和存储)批处理集群、HBase(HBase 是一个分布式的、面向列的开源数据库)实时查询集群、Storm(Storm 是一个开源的、大数据处理系统)实时计算群进行再次处理;

③ 经过②方式再处理后的数据,一部分数据直接、一部分数据进入传统数据库——DB2(DB2 是美国 IBM 公司开发的一套关系型数据库管理系统)、Oracle(Oracle 是甲骨文公司开发的一款关系数据库管理系统)等——再一次处理后进入大数据分析系统、大数据查询系统、大数据实时计算系统;

④ 经过③方式处理后的数据进入报表系统、无线看数据系统、大数据管理系统、监控系统和告警系统。

由上可知,大数据处理数据的原理是:大数据系统中的各种子系统通过赋予相应背景从海量的数据中得到相应的信息,然后通过对信息进行提炼而获得相应的规律。

(二) 大数据预测的可行性

从大数据处理数据原理——"数据—信息—规律"——的角度看,在某种意义上它已经给出了大数据为何会有预测能力的答案:大数据对数

---

[1]　聂佳龙:《跨越效率与正义的冲突:法律经济学他种想象》,中国政法大学出版社 2017 年版,第 165—166 页。

据处理可以获得规律。数据的一般理解是人类网络行为原因而存储于网络空间的数字化数据。也就是说,大数据处理数据获得的规律在本质上是人类行为的规律。于是,大数据预测能力的答案可以落脚于人类行为规律。由此,我们真正要追问的问题是人类行为为何有规律,或者换一种说法,当我们理解了人类行为呈规律性的原因才能理解大数据为何具有预测能力。

关于人类行为为何有规律的问题可以从不同的角度去解答,但出于人的行为独特之处在于由意志控制的考虑,从心理学的角度寻找答案可能会更有说服力。心理学家弗洛依德在众多精神分析治疗事件中发现人类从儿童时期就显示出了"强迫性重复"(the compulsion to repeat)的倾向:

> 在儿童游戏中,我们似乎发现,儿童甚至会因为另一个原因而重复快乐的体验,因为通过他自己的活动,能比只通过被动的体验更加彻底地更多地控制这种强烈的印象。……儿童则会不厌其烦地央求重复一个他给他们看过的、或者和他们一起玩过的一种游戏,直到这个成年人拒绝再玩或实在筋疲力尽为止。同样,如果给儿童讲一个很有趣的故事,他就总向一遍又一遍地听这个故事,而不听其他新故事;而且他会严厉地规定,重复得必须一模一样,并纠正讲故事的人可能误漏的每一差错——虽然他们可能实际上是想通过插嘴来获得新的赞许。所有这一切和快乐原则并不矛盾;显然,这种重复,这种同一事物的重新体验本身就是快乐的一个根源。①

弗洛依德进一步指出,"一种本能就是在活动的有机物中先天存在的一种倾向,这种有机物促使它恢复一种早期的条件,这是一种在外部干扰力量影响下它必须抛弃的倾向——一种机体的灵活性,或者换一种说法,有机体生命中惰性的表现"②,由此,人类之所以有强迫性重复倾向是因为它能让神经系统节约能量与减少精神紧张从而实现心理力量的保存。③

---

① [德]弗洛依德:《自我与本我》,杨韶刚译,长春出版社 2004 年版,第 27 页。
② [德]弗洛依德:《自我与本我》,杨韶刚译,长春出版社 2004 年版,第 28 页。
③ [德]弗洛依德:《一种幻想的未来　文明及其不满》,严志军、张沫译,河北教育出版社 2003 年版,第 83 页。

至此不难明白,大数据的预测能力实际上是人类所具有的强迫性重复倾向所导致的。

（三）大数据预测的后果

话说大数据的预测能力是由人类所具有的强迫性重复倾向导致的,至少从逻辑层面来说是不完全准确的,确切地说应该是因为人类所有的强迫性重复倾向决定了在网络空间留下有一定规律性的表征为数据的痕迹。由此,可以说,数据是人类强迫性重复倾向的承载体。这意味着人类拥有了"研究现状以便推断未来"[①]的能力——从数据中窥探到某人或某类人未来行动安排的能力。

2012 年在美国曾有过这样一则新闻:一位父亲都不知道自己十几岁的女儿怀孕了,而 Target 连锁零售店根据他女儿购买的 25 件商品记录分析出她即将生产,再通过信用卡付款资料、送货地址等信息进行匹配不断地向他女儿邮寄孕妇装与婴儿产品的代金券。[②]这则新闻在比较形象地展示了可以通过研究现有数据推断未来的同时也说明了大数据可以应用于商业领域。

大数据应用于商业领域意味着"数据"成为了一种有价值的生产要素。实际上,"数据"一直以来都有价值的,只不过是"被视为附属于企业经营核心业务的一部分,或者被归入知识产权或个人信息中相对狭窄的类别"[③]。而导致这种情况的主要原因是数据比较难获得、获得数据的成本较高、获得的数据不易保存。于是,数据尽管有价值,但难以成为一种生产性要素。大数据技术出现后,被誉为"大数据时代的预言家"的牛津大学维克托·迈尔·舍恩伯格教授如此兴奋地说:

> 我们所处的时代之所以与众不同,是因为数据的收集不再存在固有的局限性。技术已经发展到一定程度,大量信息可以被廉价地捕捉和记录。数据经常会得到被动地收集,人们无需投入太多精力甚至不需要认识这些数据。而且,由于存储成本的大幅下降,保存数

---

①　[法]奥古斯特·孔德:《论实证精神》,黄建华译,商务印书馆 2001 年版,第 12 页。

②　Kashmir Hill. How Target Figured Out a Teen Girl Was Pregnant Before Her Father Did. Forbes,Feb.16,2012.

③　[英]维克托·迈尔—舍恩伯格、肯尼思·库克耶:《大数据时代:生活、工作与思维的大变革》,盛杨燕、周涛译,浙江人民出版社 2012 年版,第 130—131 页。

据比丢弃数据更加容易。这使得以较低成本获得更多数据的可能性比以往任何时代都大。①

从上述舍恩伯格教授所说的话语中不难理解,大数据不仅仅可以应用于商业领域,更为重要的是它导致了数据成为了一种更具有价值的生产要素。数据成为一种生产要素意味着它与土地、人力资本、资本等一样成为商业的驱动要素,由此会带来一种前所未有的商业模式——数据驱动型商业模式。而这种商业模式的出现预示着人类社会会进入一个可以凭借大数据预测能力获得利润的商业时代。

第三节　大数据开启的商业时代

一、数据的商业价值:信息

(一)数据的商业化历史简介

即便是不去理会"大数据元年是 2013 年还是 2016 年"②这个有争议问题的孰对孰错,也可以肯定当前已经是大数据时代。从目前所能观察到的事实看,大数据主要用途在商业领域,而且是最成功的。为何是商业领域而不是其他领域呢?"在社会科学问题上有一种最可靠的方法,它是真正养成正确分析这个问题的本领而不致淹没在一大堆细节或大量争执意见之中所必需的,对于用科学眼光分析这个问题来说是最重要的,那就是不要忘记基本的历史联系"。③于是,回答前述问题最可靠的方法是从数据的商业化历史中寻找答案。

"任何概念都拥有自身的历史,它们不能抵抗时代的变化"④,当今我们言及的数据指的是存储在电子计算机中的数字化数据。自 1946 年人

---

① 　[英]维克托·迈尔一舍恩伯格、肯尼思·库克耶:《大数据时代:生活、工作与思维的大变革》,盛杨燕、周涛译,浙江人民出版社 2012 年版,第 131 页。

② 　学界与业界普遍认为 2013 年是大数据元年,而阿里巴巴首席技术官(CTO)王坚在 2016 年 1 月 21 日的云栖大会上表示,2016 年才是真正意义上的大数据元年。新浪网,https://tech.sina.com.cn/it/2016-01-21/doc-ifxnuvxe8257874.shtml,2019 年 11 月 10 日访问。

③ 　《列宁选集》(第 4 卷),人民出版社 1995 年版,第 26 页。

④ 　[德]魏德士:《法理学》,丁晓春、吴越译,法律出版社 2005 年版,第 81 页。

类历史上第一台电子计算机在美国费城问世以来,电子计算机硬件的处理速度与存储能力基本上以符合摩尔定律的方式不断发展。所谓的摩尔定律,是英特尔(Intel)的创始人之一摩尔(Gordon Moore)于1965年在考察电子计算机硬件发展规律基础上提出的。摩尔定律认为,电子计算机硬件的处理速度与处理能力每一到二年将会提高一倍,因为同一个面积集成电路上可容纳的晶体管数目会每一到二年将提高一倍。电子计算机硬件的处理速度与存储能力的不断提高,带来的是可以在较短的时间内处理更多的数据,以及更多的数据被存储于电子计算机之中。

在第一台电子计算机问世后的第一年即1947年,卡内基梅隆大学教授赫伯特·西蒙在当年出版的《行政组织的决策过程》一书中提出,人类的任何决策都是在有限理性(Bounded Rationality)①基础上做出的,如果利用存储于电子计算机中的信息辅助决策将会扩大人类理性的范围。从而可以提高决策的质量。在之后出版的《管理决策新科学》一书论证了程序化决策中的革命是电子计算机带来的。②西蒙教授的这些研究在某种意义上促使了商务智能(Business Intelligence)的出现。③

根据高德纳咨询公司的霍华德·德斯纳(Howard Dresner)于1989年给出的定义,所谓的商务智能指的是一系列以事实为支持、辅助商业决策的技术与方法。④而商务智能中的“智能”更多指的是数据挖掘,而非数据仓库与联机分析技术,因为前者赋予了商务智能“智能”生命,后者仅仅为商务智能奠定了框架。所谓的数据挖掘在本质上是从存储于电子计算中的数据中自动挖掘有价值的信息。数据与信息之间有何关系? 这也就成为了需要探究的下一个主题。

(二) 数据与信息的关系

冯·诺依曼教授晚年在为耶鲁大学西利曼讲座(Silliman Lectures)准备的讲稿中开宗明义地指出,他既不是神经学专家,又不是精神病学

---

① 关于西蒙有限理性理论有关介绍可以参阅我们的拙著《法律经济学》中的“第五章　基本假设:理性人”。

② ［美］赫伯特·A.西蒙:《管理决策新科学》,李柱流、汤俊澄等译,中国社会科学出版社1982年版,第51—58页。

③ 学界普遍认为商务智能概念滥觞于西蒙教授对决策支持系统的研究。

④ 涂子沛:《大数据:正在到来的数据革命,以及它如何改变政府、商业与我们的生活》,广西师范大学出版社2013年版,第99页。

家,而是一个数学家。①然而,冯·诺依曼教授更多被后人熟知的并不是他强调的数学家,而是"计算机之父"。冯·诺依曼被誉为"计算机之父"的原因是他明确了电子计算机内部的数据组织形式——二进制,让软件的远行有了支点。

软件由程序与数据构成。因而无论是向电子计算机输入信息还是将信息从电子计算机中输出,都会有至关重要的一环:表征为按照程序设定的运算规则而转化数字化形式的数据。例如,某人向电子计算机输入一条信息 N,而程序设定的运算规则将其转化为了(N_1、N_2、N_3……N_n)等数据;如果他想要从电子计算机中得到该条信息,只需按照运算规则对(N_1、N_2、N_3……N_n)等数据进行处理即可。由此可知,"数据的基本用途为信息的收集和处理提供了依据"。②确切地说,"信息是经过加工的数据,或者说,信息是数据处理的结果。信息与数据是不可分离的,数据是信息的表现形式,信息是数据的内涵。数据本身并没有意义,数据只有对实体行为产生影响时才成为信息。"③

上面的表述数据与信息的关系,或许可能会招致这样的质疑:比如某人仅仅向如上所述输入了信息 N,也许他以后不再需要从电子计算机中输出该条信息,又或者他需要的是 N′而不是 N,那么这样会导致数据仅仅是数据,与信息无关。这样的质疑在逻辑上看似很有道理,但它实际上将数据的价值限定为特定用途,从而犯了只见树木而不见森林的错误,因为"数据的真实价值就像漂浮在海洋中的冰山,第一眼只能看到冰山的一角,而绝大部分则隐藏在表面之下"④。由此可知,只要对信息对数据进行挖掘都会得到信息,而且得到的信息不是唯一的。换言之,数据与信息一直都有关联,不能因为我们不要某一或者某些信息而割裂相应数据与信息的关联。

(三)信息在商业领域的价值

行文至此,有一条逻辑已经初露了它的端倪:大数据主要用途在商业

---

① [美]约·冯·诺依曼:《计算机与人脑》,甘子玉译,商务印书馆 2001 年版,第 1 页。
② [英]维克托—迈尔—舍恩伯格、肯尼思·库克耶:《大数据时代:生活、工作与思维的大变革》,盛杨燕、周涛译,浙江人民出版社 2012 年版,第 132 页。
③ 张兰廷:"大数据的社会价值与战略选择",中共中央党校 2014 年博士学位论文。
④ [英]维克托—迈尔—舍恩伯格、肯尼思·库克耶:《大数据时代:生活、工作与思维的大变革》,盛杨燕、周涛译,浙江人民出版社 2012 年版,第 134 页。

领域且是最成功的原因应该是能够从数据中挖掘而得的信息。这样一个问题不可避免地来了：信息在商业领域中有怎样的价值？

为了回答上述问题，请允许我们再次谈及前文所述的那则女孩父亲不知道而 Target 连锁零售店却知道她怀孕且即将生产的新闻。从该新闻中我们不难推断出 Target 连锁零售店不断向该女孩邮寄孕妇装与婴儿产品的代金券的逻辑：(1)该女孩即将生产则会有购买孕妇装与婴儿产品的需要；(2)该女孩年龄只有十几岁而且之前购物付款方式是信用卡，邮寄代金券可帮她在一定程度上摆脱收入水平与商品价格的限制。将该逻辑上升到学术层面则是：消费者的行为受消费者偏好与预算线的约束。消费者偏好就是消费者对某商品的爱好或喜欢，而预算线指的是消费者在给定的收入与商品价格的前提下，消费者的全部收入所能购买两种商品的各种组合，它表征的是消费者的行为是受到其收入与市场上商品价格的限制。[①]由此不难知道，在商业领域信息至少有可以帮助厂商[②]或经营者采取针对性策略促使消费者购买其商品，进而实现或提高经济利润。

信息帮助经营者实现或提高经济利润的事例比比皆是。为更多人所知道的是尿布与啤酒放在一块销售的例子，即某大型超市通过销售数据的统计发现大多数买尿布的顾客会买啤酒，将尿布与啤酒放在一块销售取得了不错的经济效益。此外，沃尔玛通过检查以往销售数据发现飓风与蛋挞销售呈正相关而获利的事例也很有名。

"人类理性(或研究)的一切对象可以自然分为两种，就是观念的关系(Relations of Ideals)和实际的事情(Matters of Facts)。"[③]由上可见，无论是观念的关系还是实际的事情都证成了信息在商业领域有帮助经营者实现经济利润的价值。

二、数据具有商业价值的时代的素描

(一)传统商业模式的改变

尽管《琵琶行》中的"商人重利轻别离，前月浮梁买茶去"刻画的商人

---

① 熊春泉、聂佳龙：《大数据时代的中国法治建设——一种立法视角的分析》，中国政法大学出版社 2017 年版，第 111 页。

② 厂商是一个经济学概念，亦称生产者或者企业，它指的是能够作出统一的生产决策的经济单位。厂商与法学中的经营者大致相当。囿于本书的性质，统一采用经营者概念。

③ [英]休谟：《人类理解研究》，关文运译，商务印书馆 1995 年版，第 26 页。

形象有失公允,但却也深刻地揭示出了商人追逐经济利润的特质。于是,由于信息能够帮助经营者实现经济利润的价值,而信息是从数据中挖掘而得的。因此,大数据成为许多经营者的竞争力的来源是自然而然的。

学者 Morris 等人认为,商业模式的目的指向可持续的竞争优势的创造。①既然大数据是经营者的来源,那么核心要素是大数据及分析技术的商业模式——数据驱动型商业模式——的出现也就不言而喻。数据驱动型商业模式的核心要素除了大数据及分析技术外,还有客户、价值主张、价值网络和创收逻辑。②这些要素之间的逻辑关系是:企业借助大数据及其分析技术精准发掘用户的个性化需求与客户实时互动,在此基础上创造差异化的市场等并借助定制化等营销手段与实时、互动价值的传递等来实现经济利润。由此可以知道,相较于传统的商业模式,数据驱动型商业模式之所以能提升经营者的竞争力,以及带来经济利益的原因是对于消费者需求更具有针对性,从而更能满足消费者个性化的需求。对于任何经营者而言,其生产的逻辑起点与落脚点均是通过满足消费者某种需求而实现经济利润。由此,数据驱动型商业模式并不意味着一种新型的商业模式的出现,而是传统商业模式被改变。③

(二)(新兴)数据权的出现

传统商业模式改变直观表现为以挖掘隐藏于数据之中的真实价值而架构的各种具体新商业模式。这些新商业模式的基石是数据。于是,不可避免地引致了数据价值提升到了前所未有的高度,甚至被认为是"未来社会发展的新石油"。"人类是在无休止地、有目的地并且是有理性地为增进他们对生活中美好事物的享用而斗争,为此,他们有能力选择和追求适当手段,或者,他们这样做足以提供体现人类生活特征的活力(dyna-mism),并赋予它其他类别所缺少的历史。"④在此种人类本性的要求下

---

① Morris M., Shirokova G., Shatalov, A. "The Business Model and Firm Performance: The Case of Russian Food Service Ventures", Journal of Small Business Management, 2013, 51(1).

② 荆浩、刘垭、祁宁:"'互联网+'时代数据驱动型商业模式案例分析",《商业经济研究》2016 年第 11 期。

③ "大数据之父"维克托·迈尔—舍恩伯格教授等人认为,随着数据价值转移到数据拥有者手上,传统的商业模式会被颠覆。参见[英]维克托·迈尔—舍恩伯格、肯尼思·库克耶:《大数据时代:生活、工作与思维的大变革》,盛杨燕、周涛译,浙江人民出版社 2012 年版,第 176 页。

④ [英]迈克尔·曼:《社会权力的来源》(第 1 卷),李少军、刘北成译,上海人民出版社 2002 年版,第 5—6 页。

对数据享有权利的理念被提出。

对数据享有权利可以定义为数据权。任何"权利永远不能超出社会的经济结构以及由经济结构所制约的社会的文化发展"①,因而数据权的提出也并非是学者们的臆造物。"技术无好坏,但绝非是中性。"②因而,尽管大数据如印刷机的发明一样对社会产生了深刻的影响,③但是其自身所固有的透明化悖论、身份悖论与权力悖论④随着大数据技术的发展与应用在现实中——得到了验证,并已经显现出了破坏社会秩序等副作用。这种副作用让"我们已然步入的这个新生态系统尚处丛林规则时代"。⑤从制度的角度看,由于法治是保护弱者权益、使人避免落入弱肉强食的丛林法则支配的最有效机制,所以人们希望法律能够因应这种风险提供新的保障。因此,数据权的提出除了是人类本性即自我保存的使然,更为重要的是现实所需。

法的稳定性决定了权利的内容必须是确定的。在当前数据的内容虽然可以素描为数据主权与数据权利两部分,其中数据主权包括数据管理权、数据控制权;数据权利分为由知情同意权、数据参与权数据被遗忘权等构成的数据人格权和由数据采集权、数据可携权、数据使用权与数据收集权等构成的数据财产权,⑥但并不能以此来确定数据权的内容。"为了使基本权的功能能够得以发挥,因此绝大部分基本权所应保障的生活领域与生活关系,都需要法律上的形成。这种形成主要是立法的任务。"⑦尽管"一种无法诉诸法律保护的权利,实际上根本就不是什么法律权利",⑧但是由于"立法,即以审慎刻意的方式制定法律,已被论者恰当地描述为人类所有发明中充满了严重后果的发明之一,其影响甚至比火的

---

① 《马克思恩格斯选集》(第 3 卷),人民出版社 1979 年版,第 12 页。

② Melvin Kranzberg, Technology and History: Kranzberg's Laws, Technology and Culture, (1986).

③ 〔英〕维克托·迈尔—舍恩伯格、肯尼思·库克耶:《大数据时代:生活、工作与思维的大变革》,盛杨燕、周涛译,浙江人民出版社 2012 年版,第 232 页。

④ Richards, Neil M.King, Jonathan H., Three Paradoxes of Big Data, Stanford Law Review Online(2013). Available at SSRN: http://ssrn.com/abstract=2325537.

⑤⑥ 肖冬梅、文禹衡:"数据权谱系论纲",《湘潭大学学报(哲学社会科学版)》2015 年第 6 期。

⑦ 〔德〕康拉德·黑塞:《联邦德国宪法纲要》,李辉译,商务印书馆 2007 年版,第 247 页。

⑧ 程燎原、王人博:《赢得神圣——权利及其救济通论》,山东人民出版社 1993 年版,第 349 页。

发现和火药的发明还要深远"①这一特性决定了任何权利被法律所确定都不是一蹴而就的。由此,从权利形态的角度看,将数据权界定或者视为一种"新兴权利"在当前最为合适,因为"新兴权利"指的是为人权所统摄的在一定程度上得到社会认可但未被法律确认或被保障的"权利束(丛)"。②

任何权利并非是亘古便有之更不是永恒之存在。于是,数据权尽管在当前被界定或视为"新兴权利"更为合适,但是数据权从"新兴权利"转变为法律权利可期,因为《欧盟一般数据保护条例》(General Data Protection Regulation,简称 GDPR)等法律已经进行了相应的尝试。③

无论从"新兴权利"还是法律权利的角度来诠释数据权,都说明了数据权已经出现的事实。"权利理论只是预先假设了三个东西:(1)一个符合规则的社会具有政治道德的某些观念,也就是说,它承认对于政府行为的道德限制;(2)该社会对于政治道德的特定观点——以及源于这种观点的法律判断——是'理性的',即对于相同的情况给予相同的处理,而且不允许矛盾的判断;(3)该社会相信它的所有成员生而平等,他们有权利受到平等的关心和尊重。"④由此可知,数据权的提出在某种意义上昭示了当前因数据而产生的某种(些)无序与无奈在现实中真实地存在着。

(三)数据竞争及大数据技术异化

权利是历史与经验教会人类的更好的选择。⑤无论是对我们熟知的劳动权等还是不太熟知的环境权等这些权利的发展史进行梳理,都不难知道它们都印证了随着共有财产资源价值的增长,人们就越可能确定对

---

① 〔英〕弗里德里希·冯·哈耶克:《法律、立法与自由》(第1卷),邓正来译,中国大百科全书出版社 2000 年版,第 113 页。

② 聂佳龙、史克卓:"论作为新兴权利的公民启动权",《广州社会主义学院学报》2013 年第2期。

③ 《欧盟一般数据保护条例》第三章对数据主体的权利进行了较为详细的规定。See https://eur-lex.europa.eu/legal-content/EN/TXT/HTML/?uri=CELEX:32016R0679&from=EN。

④ 〔美〕罗纳德·德沃金:《认真对待权利》,信春鹰、吴玉章译,上海三联书店 2008 年版,第16 页。

⑤ 〔美〕艾伦·德肖维茨:《你的权利从哪里来?》,黄煜文译,北京大学出版社 2014 年版,第69 页。

它的权利的假定。①对这一假定进行细致的推敲,其至少蕴含了这样几方面的内容:1)市场经济下,进入市场交易的每一种资源都具有了开发的价值或潜在的开发价值;2)在某种资源没有进入市场之前,因为其价值微乎其微或极低,不足以影响社会内部化收益或成本具有经济意义;反之,进入了市场,该资源增长的价值使得社会内部化的收益或成本具有了经济意义。②由此观之,数据权的提出实际上因为数据具有了经济意义。

　　数据有经济意义意味着其是稀缺的。在一个资源稀缺的真实世界中,资源拥有量的多寡决定了获得或可能获得利益的大小。"人们为之奋斗的一切,都同他们的利益有关"。③由此,人们对数据拥有量的竞争不可避免地会发生。然而,目前我们所能够观察到的数据领域竞争似乎不像"鲶鱼"反倒更像"沙丁鱼"。④该现状在某种意义上说明在当前,数据竞争并不是完全、自由竞争。不完全、自由竞争的对立面是垄断与不正当竞争。虽然从逻辑、事实都能证成当前的数据竞争并非表征为垄断与不正当竞争,但基于如下的理由,我们并不能将这种可能性予以彻底地排除。

　　其一,数据拥有者会对数据进行控制。"大数据最值钱的部分就是它自身,所以最先考虑数据拥有者才是明智的。他们可能不是第一手收集数据的人,但他们能够接触到数据、有权使用数据或者将数据授权给渴望挖掘数据价值的人。"⑤大型互联网企业等基于先天的优势,拥有了相当数量的数据。前面已述及,数据能够给其拥有者带来经济利益,因而对于大型互联网企业等而言,对数据进行控制以及排除其他希望获取数据的市场主体无疑是最优的选择。

---

　　①　[美]巴泽尔:《产权的经济分析》,费方域、段毅才译,格致出版社、上海三联书店、上海人民出版社 2008 年版,第 89 页。

　　②　盛洪:《现代制度经济学》,中国发展出版社 2009 年版,第 104 页。

　　③　《马克思恩格斯全集》(第 1 卷),人民出版社 1995 年版,第 187 页。

　　④　2016 年 1 月,新华社针对滴滴出行将收购优步中国的品牌、业务、数据等全部资产的消息发表的《滴滴收购优步:谨防"鲶鱼"变成"沙丁鱼"》一文指出:"如果巨头合并后产生新的垄断则有悖改革初衷。当搅动市场的'鲶鱼'变成死气沉沉的'沙丁鱼',市场就会失去活力,而一旦垄断形成,'躺着都能赚钱'的网约车巨头就有可能蜕变成《骆驼祥子》里的刘四爷,一些脱胎于旧时代洋行车行的陈规陋习又会沉渣泛起,网约车从业司机和消费者则会无力维护自身权益。"段续、刘怀丕:"滴滴收购优步:谨防'鲶鱼'变成'沙丁鱼'",搜狐网,http://www.sohu.com/a/108785452_117503,最后访问日期 2019 年 11 月 10 日。

　　⑤　[英]维克托·迈尔—舍恩伯格、肯尼思·库克耶:《大数据时代:生活、工作与思维的大变革》,盛杨燕、周涛译,浙江人民出版社 2012 年版,第 161 页。

　　其二,巨大商机进一步强化对数据的争夺与控制。"数据之于信息社会犹如燃料之于工业革命,是人们进行创新的力量源泉。"①创新,在本质上是一种不同于常规思维的意识活动。创新一旦从意识变为经济行为则意味着盈利模式将会得到变革,以及获得非常大的竞争优势。由此,数据拥有量的多寡在某种意义上可以等同于利润与竞争优势。于是,隐藏在数据背后的巨大商机不会被任何一个市场主体所漠视,相反,它们会想方设法争夺数据并予以控制。

　　从大数据利益相关者分析角度看,无法彻底地排除的垄断与不正当竞争至少意味着出现了数字鸿沟。"数字鸿沟是一种技术鸿沟(technological divide),即先进技术的成果不能为人公平分享,于是造成'富者越富,穷者越穷'的情况"。②数字鸿沟的出现一方面意味着从根本上说,大数据技术还没有完全为我们所掌控,另一方面意味着促使了大数据技术异化进一步发展。③大数据技术异化在本质上是科技异化。"所谓科技异化,就是指人们利用科学技术改变过、塑造过和实践过的对象物,或者人们利用科学技术创造出来的对象物,不但不是对实践主体和科技主体的本质力量及其过程的积极肯定,而是反过来成了压抑、束缚、报复和否定主体的本质力量,不利于人类生存和发展的一种异己性力量,它不但不是'为我'的,反而是'我'的"。④大数据技术之于人类而言,它仅仅是工具,确切地说是协助人类成为价值最终根源的工具。于是,尽管大数据技术如同其他技术一样是一种使人异化的力量,而且它"本身日趋自主化,使人类日益在技术的淫威之下无所作为"⑤,但是即便是基于热爱、崇尚自由或者人的全面发展的人性也能得出这样一个深刻而且有意义的论题:保证基于数据驱动的商业竞争不因大数据技术异化而异化是我们必须要予以认真对待的问题。由于该种异化产生于数据驱动型商业模式之中,由此本书将其界定为数据驱动型竞争异化风险。

---

　　① [英]维克托・迈尔—舍恩伯格、肯尼思・库克耶:《大数据时代:生活、工作与思维的大变革》,盛杨燕、周涛译,浙江人民出版社 2012 年版,第 230 页。

　　② 邱仁宗,黄雯,翟晓梅:"大数据技术的伦理问题",《科学与社会》2014 年第 4 期。

　　③ 陈仕伟:"大数据技术异化的伦理治理",《自然辩证法研究》2016 年第 1 期。

　　④ 李桂花:《科技哲思——科技异化问题研究》,吉林大学出版社 2011 年版,第 182—183 页。

　　⑤ 黄欣荣:《现代西方技术哲学》,江西人民出版社 2011 年版,第 24—25 页。

　　如何克服上述问题？从认识论上讲，首先的任务是厘清大数据技术在大数据商业时代的数据驱动型竞争异化中扮演了怎样的角色或者说大数据技术与数据驱动型竞争异化之间存在着何种内在的联系。这些问题的回答是下一章的主题。

第二章　法律经济学语境下的数据驱动型竞争异化风险防控

　　风险与人类社会发展如影随形,因为"风险并不是现代性的发明。任何一个出发去发现新的国家和大陆的人——比如哥伦布——当然已经认识了'风险'。"①风险的存在一面给人类社会带来了诸多的不确定性与挑战,一面在应对风险的副作用的同时也让人类找到了诸多的防控之策。在这些被人类找到的防控之策中,法律无疑是最为重要的,尽管人们并未将其视为最好防控办法且"实际上只是因为缺乏其他解决手段才导致了法律的增长"②。由此,数据驱动型竞争异化风险的防控,法律不可缺席!但是,法律该如何防控数据驱动型竞争异化风险? 可以肯定的是解答会有很多,但无论何种解答都是在运用一种或多种方法进行分析之基础上而得到的,因为"在探索的认识中,方法也是工具,是主观方面的某种手段,主观方面通过这个手段和客体发生关系"③。如果基于数据驱动型竞争还是个经济学问题这样的认识,或许这样会很容易联想到防控数据驱动型竞争异化风险应该有经济学方法的参与。学术研究无论是理论研究还是阐明观点,抑或两者都有之,极为重要的一环则是找到关键的分析方法与理论切入点。④因此,防控数据驱动型竞争异化风险至少需要法学与经济学相关分析方法与理论的支持。

---

① [德]乌尔里希·贝克:《风险社会》,何博闻译,译林出版社 2004 年版,第 18 页。
② [美]唐·布莱克:《社会学视野中的司法》,郭星华等译,法律出版社 2002 年版,第 85 页。
③ 《列宁全集》(第 38 卷),人民出版社 1959 年版,第 236 页。
④ 石佑启:《论公共行政与行政法学范式转换》,北京大学出版社 2003 年版,第 5 页。

第一节　信息与数据驱动型竞争异化
风险防控的法律经济学分析

一、法律经济学的简介

无论是从分析方法还是从理论角度看,联想到防控数据驱动型竞争异化风险这个问题与法律经济学有关,对于了解法律经济学的人而言并不是太难的事情,因为法律经济学可以是分析方法也可以是学科理论。但对于不了解法律经济学的人来说,则是件比较难以理解的事情。由此,有必要简单地介绍下法律经济学。

发轫于20世纪30年代至50年代的法律经济学,①表面看来是法学与经济学相互交融的结果,但实际上是对西方传统法学研究法学予以矫正的结果。西方传统的法学研究方法主要是价值分析方法与规范分析方法,前者无法说明法律的伦理基础与正义价值的确切内涵,而后者则导致了法学研究在一定程度上演变成了概念之争。②于是,"就像澳大利亚的兔子一样,经济学在法学的'知识分子生态环境'中找到了一处空隙并立刻跳入其中。"③前面所言的"空隙"指的是西方传统法学较少关注的法律对人们相关行为的影响。"一切社会科学的理论化,暗含地或明确地,都建立在人类行为概念的基础之上。"④在众多描述人类行为的模式之中,因为经济学中的"'经济人'是对人类行为的一种独特而恰当的漫画式描述,这不仅是因为它在经验上正确,而且是因为它在分析上是恰当的"⑤而天然地拥有了矫正西方传统法学研究方法的可能性。

真正让法学与经济学实现"联姻",经济学的方法可以运用于法学研究的人是诺贝尔经济学奖得主罗纳德·科斯(Ronald H.Coase)教授。科

---

① 关于法律经济学的发展史内容,可以参阅我们的拙作《法律经济学》。

② 熊春泉、聂佳龙:《法律经济学》,中国政法大学出版社2017年版,第3页。

③ 〔美〕罗伯特·考特,托马斯·尤伦:《法和经济学》,史晋川、董学兵等译,格致出版社、上海三联书店、上海人民出版社2010年版,第3页。

④ 〔美〕道格拉斯·诺思:《制度、制度变迁与经济绩效》,杭行译,格致出版社、上海三联书店、上海人民出版社2008年版,第23页。

⑤ 〔澳〕布伦南、〔美〕布坎南:《宪政经济学》,冯克利等译,中国社会科学出版社,2004年版,第61页。

斯教授是一个传奇的人物,著述不多,却分别在经济学界和法学界开创了新制度经济学与法律经济学两个流派。尽管在科斯教授之前已有相关的思想家、学者探讨过法律与经济的关系,[①]但是真正让经济学进入法学领域之人却是科斯教授。科斯教授提出了一个革命的概念"交易成本"(又译为"交易费用",transaction cost)。借助该概念,科斯教授指出:"如果我们以交易成本为零的世界转向交易成本大于零的世界,那么立刻变得清楚的是,在这个新天地里,法律制度至关重要。……在市场上交易的东西不是经济学家常常设想的物质实体,而是一些行动的权利和法律制度确立的个人拥有的权利。……结果,法律制度就对经济体系的运转产生了深远的影响,……权利应该让与那些能够最具生产性地使用权利并有激励他们这样使用的动力的人,而且要发现和维持这种权利分配,就应该通过法律的清楚确定,通过使权利让渡的法律要求不太繁重,而使权利让渡的成本比较低。"[②]

上述科斯教授话语所蕴含的思想,被斯蒂格勒(Stigler)于 1966 年发表的《价格理论》(*The Theory of Price*)命名为"科斯定理"。斯蒂格勒认为,科斯定理是"在完全竞争条件下,私人成本等于社会成本"。然而,饶有意思的是多年后科斯教授对此提出了异议,他指出:"由于斯蒂格勒所指出的,零交易费用会促使垄断者'像竞争者那样行动',因此可以说,伴随着零交易费用,私人成本与社会成本将相等。由此可见,斯蒂格勒关于科斯定理的阐述不同于我在上述论文中表达同样思想的方法。我所说的是产值最大化,但并没有说不一致问题。社会成本代表着生产要素在替代的用途中会产生的最大价值。可是,通常只关心自己收入最大化的生产者并不顾及社会成本,而且只会从事一种活动,即所利用的各种要素的生产价值大于他们的私人成本(该数额是指这些要素在其最佳的替代用途中的所得)。但是,如果私人成本等于社会成本,那么生产者势必只去从事所利用的各种要素的生产价值大于它们在最佳替代用途中产生的价值的活动。这就是说,在零交易费用条件下,产值将最大化"。[③]科斯教授

————————

①　比如柏拉图、亚里士多德、亚当·斯密、贝卡里利亚、亚当斯、凡勃伦和康芒斯等。熊春泉、聂佳龙:《法律经济学》,中国政法大学出版社 2017 年版,第 5—8 页。

②　[美]罗纳德·高斯:"生产制度的结构",银温泉译,《经济社会体制比较》1992 年第 4 期。

③　[美]罗纳德·哈里·科斯:《企业、市场与法律》,盛洪、陈郁译,格致出版社、上海三联书店、上海人民出版社 2009 年版,第 154 页。

提出异议的同时,又拒绝对科斯定理下明确的定义,从而导致了科斯定理有着多种解释:①法定权利的最初分配从效率角度是无关紧要的,只要这些权利能自由交换。②法定权利的最初分配从效率角度是无关紧要的,只要交换的交易成本为零。③只要产权能在完全竞争的市场上进行交换,法定产权的最初分配从效率角度看无关紧要。①

尽管关于科斯定理的内容并未取得共识,但这并没有妨碍其价值的发挥——成为一把打开了现代法律经济学的钥匙。自法律经济学的大门被科斯定理这把钥匙打开后,法律经济学在短短的几十年成为法学一个流派。其中,芝加哥法律经济学派功不可没。在该学派众多学者中,理查德·A.波斯纳(Richard A. Posner)尤为引人注目,他以"效率"为主题著述,不断证实与展现简明的经济学概念可以用来分析与解释法律制度的结构。在芝加哥法律经济学派高歌猛进的同时,也遭受了诸多的批评,甚至被人称之为"凶猛的风暴"。这些批评从效果看促进了法律经济学的发展以及在全球的影响力,因为"在批评和反批评的过程中,一方面以波斯纳为代表的芝加哥法经济学继续高举'效率主题'的答题,不断完善和修正自己的理论,开拓新的分析领域;另一方面,批评者们也逐渐在形成系统的观点,发展成为法经济学中的新派别"。②

当前,法律经济学学派除了芝加哥法律经济学派(含纽黑文学派),还有公共选择理论、制度主义法律经济学和新制度主义法律经济学。③这些学派从不同的角度诠释着法律制度与经济发展的关系。稍许遗憾的是,这些学派之后几乎没有新的学派诞生,④以及"似乎进入了一个比较'沉闷'的时期,没有出现新一代'领军人物',也没有出现具有'突破性'观点的新的研究文献"。⑤

---

① [英]约翰·伊特韦尔等:《新帕尔格雷夫经济学大辞典》(第1卷),陈岱孙等译,经济科学出版社1996年版,第498—499页。

② 魏建、周林彬:《法经济学》,中国人民大学出版社2008年版,第26页。

③ 参见熊春泉、聂佳龙:《法律经济学》,中国政法大学出版社2017年版,第20—35页。

④ 以LLSV等组合为代表的关于法律体系与金融体系以及证券市场的关系可能会诞生一个新的学派。见[美]尼古拉斯·麦考罗、斯蒂文·G.曼德姆:《经济学与法律——从波斯纳到后现代主义》,朱慧等译,法律出版社2005年版,序言第3页。

⑤ [美]尼古拉斯·麦考罗、斯蒂文·G.曼德姆:《经济学与法律——从波斯纳到后现代主义》,朱慧等译,法律出版社2005年版,第19页。

二、数据驱动型竞争异化风险防控法律经济学分析的理论与分析方法

法律经济学多学派的存在虽然带来了"各种不同学术流派的观点在活跃的思想市场中相互竞争"①的景象,但同时也带来了"法经济学是一门以争论和混乱为主的学科。定义这门学科就如用调羹吃意大利细面。法经济学可以是实证的、规范的、新古典的、制度分析的,也可以是奥地利学派的——非常简单,这门学科已经被大量的相互竞争的方法论和观点压得喘不过气来,而这些观点又是不容易区别的"。②由此,运用经济学的方法、理论分析法律问题一不小心就会陷入"挂羊头卖狗肉"的尴尬境地。而避免的办法则是提出符合法学理论范式的法律命题与内容。③

法学与经济学因为研究对象等不同,从而它们的语言系统也不尽相同。提出符合法学理论范式的法律命题与内容在本质上是"跨语际实践"。所谓的"跨语际实践"就是"考察新的词语、意义、话语以及表述的模式,由于或尽管主方语言与客方语言的解除/冲突而在主方语言中兴起,流通并获得合法性的过程。因此,当概念从客方语言走向主方语言时,意义与其说是发生了'改变',不如说是在主方语言的本土环境中发明创造出来的"。④由此可知,提出符合法学理论范式的法律命题与内容的首要解决的问题是确定"跨语际实践"的概念。

概念不仅是"我们进行思考、批评、辩论、解释和分析的'工具'",更是"构建人类知识大厦的基石"。⑤信息,无疑是在上一章反复出现的一个核心的概念。在经济学尤其是信息经济学中,信息是一个特别重要的概念。而在法学中,往往在言及信息权、隐私权、知识产权等的时候,才会附带地对信息进行解释。可以说,信息是经济学中的一个重要的概念而法学则不是。于是,想要以"信息"为支点提出符合法学理论范式的法律命题与

---

① ［美］尼古拉斯·麦考罗、斯蒂文·G.曼德姆:《经济学与法律——从波斯纳到后现代主义》,朱慧等译,法律出版社 2005 年版,第 1 页。
② ［美］尼古拉斯·麦考罗、斯蒂文·G.曼德姆:《经济学与法律——从波斯纳到后现代主义》,朱慧等译,法律出版社 2005 年版,第 230 页。
③ 熊春泉、聂佳龙:《法律经济学》,中国政法大学出版社 2017 年版,第 254 页。
④ 刘禾:《跨语际实践:文学、民间文化与被译介的现代性(中国,1900—1937)》,宋伟杰等译,生活·读书·新知三联书店 2002 年版,第 36—37 页。
⑤ ［英］安德鲁·海伍德:《政治学核心概念》,吴勇译,天津人民出版社 2008 年版,第 4—5 页。

内容,至关重要的工作就是清晰且精准地界定出"信息"在法学语言的环境中所能发明创造出来的意义。而要完成这项工作,首先厘清经济学尤其是信息经济学中的"信息"的内涵无疑是必要的。

(一)经济学语境下的"信息"

自人类在地球出现时起,人类便面对着一个资源稀缺的世界,从而如何利用稀缺资源实现财富最大化便成为了人类所要解决的一个极为棘手但又重要的问题。在漫长的思索与实践后,1776年亚当·斯密的《国民财富的性质和原因的研究》的发表标志着探索稀缺资源得到最优化利用的经济学的诞生。《国民财富的性质和原因的研究》一书中最为人熟知的是称之为"看不见的手"理论:

> 每个社会的年收入,总是与其产业的全部年产物的交换价值恰好相当,或者无宁说,和那种交换价值恰好是同一样东西。所以,由于每个人都努力把他的资本尽可能用来支持国内产业,都努力管理国内产业,使其生产物的价值能达到最高程度,他就必然竭力使社会的年收入尽量增大起来。确实,他通常既不打算促进公共的利益,也不知道他自己是在什么程度上促进那种利益。由于宁愿投资支持国内产业而不支持国外产业,他只是盘算他自己的安全;由于他管理产业的方式目的在于使其生产物的价值能达到最大程度,他所盘算的也只是他自己的利益。在这场合,像在其他许多场合一样,他受着一只看不见的手的指导,去尽力达到一个大并非他本意想要达到的目的。也并不因为事非出于本意,就对社会有害。他追求自己的利益,往往使他能比在真正出于本意的情况下更有效地促进社会的利益。①

从上述话语中可以知道,由于"看不见的手"的存在,国民财富、社会公共利益等增进与政府无关,政府要做的就是自由放任。于是,"经济学被说成是研究稀少资源在各种可供选择的用途中的分配,从中得到的教训是,要是政府不干涉经济活动的话,自由企业将会按照最有利于整个社

---

① [英]亚当·斯密:《国民财富的性质和原因的研究》,郭大力、王亚南译,商务印书馆1974年版,第27页。

会的方式来分配资源"。①对此我们进一步的分析：自由企业按照最有利于整个社会的生产方式分配资源在经济上称之为帕累托最优状态，即生产的产品满足了社会的需求，任意的改变不可能使至少一人的状况变好而又不使任何人的状况变化。帕累托最优状态是一种理想状态，其实现有着严苛的条件假设，其中一个假设是信息完全即市场的供求双方对于交换的商品具有充分的信息。②由此，不难知道若"看不见的手"真正地发挥作用，信息在经济生活中没有任何的价值。

信息完全的假设并不符合现实，但却在相当长的时间内以近乎真理的形式得到了人们与经济学家们的认同。之所以如此，英国著名经济学琼·罗宾逊给出的答案是，这一"脆弱理智结果之所以好像还站得住脚，是因为它不曾受到实际压力"③。假设是为了解释现实现象的便利所服务的，一开始没有遭受到实际压力并不代表其永远都是正确的。随着时间向前推进，"看不见的手"在日益走向的垄断市场中越发捉襟见肘——市场失灵。导致市场失灵的原因有很多，信息不对称与信息不完全是其中一个原因。

信息不对称与信息不完全的存在扭曲了市场供需关系：需求曲线与供给曲线并非如经济学理论所显示的那样向右下方倾斜和向右上方倾斜。诺贝尔经济学奖得主乔治·阿克洛夫（George A. Akerlof）最早对商品市场中的信息不完全及其给市场机制造成的困难进行了研究。阿克洛夫于 1970 年发表的《柠檬市场：质量不确定与市场机制》④一文表明，信息的不完全和信息不对称会导致"逆向选择"的问题，即商品价格并非由商品质量决定，恰恰相反商品质量依赖于价格。正因为这样会带来欺骗性交易。欺骗性交易将会将诚实的交易者逐出市场，因为"市场上原本可能有买主想购买高质量的商品，而且有卖主愿意在一个适当的价格范围内出售该种商品，但是，正是由于出现了一些蓄意以次充好进行欺骗性交易的人，使得合法的诚实交易者被逐出了市场"⑤。自阿克洛夫之后，迈

---

①③　［英］琼·罗宾逊、约翰·伊特韦尔：《现代经济学导论》，陈彪如译，商务印书馆 1982 年版，第 61 页。

②　高鸿业主编：《西方经济学（微观部分）》，中国人民大学出版社 2007 年版，第 397 页。

④　"柠檬"在美国的俚语里表示"残次品"或者"不中用的东西"，柠檬市场相当于我们日常生活中所言的"旧货市场"。

⑤　谢康、乌家培：《阿克洛夫、斯彭斯和斯蒂格利茨论文精选》，商务印书馆 2002 年版，第 11 页。

克尔·斯彭斯(A Michael Spence)、乔治·斯蒂格勒(George J.Stigler)、威廉·维克里(William S.Vickrey)、詹姆斯·莫里斯(James A.Mirrlees)等诺贝尔经济学奖得主以及其他学者对市场信号、委托—代理关系、激励机制及市场安排等问题进行了深入的研究。这些研究促成了信息经济学的诞生并成为主流经济学中的一个重要组成部分,同时也无一例外地表明了:在我们真实的世界中,信息常常是不完全的甚至是相当不完全的,由此需要克服信息不完全所带来的"逆向选择""道德危险"等问题来确保市场机制发挥其应有的作用。

(二)"信息"的跨语际法律实践

语言是人类言语活动中的产物,因而它是"一种表达观念的符号系统"。①于是,不同的语言交流实质上是文化符号间的转化。该种转化"从不会,事实上也从没有让纯粹所指(能指手段——或'载体'——使之完整无损和未受任何影响)从一种语言'转移'到另一种语言中去,或在同一语言中做这样的转移"。②于是,即便是同一个语词,在不同的语言中实际用法也不尽相同甚至完全不同。因而"不应当以任何方式损害语言的实际的用法"③将 A 语言中的 a 等同为 B 语言中的 a,而是要基于"各种语言都是相通的,而对等词自然而然存在于各种语言之间"④的原理在 B 语言中寻找与 A 语言中的 a 能对等的词。前面已提及,"信息"在经济学与法学中都有之,但如前所述其中意思至少是不尽相同的,因而需要在法学中寻找与其对等的词。此过程或者此项工作可以称之为跨语际法律实践。⑤

所谓的对等词,在西方形而上学中称之为保持能指(signans)。与保持能指对应的是所指(signatum),它们是一种本质的和合法的区分。⑥由

---

①　[瑞士]费尔迪南·德·索绪尔:《普通语言学教程》,高名凯译,商务印书馆 2009 年版,第 37 页。

②　[法]雅克·德里达:《多重立场》,佘碧平译,生活·读书·新知三联书店 2004 年版,第 24—25 页。

③　[奥]维特根斯坦:《哲学研究》,韩林合译,商务印书馆 2013 年版,第 90 页。

④　刘禾:《跨语际实践:文学,民间文化与被译介的现代性(中国,1900—1937)》,宋伟杰等译,生活·读书·新知三联书店 2002 年版,第 5 页。

⑤　周丹的《爱悦与规训:中国现代性中同性欲望的法理想象》在跨语际实践的角度与探讨鸡奸、猥亵、同性恋这些同性欲望现象如何进入法律问题,提出了"跨语际法律实践"一词。参见周丹:《爱悦与规训:中国现代性中同性欲望的法理想象》,广西师范大学出版社 2009 年版,第 40—74 页。

⑥　[法]雅克·德里达:《多重立场》,佘碧平译,生活·读书·新知三联书店 2004 年版,第 23 页。

此,"信息"的跨语际法律实践实际上在法学中寻找与之在本质上对等的词。前面已述及,在经济学中,"信息"因为信息不对称和信息不完全的存在而至关重要。信息不对称和信息不完全则会导致"逆向选择""道德危险"的问题,而这些问题将会导致合法的诚实的交易者被逐出市场。合法的诚实的交易者,顾名思义指的是那些遵守法律与公认的商业道德的交易者。他们被逐出市场的真实原因并非是市场竞争而是市场失灵的结果。

市场失灵的克服需要国家的宏观调控。法律是国家宏观调控的主要方式与手段。国家利用法律的手段进行宏观调控表现为对垄断、不正当竞争等行为进行法律规制等。对这些行为进行规制的目的是维护一个公平竞争的市场秩序等,最终实现国民经济健康稳定地发展。公平竞争的市场秩序最本质性的界定,无疑是要求经营者遵守法律与公认的商业道德实施正当竞争行为而形成的正常的市场竞争秩序。正当竞争行为是一种不损害其他经营与消费者利益的行为。不损害其他经营者的利益指的是其他经营者有进入市场的机会,已经进入市场非因正当竞争原因而被逐出市场。不损害消费者的利益指的是消费者在市场中通过交易能得到价格与质量相称的商品。

至此,我们不难知道经济学中"信息"在法学中可以与之对等的词是"正当竞争"。基于上述结论,信息不对称和信息不完全无疑是数据驱动型竞争异化风险防控的法律经济学分析所利用的经济学理论和分析方法。

第二节　防控数据驱动型竞争异化风险的经济分析论证

不可否认的是,即便是不利用经济学中的信息不对称和信息不完全这一理论和分析方法同样能够得出防控数据驱动型竞争异化风险的结论。对于学术研究而言,得出结论固然重要(前提是得出的结论有创新性),但论证过程同样重要,因为它也决定着(甚至是唯一的)所提出的建议的可行性与创新性。显然,数据驱动型竞争异化风险需要防控不是一个有创新性的结论,甚至可以说是一个相当普通的常识。于是,能否提出有可行性与创新性的建议重点在于论证过程。"经济学分析的主要影响不是改变结论而是改变论证过程","几乎在所有的应用中,经济学的分析都彻底地重新塑造了法律结论的论证过程"。①因此,防控数据驱动型竞争异化风险的经济学分析的论证将是我们要予以认真对待的问题。

一、正当竞争的本质:买方知晓的卖方信息从不完全走向完全

凡是对垄断稍微有所了解的人,几乎都会知道它们的存在会损害消费者的利益。若要深究其中的原因,他们也能给出诸如垄断企业"出于对利润的追求会把价格维持在一个较高的水平上,且不会保持技术和质量的不断提高"②这样不容易遭受质疑的回答。然而,该种回答在现实中即便不容易遭受质疑,但其正确性并不能因此而得以证成。如果我们对该种回答进行较为细致的推敲,会发现其隐含了"消费者知晓技术和质量的提高"的内容,而事实上,消费者知晓技术和质量提高的信息更多的是与同类产品相比较而获得的。从这个意义上讲,垄断危害来源于垄断企业对产品信息的控制。该结论或许会招致质疑,因为消费者知晓技术和质量的提高可以通过理性认知来获得。认知论告诉我们"知识永远特定于某一具体时间。人们的绝大部分知识来自……与他人的相互交往以及思想和资产的交换"③。基于此,加之某企业垄断了一个地方某一产品所有的供给且垄断时间足够长的假设,最后也能得出前述关于垄断危害的结论。

既然垄断的危害来源于垄断企业对产品信息的控制,那么认为与垄断相对的竞争的益处则应是破除了企业对产品信息的控制。竞争为何有如此作用? 要想回答该问题,从逻辑上讲,无论是起点还是终点都与信息有关。美国著名科学家维纳认为"信息这个名称的内容就是我们对外界进行调节并使我们的调节为外界所了解时而与外界交换来的东西"。④《辞海》则将信息界定为通过处理和分析提取的消息和信号的具体内容和

---

① ［美］大卫·D.弗里德曼:《经济学语境下的法律规则》,杨欣欣译,法律出版社 2004 年版,第 7 页。

② 李昌麒:《经济法学》,法律出版社 2008 年版,第 242 页。

③ ［德］柯武刚、史漫飞:《制度经济学——社会秩序与公共政策》,韩朝华译,商务印书馆 2000 年版,第 55 页。

④ ［美］N.维纳:《人有人的用处——控制论和社会》,陈步译,商务印书馆 1978 年版,第 9 页。

意义。①无论对信息作怎样的解释,都肯定了其重要性,即每个人"要有效地生活就要有足够的信息"②或者想要作出正确的决策,其前提条件是拥有充分、有效的信息。③具体到经济领域,亦是如此。于是,在经济学中,信息被认为是一种能够提高经济主体的效用和利润的有价值的资源,尽管此种资源在"质"(即不具有竞用性和一定程度上的排他性)和"量"(即价值通过预期收益变化来确定)与普通商品不同。④

效用指的是消费者在消费商品⑤时,该商品给其带来的主观满足程度。于是,一般而言,效用和利润的提高所对应的经济主体分别是消费者和经营者。表面看,消费者的效用提高与经营者的利润的提高相互矛盾,因为前者表征为产品要"质优价廉",而后者可以表征为"质优价高"或者"质差价高"。由此,消费者和经营者对待信息的态度分别是公开与不公开。此外,由于经营者最先获得产品或服务的全部信息,并且有能力对这些信息进行控制。这样,经营者完全拥有关于产品、服务的信息,而消费者则不完全拥有这些信息或者说经营者拥有的信息量要多于消费者。

在经济学中,将有些人比其他人掌握更多的相关信息现象称之为"信息不完全与信息不对称",以及认为信息不完全与信息不对称会导致逆向选择问题。所谓的逆向选择问题,浅显地说是价格决定质量而非质量决定价格。在信息不对称的情况下,消费者知道经营者利用其对产品、服务质量的信息优势对其进行欺骗来获取更大的利润,从而不愿对经营者提供的产品、服务支付对等的价格。这会导致经营者不会生产或提供成本较高的质优的产品、服务,进而产生类似于"劣币驱逐良币"的现象。由此,尽管控制产品、服务的信息能够帮助经营者提高利润,但在存在竞争的条件下,同样是出于利润提高的目的经营者会主动地披露信息,因为他们害怕逆向选择导致其处于不利的境地甚至是被淘汰出市场。这样,我们不难知道,竞争的作用在于促使经营者披露产品、服务的有关信息。

---

① 《辞海》编辑部:《辞海》,上海辞书出版社 1989 年版,第 702 页。
② [美]N.维纳:《人有人的用处——控制论和社会》,陈步译,商务印书馆 1978 年版,第9 页。
③ 应飞虎:"信息如何影响法律——对法律基于信息视角的阐释",《法学》2002 年第 6 期。
④ 高鸿业:《西方经济学(微观部分)》,中国人民大学出版社 2007 年版,第 396 页。
⑤ 在经济学中的商品与法学中的产品、服务在本质上没有任何的区别。

　　理论上讲,经营者披露产品、服务有关信息方式有三:一是披露自己的信息;二是披露他人的信息;三是既披露自己的信息又披露他人的信息。无论经营者以前述何种方式披露信息,都以利润实现为导向。就助于利润实现的容易度而言,经营者向消费者一面披露有利于自己的信息一面披露有害于竞争对手的信息显然是最佳策略,因为这种策略既可以抑制竞争对手,也可以引诱消费者购买其产品、服务。对此可能会提出这样的质疑:经营者出于信誉的考虑并不会采取如前所述的信息披露策略。不能否认,这种情况在现实中确实存在着,但如果交易是一次性的、流动的,"'回头客'本来就不存在,也用不着担心受骗者会向其他消费者揭发自己的不是"①产生了机会主义,这对于经营者而言,采取前述信息披露策略不仅能够获得较高的利润,而且几乎不会有任何代价的付出。于是,经营者有着通过不正当地披露产品、服务的有关信息获取更多利润的实现的可能。

　　在竞争的作用下,经营者如果不正当披露产品、服务的信息,不仅损害了竞争对手的利益也损害了消费者的利益。无论是出于正常的市场竞争秩序维护的考虑,还是出于消费者合法利益保护的考虑,都指向了正当竞争,以及在其作用下经营者向消费者诚实地披露产品、服务的有关信息。经营者向消费者诚实地披露产品、服务的有关信息意味着消费者知晓了更多关于产品或服务的真实信息,从而产品、服务信息由不完全走向完全。简言之,正当竞争能够促使买方知晓的卖方(即经营者)信息由不完全走向完全。

二、数据驱动型竞争异化风险的缘由:卖方知晓的买方信息从不完全走向完全

　　尽管信息不对称和不完全会带来如上述及的问题,但却并不必然会影响经营者因为不了解消费者偏好导致商品卖不出去,因为"在市场经济中,这一类信息的不完全并不会影响他们的正确决策——因为他们知道商品的价格。只要知道了商品的价格,就可以由此计算生产该商品的边际收益,从而就能够确定他们的利润最大化产量。"②商品的价格由价值决定,但也受供求关系影响。从发生学的角度看,供求关系产生的首要一

---

①②　高鸿业:《西方经济学(微观部分)》,中国人民大学出版社 2007 年版,第 396 页。

步是消费者是否有消费某种商品的欲望,以及该种商品能够满足消费者欲望。如果消费者有消费的欲望而商品又能满足该种欲望则说明该商品对消费者有效用。效用指的是消费者在消费某一商品时所获得的主观满足程度。在经济学中,关于效用有基数效用论与序数效用论:前者认为,效用和长度、质量等概念一样,可以具体衡量并且可以加总求和;而后者认为,效用的大小是无法衡量的,它和美丑、香臭一样只能通过等级或顺序要表示。无论是从理论还是现实都不难知道,效用是一种主观心理评价,不能具体衡量,正所谓"萝卜白菜,各有所爱"。因此,当前经济学主要是用序数效用论研究消费需求问题。

序数效用论在推导消费者的需求曲线时提出了消费者偏好的概念。所谓偏好就是喜爱和爱好的意思。"对于各种不同的商品组合,消费者的偏好程度是有差别的,正是这种偏好差别,反映了消费者对这些不同的商品组合的效用水平的评价。"①由此,消费者的偏好是分析消费者追求效用最大化的购买商品选择行为的前提条件之一。

除消费者的偏好外,分析消费者追求效用最大化的购买商品选择行为的前提条件还有预算线。所谓预算线又被称为预算的束线、价格线与消费可能线,指的是消费者在给定的收入与商品价格的前提下,消费者的全部收入所能购买两种商品的各种组合,它表征的是消费者的行为是受到其收入与市场上商品价格的限制。

在消费者的偏好和预算线已知的情况下,当满足商品的组合能给消费者带来最大的效用与位于给定的预算线上这两个条件时,则会出现消费者最优购买行为。

《孙子兵法》有言:"知己知彼,百战不殆"。如果经营者掌握了消费者的偏好与预算线等信息,则会被用来实现利润的最大化。由于偏好与效用相联系,而效用与购买欲望以及商品满足消费者的能力有关,从而经营者利用消费者的偏好信息实现利润的最大化的原理是:经营者基于偏好的可传递性所保证的偏好一致性以及消费者以往购买某种商品显现出的购买欲望,以较高的价格出售该商品。经营者利用预算线实现利润的最大化的原理是:对商品降价或变相降价,以及推荐价格较低的替代品等方式提高商品销售量。

---

① 高鸿业:《西方经济学(微观部分)》,中国人民大学出版社 2007 年版,第 81 页。

一般而言,无论是消费者的效用还是偏好由于都具有很强的主观性从而难以被经营者知晓。然而,进入大数据时代以来,前述的不可能逐渐地变成可能。前面已述及,偏好具有一定的稳定,且与购买欲望以及商品满足消费者的能力有关。消费者的这些信息——表征为在网络空间留下的"痕迹",在大数据时代都得到了相应的记录,形成了相应的数据。在大数据时代,信息是依靠数据这一载体而存在的。因而在大数据时代,"信息是经过加工的数据,或者说,信息是数据处理的结果。信息与数据是不可分离的,数据是信息的表现形式,信息是数据的内涵。数据本身并没有意义,数据只有对实体行为产生影响时才成为信息。"[1]也就是说,在大数据时代,信息是通过对一定数量的数据进行处理得到的结果或者说利用大数据对一定的数据进行处理便可得到信息。具体来说,利用大数据知晓消费者偏好的信息的原理是将从网络空间收集到的消费者数据通过DB2(一套关系型数据库管理系统)、Hive(基于 Hadoop 的一个数据仓库工具)、sqoop(一款开源的工具)、HBase(一个分布式的、面向列的开源数据库)、Map Reduce(一种用于大规模数据集的并行运算编程模型)等计算机数据处理技术进行比对、深度挖掘、提纯等[2]得到消费者的偏好、预算线等信息。

由于消费者"个人数据可以帮助商家获得或维持其垄断权力,特别是在具有强大数据驱动的网络效应的市场",以及"通过提取其他竞争对手无法获取到的个人数据,并使用这些数据来排除竞争对手或者提高进入壁垒的行为",[3]于是,经营者通过大数据知晓消费者偏好等信息可以起到不正当竞争的效果。在实务界将此种行为界定为大数据不正当竞争。[4]一般而言,在市场竞争中经营者利用大数据掌握消费者的偏好信息与预算线等信息实现利润的最大化并没有什么值得指摘的。然而,如前所述它的异化可以带来损害消费者和其他经营者合法权益的风险。消费

---

① 张兰廷:"大数据的社会价值与战略选择",中共中央党校 2014 年博士学位论文。

② 熊春泉、聂佳龙:《大数据时代的中国法治建设——一种立法视角的分析》,中国政法大学出版社 2017 年版,第 128 页。

③ 孙林玉:"大数据时代下我国竞争政策问题研究——以我国首例大数据不正当竞争纠纷案为视角",《黑龙江工业大学学报》2017 年第 8 期。

④ 参见张璇:"大数据不正当竞争第一案的烧脑庭审",《人民法院报》2017 年 4 月 10 日第 6 版。

者和其他经营者合法权益被侵犯显然与正当竞争相违背,于是数据驱动型竞争异化风险应该成为法律防控的对象。

既然数据驱动型竞争异化风险因为与正当竞争相违背而成为法律防控的对象,而正当竞争的本质是买方知晓的卖方信息从不完全走向完全,那么可以说防控数据驱动型竞争异化风险的真正缘由则是它非但没有让买方与卖方的信息走向对称,反而卖方知晓的买方信息从不完全走向完全。由此,防控数据驱动型竞争异化风险的基本思路也随之可以确定。但是,即便是如此,还不能给开出具体的防控"药方",因为至此我们还未完全了解法律经济学语境下的数据驱动型竞争异化风险的全貌。那么,法律经济学语境下的数据驱动型竞争异化风险有着怎样的面貌? 这是下一节的主题。

第三节　数据驱动型竞争异化风险的精准画像

可以肯定的是,除了大数据不正当竞争外,数据驱动型竞争异化风险的表现形式还有很多。还可以肯定的是,随着大数据在商业领域应用的广度与深度之增长,数据驱动型竞争风险的表现形式也会随之增多。也就是说,即便是当前我们能够将已知的数据驱动型竞争异化风险的表型形式一一列举并对它们进行"面面俱到"地描述,依然无法帮助我们了解数据驱动型竞争异化风险的全貌。前文已述及,法律经济学语境下的数据驱动型竞争风险表征为卖方知晓的买方信息从不完全走向完全。对此进行细致的推敲,数据驱动型竞争异化风险主要来源于两个方面:获取买方的信息以及获取信息后实施了有悖于正当竞争的行为。"进行法律哲学思考,并非必须对全部的——或大多数的——法律哲学题目——重要的是,要针对典型的题目思考。"[1]于是,本节拟从如下的几个方面给数据驱动型竞争异化风险进行精准地画像。

一、数据强行获取

大数据的价值在于"人类可以'分析和使用'的数据在大量增加,通过

---

① ［德］考夫曼:《法律哲学》,刘幸义译,法律出版社 2003 年版,第 4 页。

这些数据的交换、整合和分析，人类可以发现新的知识，创造新的价值，带来'大知识'、'大科技'、'大利润'和'大发展'"。①无论是想要得到"大知识""大科技"，还是想要得到"大利润""大发展"，前提都是拥有海量的数据。而拥有海量的数据首先是存储与网络空间的数据是海量的；其次能从网络空间获取海量的数据。

2012 年互联网数据中心（Internet Data Center，简称 IDC）发布的数字宇宙研究报告（Digital Universe）显示，2013 年至 2020 年短短的 8 年时间，人类所产生的数据量将超过 40 ZB（1 ZB = 1 099，511，627，776 GB）。②当前存储在网络空间的数据无疑是海量的，因为当前海量的数据一般界定在 PB（1 ZB = 1 048 576 PB）单位。③在大数据时代，个人数据信息具有共有性或非独占性，④这决定了"一个数据经营者使用数据信息时，不妨碍另一数据经营者同时使用该数据信息。这意味着，数据信息在物理上可以被共享和多次使用，并由此可能产生更大经济和社会价值"。⑤这些在理论上不仅能够证明当前我们不仅拥有海量的数据，而且还能够说明任何人至少在利用这些海量的数据的机会是平等的。

海量数据的价值得以实现需要云与算法提供支撑，前者解决数据存储的问题，后者解决处理与分析数据的问题。由于并非任何人都能够自行解决数据存储的问题，从而我们的真实世界是更多的数据被存在少数经营者的云中。由此，虽然人类当前拥有海量的数据，但并非人人都可以平等地利用这些数据，从而产生了一定程度的数据垄断。垄断对于经营者而言它的最大意义在于可以限制或排除竞争而获得巨额的经济利润。这样在理论上也就很难排除这种可能："在看到数据交易带来的回报背后，一些大公司对自己掌握的数据资源进行保护而拒绝交易，或者滥用市场支配地位恶意抬高或压低大数据的交易价格，侵害其他经营者和消费

---

① 涂子沛：《大数据：正在到来的数据革命，以及它如何改变政府、商业与我们的生活》，广西师范大学出版社 2013 年版，第 57 页。

② 中国信息产业网，http://www.cnii.com.cn/wlkb/rmydb/content/2012-12/20/content_1033867.htm，最后访问日期 2019 年 11 月 10 日。

③ 参见何非、何克清："大数据及其科学问题与方法的探讨"，《武汉大学学报（理学版）》2014 年第 1 期。

④ 吴伟光："大数据技术下个人数据信息私权保护论批判"，《政治与法律》2016 年第 7 期。

⑤ 丁文联："数据竞争的法律制度基础"，《财经问题研究》2018 年第 2 期。

者的合法利益"。①即便是能够将这种理论上的可能在现实中可以予以排除，但也无法排除基于数据带来的利润等，网络运营者想尽办法获取更多的数据，尤其是能够独占或者至少具有先占优势数据的可能。"随着越来越多的事物被数据化，决策者和商人所做的第一件事就是得到更多的数据。"②维克托·迈尔—舍恩伯格的这种预言，实际上在现实中已经几乎每时每刻都在发生着，比如用手机注册 App 都要获取位置、摄像头、通讯录、话筒录音、相册等信息，尽管给了手机注册者是否授权的选择，但是实质上该种选择是种"掩耳盗铃"式的掩饰而已，因为不允许任何一个都无法打开该 App。有关部门抽查发现，约 30％的 App 权限与所提供的服务没有对应关系。③也就说，网络运营者凭借网络平台等优势可以强行地获取消费者的个人数据。此种强行获取消费者个人数据的行为尽管不一定会带来数据垄断，但可以肯定是它有违反公认的商业道德并破坏竞争秩序的风险。④

由上可知，从获取买方数据的角度看，数据驱动型竞争异化风险表征为强行获取数据以及由此可能带来的数据垄断。

二、大数据不正当竞争

自人类进入信息时代，大自国与国之间的竞争，小至企业与企业之间的竞争，已不再是原来的劳动生产率的竞争，而是新型的知识生产率的竞争。"数据，是信息的载体、是知识的源泉，当然也就可以创造价值和利润，可以预见，基于知识的竞争，将集中表现为基于数据的竞争，这种数据竞争，将成为经济发展的必然。"⑤基于数据的竞争的最基础性前提则是数据的拥有量，由此上面所提及的数据垄断，在某种意义上可以说是数据竞争所带来的副作用产物。

数据竞争带来的副作用产物不仅仅是数据垄断。因为数据垄断之于

---

① 邹开亮、刘佳明："试论大数据垄断的法律规制"，《大庆师范学院学报》2017 年第 4 期。

② ［英］维克托·迈尔—舍恩伯格、肯尼思·库克耶：《大数据时代：生活、工作与思维的大变革》，盛杨燕、周涛译，浙江人民出版社 2012 年版，第 210 页。

③ 齐鲁财富网，http://www.qlmoney.com/content/20190215-344901.html，最后访问日期 2019 年 11 月 10 日。

④ 黄晓锦："大数据时代数据分享与抓取的竞争法边界"，《财经问题研究》2018 年第 2 期。

⑤ 涂子沛：《大数据：正在到来的数据革命，以及它如何改变政府、商业与我们的生活》，广西师范大学出版社 2013 年版，第 303 页。

经营者而言,根本性功效是其所能够带来的巨额经济利益。从这点来看,前面提及的大数据不正当竞争也是数据竞争所带来的副作用产物。

大数据不正当竞争的基础性条件虽然也是数据,但与数据垄断相比,所依赖的数据并不一定特别多,因为数据在大数据不正当竞争中更多扮演的是手段的角色。因为如此,大数据不正当竞争至少有着如下的危害:

(1)消费者隐私被侵犯

在网络已经成为一个人生活、工作等不可或缺的工具的同时,我们在网络空间留下的数据也随之增长。数据的增长带来的后果是任何人变得越来越具有"可识别性"。这样,随着大数据分析技术的不断发展,人类的隐私也将受到越来越严峻的挑战。当前,人们的数据更多地是(被)存储于各种各样的电子商务平台或 App 之中,至少我国是这样的。"当消费者在享受各种网络服务时,他们很少注意到自己的很多数据,如个人数据、行为数据、位置跟踪数据等已经被平台记录、收集,消费者更不会知道他们的数据可能已经被使用或与第三方共享。"①即便是未来注意自己的消费数据的保护,但也不能确保消费者隐私不被侵犯,因为消费者的数据本来都已经在数据库中,有意识地避免某些信息无疑是此地无银三百两。②申言之,经营者只要想以消费者的数据来排除竞争对手或者提高市场进入门槛,消费者的隐私就不可避免地被侵犯。

(2)消费者面临入侵性广告

大数据的出现使得"我们不会再将世界看作是一连串我们认为或是自然或是社会想象的事件,我们会意识到本质上世界是由信息构成的"。③在此观念的引领下,大数据技术在商业领域得到了最为成熟的应用,其中显见的证据是关于通过精准的广告推送提高销售额的事例。当我们为之惊叹不已的时候,往往忽略了广告已成为消费者不可承受之重——接受网络服务或便利必须承受各种广告。可以说,这些广告对于消费者来说是不需要的但又无法拒绝,因而可以将此种广告称为入侵性广告。入侵性广告与户外广告、电视广告等一般广告相比,最大的特点是精准推送。精准推送意味着不同的消费者接收到的广告是不同的。不同

---

① 孙林玉:"大数据时代下我国竞争政策问题研究——以我国首例大数据不正当竞争纠纷案为视角",《黑龙江工业大学学报》2017 年第 8 期。

②③ [英]维克托·迈尔—舍恩伯格、肯尼思·库克耶:《大数据时代:生活、工作与思维的大变革》,盛杨燕、周涛译,浙江人民出版社 2012 年版,第 198 页。

消费者的需求不尽相同是众所周知的,而要对不同的消费者推送不同的广告的前提性条件是知晓消费者的需求等信息。于是,消费者面临入侵性广告实际上意味着消费者隐私被侵犯。既然大数据不正当竞争会带来消费者的隐私不可避免地被侵犯,那么消费者也不可避免地面临入侵性广告。

(3) 经营者之间更易串通限制竞争、虚假宣传

基于掌握的消费者个人数据,经营者可以通过数据分享相同的定价算法可能实现分支卡特尔,也可以通过数据分析提高市场透明度进行恶意串通。[①]无论是分支卡特尔还是恶意串通都会限制竞争,损害消费者利益。此外,经营者基于消费者个人数据分析结果而进行的宣传,对于消费者来说更容易被视为"科学"的,因为数据与大数据技术是客观的,不随经营者的意志而改变。但是,事实并非如此,因为消费者只看到的结果而没有看到结果出来的过程。这样,经营者出于竞争的考虑有着改变导致结果出来的过程并以此出来的"不科学"结果为依据进行虚假宣传的可能。此种虚假宣传不仅隐蔽,而且更容易被接受。而这又会加剧经营者进行虚假宣传获取市场竞争优势与不正当利益的可能。

可以肯定的是,大数据不正当竞争的危害远非上面所述。但即便是如此,我们依然可以提炼出这样的共性的东西:经营者利用大数据技术对消费者个人数据进行挖掘、分析等来获得相应的信息,并以此来获取竞争优势和不正当利益。由此,可以这样界定大数据不正当竞争,它指的是经营者利用大数据技术对消费者个人数据进行挖掘、分析等所得之信息来获取竞争优势和不正当利益,损害其他经营者和消费合法利益的现象或行为。[②]

三、大数据歧视

经营者向消费者精准推送广告等意味着每一个消费者所接收到的广告等信息不尽相同甚至完全不同。而消费者之间基本不会分享各自接收到的信息。这样出现比如同一产品,不同消费者所接收到的价格信息不

---

① 孙林玉:"大数据时代下我国竞争政策问题研究——以我国首例大数据不正当竞争纠纷案为视角",《黑龙江工业大学学报》2017 年第 8 期。

② 聂佳龙:"法律经济学视域下大数据不正当竞争行为的法律规制论纲",《第六届湘江青年法治论坛会议论文集》第 36 页。

一样——往往是老客户看到的价格比新客户多——的现象并非不可能。此种想象被大众称为"大数据杀熟"。所谓的大数据杀熟就是经营者通过相关数据分析出消费者的行为特征,向消费者进行歧视性提价而获利的现象。大数据杀熟在本质上是价格歧视。①价格歧视并非歧视,它是一个用来描述经营者以不同的价格销售同一种产品的经济学术语。但更多的消费者则认为大数据杀熟是经营者利用数据对他们进行歧视。②大数据杀熟究竟是不是歧视还待商榷,但它从侧面提出一个严肃的问题:经营者可能会为了不正当利益对消费者进行歧视性提价,损害其合法利益。

　　消费者个人数据本身没有太大的价值,它的价值更多取决于经营者对其分析、挖掘。对数据进行分析、挖掘离不开算法,即"一种处理海量数据的计算机程序"③。作为计算机科学灵魂的算法,它代表着公民在信息社会中对效率、精确性、可靠性与执行性的追求。这种追求正成为我们日常生活不可或缺的一部分,似乎在未来将变得更加普遍。④据此,有学者认为,未来的世界将是社会学物理当道⑤的世界。社会物理学在未来是否会当道,现在我们还无法预知,但可以预知的是我们对算法应该持谨慎而乐观的态度。"算法黑箱"⑥警示我们,算法"毫不遮掩地服务于设计者植入其中的目的"。⑦据此,经营者利用大数据对消费者进行歧视性提价不过是算法服务于植入其中的目的的一种表现而已。

　　由上,我们反对经营者利用大数据对消费者进行歧视性提价的理由似乎只是植入社会中的目的是不正当的。这样,如果提出植入其中的目的是正当的,那么我们就不能反对经营者利用大数据对消费者进行歧视

---

①　周业安:"大数据时代下价格歧视:'大数据杀熟'是如何做到?",新浪网,https://tech.sina.com.cn/i/2018-05-13/doc-ihamfahx4863835.shtml,最后访问日期 2019 年 11 月 10 日。

②　方军:"如何看待大数据的'杀熟'与'歧视'",凤凰网,https://pl.ifeng.com/a/20180326/57051998_0.shtml,最后访问日期 2019 年 11 月 10 日。

③　张玉宏、秦志光、肖乐:"大数据算法的歧视本质",《自然辩证法研究》2017 年第4 期。

④　Ausiello G, Petreschi R. The Power of Algorithms: Inspiration and Examples in Everyday Life, Springer Publishing Company Incorporated, 2013.

⑤　"社会物理学是一门定量的社会科学,旨在描述信息和想法的流动与人类行为之间可靠的数学关系。社会物理学有助于我们理解想法是如何通过社会学习机制在人与人之间流动的,以及这种想法的流动最终如何形成公司、城市和社会的规范、生产率和创意产出。"见[美]阿莱克斯·彭特兰:《智慧社会:大数据与社会物理学》,王小帆、汪容译,浙江人民出版社 2015 年版,第7 页。

⑥　关于算法黑箱的进一步论述见第三章第一节。

⑦　郑戈:"人工智能与法律的未来",《探索与争鸣》2017 年第 10 期。

性提价呢？

答案当然是否定的。算法自身存在可能增加偏见或成见的潜在风险，而偏见或成见则产生歧视。"市场经济是消除歧视的机制"。①市场经济无疑是公平竞争的经济，即"要保证市场有足够的竞争者，或者要使市场上的企业能够感受到市场竞争的压力，目的是使消费者或者交易对手在市场上能够有选择商品或者服务的权利"。②简言之，反对的理由是算法自身存在的增加偏见或成见而导致的大数据歧视与市场经济的公平竞争内涵相背离。

凯文·凯利在《科技想要什么》一书中提出了一个极具颠覆性的观点，即任何技术都是一种有目的生命体。"技术的本质，其另一种表述就是对现象集合的有目的的编程"。③由此，利用大数据技术研究数据实质上就是基于"目前一切事物的属性和规律，只要通过适当的编码（即数字介质），都可以传递到另外一个同构的事物上，得以'无损（或称等同）'全息表达"④的理论假设研究人类自身而已。然而，人类出于简化认识过程往往采取范畴化方式。"社会范畴化主导着我们整个思维生活……人类心智必须在范畴的帮助下才能思考……一旦形成，就会成为平常的预前判断的基础。我们不可能避免这个过程，生活中的秩序端赖这个过程"⑤，从而大数据不可避免地隐藏着"歧视"的基因。计算机科学领域中有个名为的"GIGO 定律（Garbage In，Garbage Out）"，依据该定律，输入隐藏着"歧视"基因的数据，输出的信息、知识等必然也是隐藏着"歧视"基因的。"无意识但具备高度智能的算法可能很快就会比我们自己更了解我们自己"。⑥前面已提及，当前基于消费者个人数据的分析结果很容易被消费者视为"科学"的。这样消费者基于隐藏着"歧视"基因的"科学"信息、知识而产生的新数据，而这些新数据经过大数据技术分析又会产生新的隐藏着"歧视"基因的信息、知识等，如此循环反复。"权力和知识正好

---

① 谢作诗："市场经济是消除歧视的机制"，《深圳特区报》2017 年 8 月 15 日第 B11 版。
② 王晓晔："再论反不正当竞争法与其相邻法的关系"，《竞争政策研究》2017 年第 4 期。
③ ［美］布莱恩·阿瑟：《技术的本质——技术是什么，它是如何进化的》，曹东溟、王健译，浙江人民出版社 2014 年版，第 17 页。
④ 张玉宏、秦志光、肖乐："大数据算法的歧视本质"，《自然辩证法研究》2017 年第 4 期。
⑤ 高明华："偏见的生成与消解评奥尔波特《偏见的本质》"，《社会》2015 年第 1 期。
⑥ ［以色列］尤瓦尔·赫拉利：《未来简史：从智人到智神》，林俊宏译，中信出版社 2017 年版，第 361 页。

是相互蕴含的,如果没有相关联的知识领域的建立,就没有权力关系,而任何知识都同时预设和构成了权力关系"。①久而久之,"大数据成为了集体选择的工具,但也放弃了我们的自由意志"②,从而我们的世界将会成为一群人对一群人进行歧视是正常的非正常世界。无论怎么说,这种世界是我们不能接受的。因此,我们需要防控经营者为了不正当利益对消费者实施的大数据歧视的风险。

以上这些数据驱动型竞争异化风险的存在都将会危害市场公平竞争,损害消费者和其他经营者的合法权益。无论是在过去,还是在现在,危害市场公平竞争的行为都是法律规制的对象。那么,法律如何防控上述数据驱动型竞争风险呢? 这是下面几章的主题。

---

① ［英］阿兰·谢里登:《求真意志:密歇尔·福柯的心路历程》,尚志英等译,上海人民出版社1997年版,第181页。

② ［英］维克托·迈尔—舍恩伯格、肯尼思·库克耶:《大数据时代:生活、工作与思维的大变革》,盛杨燕、周涛译,浙江人民出版社2012年版,第207页。

第三章　数据驱动型竞争异化风险防控的进路探索

与经营者集中、滥用市场支配地位、假冒仿冒、商业贿赂、虚假宣传、侵犯商业秘密、不正当有奖销售等一般形态的不正当竞争行为相比，数据驱动型竞争异化有着其鲜明的特点：利用大数据技术与消费者的个人数据。"得益于计算机技术和海量数据库的发展，个人在真实世界的活动得到了前所未有的记录，这种记录的粒度很高，频度在不断增加"。[①]这是大数据产生的前提。由此，可以肯定的是消费者个人数据是存储于网络空间的数字化数据。前面已指出，在大数据时代，个人数据是获取个人信息的质料。根据《网络安全法》[②]等法律法规关于个人信息规定进行分析，直接识别性是个人信息的最显著功能。个人数据则不具有此种功能。从这个角度看，消费者个人数据指的就是那些存储于网络空间，不具有直接识别消费者特征功能的数字化数据。从这一关于消费者个人数据定义可以知道，消费者个人数据仅仅是消费者个人信息的碎片化形态。大数据则是将那些存在于网络空间的消费者个人数据整合成消费者个人信息，即碎片化实现完整化。这样对数据驱动型竞争异化风险进行法律防控的进路至少有这样两种：一是以大数据技术为切入点；二是以消费者个人数据为切入点。

---

① 涂子沛：《大数据：正在到来的数据革命，以及它如何改变政府、商业与我们的生活》，广西师范大学出版社 2013 年版，第 303 页。

② 《网络安全法》第 42 条规定，网络运营者不得泄露、篡改、毁损其收集的个人信息；未经被收集者同意，不得向他人提供个人信息。但是，经过处理无法识别特定个人且不能复原的除外。

第一节　大数据算法设计防控进路

任何时代都有其鲜明的技术烙印,于是在大数据时代谈论防控数据驱动型竞争异化风险,从大数据的本身谈起是一条正确的路径。深度价值是大数据的一个显著的特点,将消费者个人数据整合成消费者个人信息则是该特点的一个具体体现。深度价值蕴含于海量数据之中,而这些价值能否被利用的前提是对海量数据进行分析、挖掘。对海量数据分析、挖掘的最核心关键性技术是算法。至此,不难明白,从大数据切入点看,防控数据区驱动型竞争异化风险实质上要回答的问题是如何对大数据算法进行法律规制。

一、算法及其价值

2016 年 3 月阿尔法狗(Alpha Go)以 4∶1 的骄人成绩大胜世界围棋冠军李世石后,曾在网络上流行着这样一句颇具戏谑味道的话:一觉醒来,李世石依然是李世石,而阿尔法狗已不再是昨天的阿尔法狗。这句话的依据是阿尔法狗可以一天能玩 100 万局围棋,且在玩之中实现自我完善与成长。阿尔法狗之所以会如此厉害,从技术的角度看是因为它结合了先进的搜索算法、机器学习算法与深度网络这三大核心技术。此外,基于阿尔法狗战胜李世石的事实,有的人甚至宣称我们正在进入"算法统治的时代"[1],"如果所有算法都突然停止运转,那么就是人类的世界末日"[2]。即便不去讨论这种言论是否言过其实,或者危言耸听,但我们也能从中感知算法的厉害。算法为什么如此厉害? 想要知晓该问题的答案,知晓算法为何物是必要,至少逻辑上是这样的。

关于算法的概念,不同的学者有着不同的理解。有的学者认为,"算法(algorithm)是在有限的时间内一步步完成某个任务的过程"[3];有的学

---

①　郑戈:"算法的法律与法律的算法",《中国法律评论》2018 年第 2 期。

②　[美]佩德罗·多明戈斯:《终极算法:机器学习和人工智能如何重塑世界》,黄芳萍译,中信出版社 2017 年版,第 3 页。

③　[美]迈克尔·T.古德里奇、[美]罗伯托·塔马西亚:《算法设计与应用》,乔海燕、李悫炜、王烁程译,机械工业出版社 2018 年版,第 1 页。

者认为,"算法是一种有限、确定、有效的并适合用计算机程序来实现的解决问题的方法"①;还有的学者认为,"算法是为实现某个任务而构造的简单指令集。在日常用语中,算法有时称为过程或处方"②。简单地讲,算法指的是计算机执行计算或者解决问题时所运行的一系列指令。

从目标的标准来看,判断一种算法是否拥有实际效果主要是看其能否在有限的时间内用有效的步骤解决旨在解决的问题,以及每个步骤必须经过精确定义并针对每种情况做出明确说明。③这些标准在阿尔法狗中的蒙特卡罗树搜索(MCTS)算法中得到集中的体现。蒙特卡罗树搜索算法由策略网络(policy network)与价值网络(value network)整合而成,其中策略网络主要负责棋盘上的局势作为输入信息,并对所有可行的落子位置生成一个概率分布,而价值网络负责以−1(对手的绝对胜利)到 1(阿尔法狗的绝对胜利)的标准对自我对弈进行预测所有可行落子位置的结果。④从关于蒙特卡罗树搜索算法的描述中不难理解算法真正厉害之处在于能够快速地针对各种可能精准地做出最优的应对。

能够针对各种可能做出最优的应对是我们常常言及的理性的体现。在世界万物之中,由于"思维是人类不朽灵魂的一种机能"⑤,从而人类是唯一拥有理性的动物。理性让人类从众多的动物之中脱颖而出,构造了一个以人为中心的世界。然而,人类在享受理性带来的好处的同时也承受着由此所带来的物质能量耗损。现代神经科学研究表明,人类拥有理性的奥秘是脑细胞中 850 亿—860 亿个神经元(Neuron)。这些神经元运转需要耗费大量的物质能量——主要是葡萄糖,而且这些所需的物质能量要比同量的骨骼肌大 20 倍。如果物质能量不能维持这些神经元的运转或者神经元消耗物质能量的速率超过了供给则会给人带来疲劳等痛

---

① [美]塞奇威克、[美]韦恩:《算法》(第 4 版),谢路云译,人民邮电出版社 2012 年版,第 1 页。

② [美]迈克尔・西普塞:《计算理论导引》,段磊、唐常杰等译,机械工业出版社 2015 年版,第 114 页。

③ 高学强:"人工智能时代的算法裁判及其规制",《陕西师范大学学报(哲学社会科学版)》2019 年第 3 期。

④ 电子发烧友网,http://www.elecfans.com/rengongzhineng/587851.html,最后访问日期 2019 年 11 月 10 日。

⑤ [英]玛格丽特・博登:《人工智能哲学》,刘西瑞、王汉琦译,上海译文出版社 2001 年版,第 69 页。

苦。在避苦的本性支配下,于是人们通常都会努力用更为恰当的与更为行之有效的方法来减少神经元的过度运转所带来的痛苦。①例如,为了减少计算时运转神经元所带来的痛苦,人类先后发明了算筹、算盘、机械计算器、电子计算器、计算机等工具。其中,计算机的发明更是极大地减少了这种痛苦。②而算法是帮助实现计算机减轻人类运转神经元所带来的痛苦的关键之一。由此可知,算法之于人类而言,它可以帮助计算机等工具拥有能与人类相比拟的理性,而且还能够减轻理性所带来的痛苦。

二、算法黑箱与算法权力

由于任何人都只能用有限的精力去做他们之前没有做过的事情,③因而人类自身不可避免地拥有了表征为惰性的人性弱点。这种人性弱点致使人类安于任何一种现象,④即如果某种现象已存在且存在的时间足够的长久,人类并不会感到惊奇而是把它视为自然。前面已述及,算法可以减轻人类理性带来的痛苦。于是,人类必然会接受而且是长期的接受算法。这样,合并排序与快速排序以及堆排序、傅利叶变换与快速傅利叶变换、迪杰斯特拉法(有的译著译为戴克斯特拉算法)、RSA 算法、安全哈希算法、整数分解、链接分析、比例微积分算法、数据压缩算法、随机数生成算法等算法⑤将会支配人类的世界也就不足为奇了。

人类的世界由算法支配意味着人与人之间的关系会代码化。随着人工智能的发展,前述代码将会由机器来完成,人类唯一要做的则是按照代码的要求安排自己的行为。这样,未来的人类世界将会变为由"透明的个人和幽暗的数据掌控者"⑥所构成的世界。幽暗与算法有关,因为对于个人而言他们知道算法导致的结果而不知道给出结果的过程。这种现象被

---

① ③ 〔美〕埃德加·博登海默:《法理学:法律哲学与法律方法》,邓正来译,中国政法大学出版社 1999 年版,第 240 页。

② 有 2018 年报道称,我国超级计算机"神威·太湖之光"运算能力可以达到每秒 12.5 亿亿次,相当于全球 72 亿人要用电脑不间断地计算 32 年。搜狐网,http://www.sohu.com/a/243215161_349721。

④ 〔英〕休谟:《人性论》,关文运译,商务印书馆 1980 年版,第 204 页。

⑤ 学者马科斯·奥特罗(Marcos Otero)认为,真正支配人类世界的算法有合并排序、快速排序与堆排序等 10 种,搜狐网,http://www.sohu.com/a/260189762_355140,最后访问日期 2019 年 11 月 10 日。

⑥ 郑戈:《在鼓励创新与保护人权之间——法律如何回应大数据技术革新的挑战》,《探索与争鸣》2016 年第 7 期。

学者们称之为"算法黑箱"。算法黑箱最初指的是专业人员对算法进行测试与理解的时候并不知道或者能够查看计算机系统的内部情况,深度学习等变为现实后还意味着即便是计算机试图向我们解释,我们也无法理解。[①]

之所以会出"算法黑箱",确切是算法设计所导致的结果。一般而言,算法设计的过程大概是这样的:(1)确定待求解的问题;(2)对待求解的问题进行分析;(3)选择算法设计技术;(4)设计并且描述算法;(5)手工运算算法;(6)分析算法的效率;(7)如果满意则根据算法编写代码;如果不满意则返回对待求解的问题进行分析,再按照(2)(3)(4)(5)(6)直至满意。[②]无论是手工运算算法还是分析算法的效率的检验标准都是能否有效地解决待求解的问题。这是一种"不管白猫黑猫,抓到老鼠便是好猫"的实用标准,不会或较少考虑猫的颜色与抓老鼠之间是否有其他关联等。因此,在数据输入与结果输出之间必然会存在即便是专业任务也无法洞悉的"隐层"即黑箱(black box)。深度学习的出现更是强化了算法黑箱,因为"深度学习的技术诀窍就是人类不再事先设计算法的特征量,而是由电子计算机通过多阶脑神经网络模型下的分层化学习以及自我符号化的信息压缩器,从输入的数据中自动抽出数据的更高级特征量"。[③]

学者 Manuel Castells 在《Communication Power》一书中认为,"权力——无论是国家与传媒企业的宏观权力,还是各类组织的微观权力——立基于对交流与信息的控制"。[④]前面已述及,算法是数量转化为信息的媒介,从而对信息有控制力。"权力无处不在,不是因为它让每件事笼罩在它之内部,而是因为它来自各地。"[⑤]由此,伴随算法而存在必然是一种权力——算法权力(algorithmic power)。

福柯指出,无处不在的权力最主要的功能是规训。规训是"一种权力类型,一种行使权力的轨道。它包括一系列手段、技术、程序、应用层次、目标。它是一种权力'物理学'或权力'解剖学',一种技术学"。[⑥]在权力

① 高学强:"人工智能时代的算法裁判及其规制",《陕西师范大学学报(哲学社会科学版)》2019 年第 3 期。

② 王红梅、胡明:《算法设计与分析》(第二版),清华大学出版社 2013 年版,第 6 页。

③ 季卫东:"人工智能开发的理念、法律以及政策",《东方法学》2019 年第 5 期。

④ Manuel Castells. Communication Power. Oxford: Oxford University Press, 2009:3.

⑤ Michel Foucaul. The history of sexuality. New York: Pantheon, 1978:93.

⑥ [法]米歇尔·福柯:《规训与惩罚——监狱的诞生》,刘北成、杨远婴译,生活·读书·新知三联书店 1999 年版,第 242 页。

规训功能的作用下,社会将会成为一个规训的社会。"一个规训社会的形成,其原因不在于权力的规训方式取代其他方式,而在于它渗透到其他方式中,特别是使权力的效应能够抵达最细小、最偏僻的因素,确保了权力关系细致入微的散布。"①在规训的社会之中,一切的精心计算的方法、技术与"科学"等等都是为了制造出受规训的个人,而且"这种处于中心位置的并被统一起来的人性都是复杂的权力关系的效果与工具,是受制于多种'监禁'机制的肉体与力量,是本身就包含着这种战略的诸种因素的话语的对象"。②由于前面所言的人性中会带来厮杀与战斗,于是为了确保规训社会的形成与存在,惩罚是规训必不可少的手段与工具。

由上可知,算法权力的规训下,我们的社会将会成为"黑箱社会",个人越来越被隐晦的力量控制着。历史地看,设计算法的初衷是使人类从繁杂的计算之中解放出来从而获得更为全面的发展。然而,算法"有限性、许可、特权与障碍"③等限制让人们利用它改变过、塑造过、实践过的或者创造出来的对象物,"反过来成了压抑、束缚、报复和否定主体的本质力量,不利于人类生存和发展的一种异己性力量,它不但不是'为我'的,反而是'反我'的"。④这是一种异化。"人具有的关于自己的类的意识,由于异化而改变,以致类生活对他来说竟成了手段",以及"人的类本质……变成对人来说是异己的本质,变成维持他的个人生存的手段"。⑤因此,算法与其伴随的算法权力若不被规制,人类的类意识、类生活与类本质都将会异化成手段,这显然与我们所坚信与践行的"在全部被造物之中,人所愿欲的和他能够支配的一切东西都只能被用作手段;唯有人,以及与他一起,每一个理性的创造物,才是目的本身"⑥的理念南辕北辙。

———————

①　Michel Foucaul. Discipline and punish: the birth of the prison. New York: Pandom House, 1977:215—216.

②　[法]米歇尔·福柯:《规训与惩罚——监狱的诞生》,刘北成、杨远缨译,生活·读书·新知三联书店 1999 年版,第 353—354 页。

③　Mager A. Algorithmic Ideology: How Capitalist Society Shapes Search Engines, Informati, Communication & Society, 2012, 5(15).

④　李桂花:《科技哲思——科技异化问题研究》,吉林大学出版社 2011 年版,第 183—184 页。

⑤　[德]马克思:《1844 年经济学哲学手稿》,人民出版社 2000 年版,第 58 页。

⑥　[德]康德:《实践理性批判》,韩水法译,商务印书馆 1999 年版,第 95 页。

三、透明化

在世界万物之中人是唯一拥有智能的。于是,数千年以来,人类一直在试图理解"一小堆东西怎么就能感知、理解、预测和应对一个远比自身庞大和复杂得多的世界"。①这一思考随着神经科学、数学、心理学、计算机工程、语言学等学科的发展,其中的奥秘逐渐地显现出来。人工智能(Artificial Intelligence,简称 AI)则是该奥秘的最清晰的显现。尽管关于人工智能至今尚无统一的定义,但"人工智能是关于知识的学科——怎样表示知识以及怎样获得知识并使用知识的科学"或者"人工智能就是研究如何使计算机去做过去只有人才能做的智能工作"②,这种认识得到了较多人的认可。基于当前人工智能的发展态势,学者们普遍认为在二十一世纪第二个十年下半段,人类即将进入人工智能时代。已而,让人颇感意外的是对于即将到来的人工智能时代,很多人感到的并不是欣喜而是忧虑:著名物理学家霍金在 2014 年警告说,人工智能的全面发展可能导致人类的灭绝;③2017 年在北京举办的"2017′人工智能:技术、伦理与法律"研讨会上,中国科学院科技战略咨询研究院院长潘教峰指出:"人工智能不断模糊着物理世界和个人的界限,延伸出复杂的伦理、法律和安全问题……要防止技术的滥用和异化,避免损害生命、环境和人的尊严";④尤瓦尔·赫拉利(Yuval Noah Harari)教授在《今日简史:人类命运大议题》一书中指出,随着人工智能越来越了解我们,"某些政权能够对公民进行绝对的控制,程度甚至超过纳粹德国,而且公民可能完全无力抵抗。这种政权不仅能明确掌握你的感受,甚至还能控制你的感受"。⑤这些忧虑是否是危言耸听或者是言过其实,尽管目前还不好判断,但可以肯定的是,人工智能给人类带来福祉的同时必然会带来相应的风险。

基于对人工智能风向防范的意识与对人工智能拥有一直为人类所独

---

① 〔美〕斯图尔特·罗素、彼得·诺维格:《人工智能:一种现代方法》,姜哲等译,人民邮电出版社 2010 年版,第 3 页。

② 朱祝武:"人工智能发展综述",《中国西部科技》2011 年第 17 期。

③ 中国新闻网,http://www.chinanews.com/cul/2014/12-04/6844070.shtml,最后访问时间:2019 年 11 月 10 日访问。

④ 齐昆鹏:"'2017′人工智能:技术、伦理与法律'研讨会在京召开",《科学与社会》2017 年第 2 期。

⑤ 〔以色列〕尤瓦尔·赫拉利:《今日简史:人类命运大议题》,林俊宏译,中信出版社 2018 年,第 62 页。

有的智能之关键是算法的认识,目前对算法的法律规制在人工智能领域讨论得比较多,甚至可以用汗牛充栋来形容。在如此之多的论述中,普遍认为"每种机器学习算法都可被概括为'表示方法、评估、优化'这三个部分。尽管机器可以不断的自我优化以提升学习能力,且原则上可以学习任何东西,但评估的方法和原则(算法)……都是人为决定的"。①也就是说,算法不仅仅是人工智能发展逻辑的基石,还是对人工智能所带来的负面影响进行防范的关键所在。因而也就不难理解关于人工智能带来或可能带来的负面影响的防范,信息科技企业与学术界都不约而同地提出要依靠对算法的顶层设计。百度 CEO 李彦宏等人在《智能革命:迎接人工智能时代的社会、经济与文化变革》一书中指出:"……也许真要靠算法的顶层设计来防止消极后果。人工智能技术可能不只是理工科专业人士的领域,法律人士以及其他治理者也需要学习人工智能知识,这对法律人士和其他治理者提出了技术要求。法治管理需要嵌入生产环节,比如对算法处理的数据或生产性资源进行管理,防止造成消极后果。"②此种思路被有的学者称之为"人工智能社会的宪法"。③"人类在进入到 21 世纪的三个关键时间点,相继出现了三个互相联系又略有区别的新时代,即网络社会时代、大数据时代、人工智能时代,三者共同构成了新的社会时代"④。这是因为网络和大数据是人工智能的组成要素。于是,针对人工智能的算法设计的法律规制思路等同样可以适用于大数据的算法设计。

当前,将对算法设计防控的思路变成现实性的代表性成果是德国在 2017 年发布的自动驾驶的 20 大伦理准则。该准则的第 12 条规定,制造商或运营商应该以尽可能透明的形式整理出自动驾驶车辆使用及编程准则,并向公众传播。⑤从该条内容看,对算法设计法进行法律规制思路是

---

　　①　贾开、蒋余浩:"人工智能治理的三个基本问题:技术逻辑、风险挑战与公共政策选择",《中国行政管理》2017 年第 10 期。

　　②　李彦宏等:《智能革命:迎接人工智能时代的社会、经济与文化变革》,中信出版集团 2017 年版,第 312 页。

　　③　郑戈:"人工智能与法律的未来",《探索与争鸣》2017 年第 10 期。

　　④　何哲:"通向人工智能时代——兼论美国人工智能战略方向及对中国人工智能战略的借鉴",《电子政务》,2016 年第 12 期。

　　⑤　https://baijiahao.baidu.com/s? id=1577145176345282909&wfr=spider&for=pc,最后访问日期 2019 年 11 月 10 日。

透明化。"技术只有透明才能获益。"①算法的设计决定对消费者个人数据分析、挖掘后得到怎样的信息,进而决定经营者的行为。算法导致的结果是算法运行的产物,而算法的运行过程是由算法的设计决定的。于是,对算法进行法律规制的治本之法是将算法设计透明化。申言之,大数据算法设计防控进路的核心是算法设计的公开透明化。

第二节　消费者个人数据产权防控进路

遍览人类发展史将会发现这样一个有趣的规律性现象:围绕某一时期最为重要的生产要素的政治斗争都导致了社会分裂成不同的群体。

> 在古代,土地是世界上最重要的资产,政治斗争是为了控制土地,而一旦太多的土地集中在少数人手中,社会就分裂成贵族和平民。到了现代,机器和工厂的重要性超过土地,政治斗争便转为争夺这些重要生产工具的控制权。等到太多机器集中在少数人手中,社会就会分裂成资本家和无产阶级。但到了21世纪,数据的重要性又会超越土地和机器,于是政治斗争就是要争夺数据流的控制权,等到太多的数据集中在少数人手中,人类就会分裂成不同的物种。②

由此,数据之于当今世纪有着极为非凡的意义,甚至将会重塑或重构现有的社会。尽管算法是数据转换为信息的关键,但也仅仅是一种工具而已。工具想要发挥出其应有的作用,必先要有作用的对象。数据无疑就扮演着这种角色。因此,从数据的角度入手防控数据驱动型竞争异化风险也是一条不错的进路。

一、谁该拥有消费者个人数据

如果不恰当地将算法比作为河流,那么数据则是水。于是,如果没有

---

① ［美］凯文·凯利:《技术元素》,张行舟等译,电子工业出版社2012年版,第327页。
② ［以色列］尤瓦尔·赫拉利:《今日简史:人类命运大议题》,林俊宏译,中信出版社2018年版,第72—73页。

消费者个人数据,数据驱动型竞争也就成了无本之木无源之水,自然也就不会存在异化的风险。互联网已经渗透至每一个角落,成为了人们的一种生活方式,因而任何人在消费时都会生产出一定数量的数据。因此,没有消费者个人数据所含的真正内容并非是不存在消费者个人数据,所要表达的是对于经营者而言唯有获得授权方可收集、使用消费者个人数据。

　　经营者获得授权才可收集、使用消费者个人数据意味着消费者对其个人数据拥有控制的权力。"权力是由人的各种天赋权利集合而成的"。①然而,无论是知情同意权、数据修改权与数据遗忘权等数据人格权,还是数据采集权、数据携带权、数据使用权与数据收益权等数据财产权这些天赋的权利并不为消费者所享有。由此,当前消费者对其个人数据并不拥有控制的权力。也就说,消费者并不拥有其个人数据,而并不生产消费者个人数据的经营者却拥有。休谟在《人性论》第三卷第一节"道德的区别不是从理性得来的"所加上的附论中指出:"我所遇到的不再是命题中通常的'是'与'不是'等联系词,而是没有一个命题不是由一个'应该'或一个'不应该'联系起来的。这个变化虽是不知不觉的,却是有极其重大的关系的。因为这个应该或不应该既然表示一种新的关系或肯定,所以就必须需加以论述和说明;同时对于这种似乎完全不可思议的事情,即这个新关系如何能由完全不同的另外一些关系推出来的,也应当举出理由加以说明。"②据此,我们无法从经营者拥有对消费者个人数据控制的权力之事实中从推导不出消费者应该对其个人数据拥有控制的权力。这样"谁该拥有消费者个人数据"的问题将会不可避免地被反复地以不同的形式拷问着被我们称之为的大数据(商业)时代及这个时代的人们。

　　"把数据拥有权握在自己手上"听起来更具有吸引力,但我们其实说不清楚这是什么意思。讲到要拥有土地,我们已经有几千年的经验,知道怎么在边界上筑起围墙、在大门口设置警卫、控制人员进出。讲到要拥有企业,我们在过去两个世纪发展出一套先进的规范方式,可以通过股票的买卖,拥有通用汽车和丰田企业的一部分。但讲到要拥有数据,我们就没有太多经验。这是一项更为艰难的任务,

① ［美］潘恩:《潘恩选集》马清槐等译,商务印书馆1981年版,第143页。
② ［英］休谟:《人性论》,关文运译,商务印书馆1980年版,第509—510页。

因为不像土地或机器，数据无所不在但又不具真实形态，可以光速移动，还能随意创造出无穷无尽的副本。①

　　或许有人会批评上述引用，称消费者个人数据当然为消费者拥有，"谁该拥有消费者个人数据"本身就是一个既无聊又无趣的伪命题。若追问为何一开始就本该消费者拥有的个人数据而不拥有，或许得到答案是这样的：在大数据（商业）时代之前，消费者数据没有什么价值，即便是有也不如大数据（商业）时代这么大，以至于消费者不会太关心对其个人数据的是否拥有控制的权力。该回答其中蕴含着这样的信息：是否给与一些人或所有人对某一项资源权利取决于资源自身价值的增长，而这种增长的后果则是资源的使用等需要依赖权利来实现排他性。②

　　"作为个人或是国家无论我们是多么的富裕或者贫穷，稀缺总是随时存在的。这就是我们所需要的超过了能够得到的。我们可以把这种状况归咎于老天，因为它给我们的资源比我们认为必须拥有的要少。我们也可以认为这是别人的过错，因为他们为了稀缺资源而与我们竞争。但正因为这样，我们都生活在稀缺的世界之中。要想得到更多的东西，就必须放弃一部分别的东西。"③由此，排他性蕴涵了这样的潜台词：禁止某种行为来保证支付了资源对价的人使用该资源的自由。这种自由在现实中表征为主体对资源的控制与利用。在制度经济学中，主体对具有使用价值的稀缺资源进行控制和利用的权利可称之为产权（property rights）。"产权的基本功能是引导在更大程度上实现外部性的内部化的动力。与社会

---

　　①　［以色列］尤瓦尔·赫拉利：《今日简史：人类命运大议题》，林俊宏译，中信出版社 2018年版，第 75 页。

　　②　"所有权包含以下四个方面：（1）使用资产的权利（使用权）；（2）获得资产收益的权利（收益权）；（3）改变资产形态和实质的权利（处分权），以及（4）以双方一致同意的价格把所有或部分由（1）（2）（3）规定的权利转让给他人的权利。最后两个方面是私人产权最为根本的组成部分。它们确定了所有者承担资产价值的变化的权利、尽管所有权并不是一种不受限制的权利，它只是受到法律明确规定的限制的约束，从这个意义上来说，它是一种排他的权利"。而"所有权的排他性意味着所有者有权选择用财产做什么（如对某一社会问题发表看法）、如何使用他（如反对堕胎），和给谁以使用它的权利（如加入反堕胎院外集团）"。——［南］斯韦托扎尔·平乔维奇：《产权经济学——一种关于比较体制的理论》，蒋琳琦译，经济科学出版社 1999 年版，第29—30 页。

　　③　［南］斯韦托扎尔·平乔维奇：《产权经济学——一种关于比较体制的理论》，蒋琳琦译，经济科学出版社 1999 年版，第 2 页。

互相依存性质有关的每一种成本和收益都是一种潜在的外部性。成本和收益变为外部性必须的一个条件是,在(内部)当事人产权的交易费用必须超过内部化的收益。一般而言,由于交易中心'固有'的困难和法律的原因,交易的费用会大于相应的收益。……只要外部性存在,资源的使用者就不会考虑成本和收益,但这只是允许交易增加到内部化发生的临界点为止。"①由此,可以说,谁拥有消费者个人数据在本质上是一个产权的问题,消费者个人数据外部性的内部化决定着最终权利的归属。

二、消费者个人数据的产权范式分析

(一)产权范式简介

美国经济学家阿尔曼·阿尔奇安和哈罗德·德姆塞兹在《产权范式》一文,在批评经济学教科书采用——生产什么、如何生产以及为谁生产——这一方法表述社会选择问题的基础上指出:"把一个社会视为依靠技术、法规或习惯对稀缺资源使用导致的冲突的解决方案,比设想由社会确定资源的特殊用途会更有用和更接近真理。"②他们所指的解决方案即用产权分析社会问题的研究取向,包括三个问题:权利结构、权利结构的社会后果和产权结构的发展。这三个问题就是产权范式所包含的内容。

"权利的特质在于给所有者以利益"③,因而行使使用稀缺资源的权利实质上是利益的分配过程。表面看来,利益表征的是利益主体与需求对象之间满足与被满足的关系,实际上蕴含了权利所体现的社会关系。这是因为"共同的利益不是仅仅作为一种'普遍的东西'存在于观念之中,而且首先是作为彼此分工的个人之间的相互依存关系存在于现实之中的"。④由于不同分工的个人之间相互依存关系是由利益所联结的,而主体有意识有目的的谋利活动,都是以实现利益最大化为追求并运用多种手段予以实现。在既定的利益格局中,劣势主体是力图改变现有对自己不公平的利益格局,而优势主体则是竭力维护甚至发展这种对自己有利的利益格局。显然在此种较量过程中,权利的结构处于不断分化、组合的

---

① 盛洪:《现代制度经济学》(第二版·上册),中国发展出版社2009年版,第87页。
② 盛洪:《现代制度经济学》(第二版·上册),中国发展出版社2009年版,第99页。
③ Austin. "The Province of Jurisprudence Determined", Weidenfeld & Nicholson, London, 1954:140.
④ 《马克思恩格斯全集》(第3卷),人民出版社1976年版,第37页。

过程之中,当劣势主体在情势发生变化后其力量占据优势的时候,权利的结构就会发生突变。

由于"稀缺迫使我们所有的人在有限的备选对象中做出选择。出于生存的天性,人会有目的,尽管并不总是成功地做出选择"①,都会竭力参与到资源分配资源实际用途决策中去。于是从理论上讲,参与资源实际用途决策的不单单是所有者,还应包括其他人。极端地讲即使不包括其他人,也无法排除国家。这是因为国家为了公共利益的需要可以限制甚至改变所有者对资源实际用途的决策。例如,在西方世界,某片土地的所有者可以在土地上耕种或作他用,但也排斥不了国家在该片土地上修公路等。被分开使用的资源更是如此。因为在同一稀缺资源上存在着多方的使用权利主体,权利的行使可能依赖于多方参与和分享的决策过程。每一方都可以自行行使其决策权,但正是由于多人的决策模式决定了行使使用稀缺资源的权利的方式。

行使使用稀缺资源的权利方式有两种:其一是可以相对排除他人使用该稀缺资源的方式;其二是不能排除他人使用该稀缺资源的方式。与之对应的权利形态分别是私人权利和共有权利。在哲学上,结构是指不同类别或相同类别的不同层次按照程度的大小所进行的有机排列。因为权利不是以共有权利的形态就是以私人权利形态存在着,故而权利的结构就是对共有权利与私人权利所进行的有机排列。

共有权利与私人权利的排列变化势必会引致权利结构的变化。与私人权利相比,共有权利可以导致巨大的外部性。这是因为在共有权利体系下,任何有行使共有使用某种资源权利的个人行使权利时产生的有关费用不能归结为使用人承担。克服外部性的最有效的办法就是将外部性内部化,即设定排斥他人使用某种资源一部分或全部的私人权利。正如我国法家代表人物商鞅所说:"一兔走,百人逐之,非以兔能分百也,由名分之未定,夫卖兔者满市,而盗不敢取,由名分已定也,故名分未定,尧舜汤且皆如鹜焉而逐之;名分已定,贫盗不取。"②

目前可观察到的人类发展历程从权利结构的角度看,是一部从共有

---

① ［南］斯韦托扎尔·平乔维奇:《产权经济学——一种关于比较体制的理论》,蒋琳琦译,经济科学出版社 1999 年版,第 2 页。

② 《商君书·定分》。

权利主导转向为私人权利主导的历史。美国经济学家诺斯教授,曾在分析十二世纪英格兰土地价值相对上升的历史基础上指出,土地价值相对上升"导致了将当时的权利结构向允许有排他性的所有权和可转让性方面转变的努力"。①此外,德姆塞兹对在新大陆毛皮贸易出现后的拉布朗多(Labrador)地区蒙特哥奈斯印第安人在大陆东北部通过划分土地范围来控制自由猎捕海狸即界定彼此的权利,之前是自由猎捕这一历史事实研究后,也得出了当欧洲建立了毛皮贸易市场后,海狸皮的价值上升,海狸的聚集地也就从共有财产转为了私人财产的结论。②对前述结论进行细究,不难发现其中隐含着这样几个一般性的基本假定:1)市场经济下,进入市场交易的每一种资源都具有了开发的价值或潜在的开发价值;2)在共有权利的体系下,人们一旦获得某种资源就拥有了使用它的私人权利。具体而言,在某种资源没有进入市场之前,因为其价值微乎其微或极低,不足以影响社会内部化收益或成本具有经济意义,从而以共有权利的形式存在着。反之,进入了市场,该资源增长的价值使得社会内部化的收益或成本具有了经济意义。由于共有权利无法精确地度量任何人使用资源所带来的社会成本,而拥有共有权利的人们处于自身的利益欲求往往倾向于采用不顾行为后果的方式来使用自己的权利。面对社会内部化的收益或成本具有了经济意义时,使用资源的机会不协调导致共有权利体系的内在不稳定性就会凸显出来,从而促使人们寻求将其在共有权利体系下使用资源的权利转变为最具有价值的形式。如果"有这样一种安排,当一种资源取一种形式时,它服务于对该资源的共有权利;当资源取另一种形式时,它服务于对资源的私人权利。这种安排本身存在着不稳定性。私人权利形式将代替共有权利形式。"③

（二）产权范式语境下的消费者个人数据

不可否认,即便是在前大数据(商业)时代,消费者个人数据之于经营者而言也拥有经济价值。但是,囿于不易保存等缺陷,消费者个人数据的经济价值无法得到充分的彰显。计算机尤其是互联网的发明,消费者个人数据不易保存的局面得到彻底的改变。然而,这种改变并没有立刻让

---

① 盛洪:《现代制度经济学》(第2版),中国发展出版社2009年版,第106页。

② [美]巴泽尔:《产权的经济分析》,费方域、段毅才译,格致出版社、上海三联书店、上海人民出版社2008年版,第89页。

③ 盛洪:《现代制度经济学》(第2版),中国发展出版社2009年版,第104页。

消费者个人数据得以彰显。正因如此,在很长的一段时间内,无论是消费者还是经营者都将消费者个人数据视为(至少在潜意识是这样的)公共性资源,人人都可以使用。随着大数据技术的发展、成熟与广泛应用,消费者个人数据价值日益彰显,人人都可以使用消费者个人数据意味着经营者无法或难以获得竞争优势而获得经济效益。出于竞争优势与经济效益的考虑,经营者凭借消费者个人数据主要存储于其所拥有的网络交易平台等天然优势而排除除此之外的其他使用消费者个人数据。由此,消费者个人数据与前面所提及的海狸皮交易在本质上如同一辙:由共有权利形式走向私人权利形式。

既然消费者个人数据由共有权利形式走向私人权利形式是必然的,那么确定消费者个人数据产权归属自然是要认真对待的问题。这是因为"产权的主要功能在于引导各种激励机制,使外部性在更大更多程度上得以内部化"。[1]不同的产权归属安排会导致不同的激励效果。想要达到最佳的激励效果,根据科斯定理[2]应该考虑赋予使交易成本最小化的人。

从上面的论述中不难知道,消费者个人数据产权归属经营者不是最理想的。至此,可能有人会说消费者个人数据的产权拥有者是消费者,因为数据生产者是消费者。能否将消费者个人数据的产权完全归属消费者?我们认为,答案是否定的,原因主要是消费者对其个人数据拥有完全的产权则不利于大数据这个行业的发展。前面已指出消费者个人数据是消费者个人信息的碎片化,如果将消费者个人信息用 N 表示,那么消费者个人数据则是 N_1、N_2、N_3……N_n。经营者利用对前述数据的全部或者部分与其他数据结合进行分析、挖掘后,如果可以得到能够识别消费者的信息,则消费者对这些数据的组合形式拥有产权。此种做法的逻辑可能不会遭受质疑,但更多的质疑可能会集中于实现性。关于前述做法实现性的质疑主要源于消费者难以知晓其个人数据经大数据分析、挖掘后会得到哪些个人信息。要想消除此种质疑,经营者承担尊重与消费者个

---

① [美]哈德罗·德姆塞茨:《所有权、控制与企业——论经济活动的组织》,段毅才等译,经济科学出版社 1999 年版,第 129—130 页。

② 关于科斯定理有多种表述,我们认为应表述为"在交易成本为正时,不同的权利界定与分配会带来不同效率的资源配置,而能使交易成本最小化的法律则是我们应该要优先考虑选择的法律。"参见熊春泉、聂佳龙:《法律经济学》,中国政法大学出版社 2017 年版,第 84 页。

人数据产权不被侵犯义务无疑是最佳的方式。这样,消费者个人数据产权规制进路的核心是消费者、经营者基于其个人数据产权分别享有何种权利与承担何种义务。

第三节　防控数据驱动型竞争异化风险的最优进路

一、检验防控数据驱动型竞争异化风险进路可行的标准

"每个人都是盲人摸象,每一种理论也是在盲人摸象,完全刻画现实的理论是没有价值的。"[1]于是,检验真理的唯一标准是实践。所谓实践在某种意义上讲就是解决待解或待决的问题。由此,判定某一理论的优越性的标准不应该是看其能否解释已存的问题与在其指导下已存问题能否得到较好地解决,而是理论本身是否具有窥一斑而见全豹、一叶落而知天下秋之功能。

法律的经济分析立基于"经济人"。尽管经济人假定有简单化的特征,受到了激烈的批评,但"社会科学目前尚缺乏其他更具有解释力的替代性技术。而如果一种理论缺乏关于人的动机和决策过程的设定,就无法提出预测。事实上,经济分析的缺陷并不会掩盖其说服力"[2],因为"一种理论的检验不在于其假定的现实性而在于其预测力"[3]。正因如此,以"经济人"为基本假设的法律经济学具有了如前所言的窥一斑而见全豹、一叶落而知天下秋之功能。"经济学研究方法在两方面发挥着作用。从目的出发,它提供了一种评价法律规则、即判断他们是否很好地达到了目的的方法;从法律规则或法律制度的角度出发,它提供了一种通过找到该法律意欲达到的目标而理解该法律的方法。"[4]由此,从法律经济学的角度分析数据驱动型竞争异化风险所得之结论即便是不能肯定地说是真理或与真理无异,但不可否定的是更具有说服力与预测力。

---

[1]　熊春泉、聂佳龙:《法律经济学》,中国政法大学出版社 2017 年版,第 13—14 页。

[2]　徐昕:《论私力救济》,中国政法大学出版社 2005 年版,第 136 页。

[3]　[美]理查德·波斯纳:《法律的经济分析》,蒋兆康译,中国大百科全书出版社 1997 年版,第 293 页。

[4]　[美]大卫·D.弗里德曼:《经济学语境下的法律规则》,杨欣欣译,法律出版社 2004 年版,第 2 页。

前面已述及,法律经济学视域下的数据驱动型竞争风险异化的缘由是卖方知晓的买方信息从不完全走向完全。卖方知晓的买方信息从不完全走向完全首先强调的是消费者个人信息一般不被经营者所知晓,其次强调的是正常的市场竞争秩序。由此,检验上述两种规制进路是否可行的标准是前述两条。

(1)消费者个人信息一般不被经营者所知晓。消费者个人信息一般不被经营者所知晓意指经营者不得通过非法的手段、方式等获取与产品交易无关的消费者个人信息,以及尽管通过合法或者法律不反对的手段、方式等获取的产品交易有关联的消费者个人信息,但不得以此来损害其他经营者和消费者的合法利益。

(2)正常的市场竞争秩序。正常的市场竞争秩序是社会财富增长的助推器,正如马克思所言的"资产阶级在他不到一百年的阶级统治中所创造的生产力,比过去一切时代所创造的全部生产力还要多,还要大"①就是最好的证明。数据驱动型竞争异化与正当竞争的本质相违背,从而对其所产生的风险进行防控所要达致的目的必然是维护正常的市场竞争秩序。

以上面两条标准观照之,无论是大数据算法设计防控进路与消费者个人数据产权防控进路都符合。也就是说,这两条进路都是解答数据驱动型竞争异化风险防控的答案。当某个事情出现两个以上答案的情形时,就出现了问题。既然大数据算法设计防控进路与消费者个人数据产权防控进路都可以防控数据驱动型竞争异化风险,那么就会不可避免地生发这样的疑问:选择哪条进路,或者这两条进路哪个更优? 对此释疑免不了对两条进路予以评价。

二、防控数据驱动型竞争异化风险进路的评价

根据《反不正当竞争法》,正常的市场竞争秩序指的是经营者遵循自愿、平等、公平、诚实信用等原则,以及公认的商业道德进行市场竞争所形成的秩序。前述原则和商业道德没有相应的法律制度与技术予以支持的话,最后必然会沦为只会引起空气振动的口号。从人之谋求自身利益最大化本性看,数据驱动型竞争异化与否都与经营者为了争取有利的竞争

---

① 《马克思恩格斯选集》(第1卷),人民出版社1995年版,第277页。

地位与相对优势①有关。撇开大数据的伦理属性的争论,②将其视为与价值无涉的也不难得出无论是数据驱动型竞争还是数据驱动型竞争异化之中,大数据仅仅是扮演了一种技术性手段的角色。如果大数据算法设计不透明,至少会带来难以从技术层面跟踪代码违规③这一负面影响是不言而喻的。这一负面影响的存在,对于经营者来说,从数据驱动型竞争异化所获的表征为有利的竞争地位与相对优势收益会大于被追责引起的成本。这样,经营者有足够实施大数据不正当竞争等行为的动因,进而在该动因的驱动下数据驱动型竞争异化风险也就不可避免地产生了。因此,大数据算法设计透明可以抑制经营者异化数据驱动型竞争的动因。

从表现形式看,数据驱动型竞争异化体现为经营者通过利用大数据所获得的消费者个人信息来实现自身所欲求的利益。由此可知,消费者个人数据是数据驱动型竞争异化的资源。这样,对消费者个人数据的产权界定实际上就是抽掉生发数据驱动型竞争异化的土壤。

无论是理论还是实践,谁都难以否认"人是理性的自身满足度的最大化者"④这一判断是不争之事实。既然人是理性的,那么他们为之奋斗的一切都与利益有关。⑤也就是说,追求自身利益实现并且最好最大化地实现是人们行为最为直接的动因。基于此,"真正的问题并不在于人是否(或者是否应当)由自私的动机所指导,而在于我们是否能够让他在他的行为过程中接受他所能够知道的和加以关注的那些即时性结果的指导,或者我们是否应当要求他去做那些被某个其他人——亦即被认为对那些行动之于整个社会的重要意义有着一种更为深刻理解的某个其他人——视作是合适的事情"。⑥显然,大数据算法设计防控进路并不是压制、消灭人们的谋利的自私动机,恰恰相反是在尊重该动机的基础上找到一套使人们能够根据自己的选择和决定其普遍行为的动机,尽可能为满足他人

---

① 李昌麒:《经济法学》(第 2 版),法律出版社 2008 年版,第 298 页。

② 不撇开大数据伦理属性的论述见本书的结语。

③ 张玉宏、秦志光、肖乐:"大数据算法的歧视本质",《自然辩证法研究》,2017 年第 4 期。

④ [美]理查德·A.波斯纳:《法理学问题》,苏力译,中国政法大学出版社 2001 年版,第 453 页。

⑤ 《马克思恩格斯选集》(第 1 卷),人民出版社 1995 年版,第 187 页。

⑥ [英]F.A.冯·哈耶克:《个人主义与经济秩序》,邓正来译,生活·读书·新知三联书店 2003 年版,第 19—20 页。

的需要贡献力量之制度。

尊重人们的谋利动机,那么就要将运用适当信息追求效用最大化的行为视为合理的存在。这是因为"所有人类行为均可视为某种关系错综复杂的参与者的行为,通过积累适量信息和其他市场投入要素,他们使其源于一组稳定偏好的效用达至最大"。①消费者个人数据产权防控进路主张的是消费者、经营者基于其个人数据产权分别享有何种权利与承担何种义务,这显然是在肯定人们运用适当信息追求效用最大化的行为是合理的。

"一切科学对于人性总是或多或少地有些关系,任何学科不论似乎与人性离得多远,他们总是会通过这样或那样的途径回到人性。"②据上面的分析,无论是大数据算法设计防控进路还是消费者个人数据产权防控进路都尊重了人之谋利本性。由此,我们所能给出的评价只能是前述两条进路在本质上并无优劣之分。这意味着我们无法从评价的角度得到运用前述何条进路防控数据驱动型竞争异化风险之答案。

三、"算法设计十数据":最优防控进路

"如果根本不知道道路会导向何方,我们就不能智慧地选择路径。"③既然对大数据算法设计防控进路与消费者个人数据产权防控进路予以评价并不能得出运用何条进路防控数据驱动型竞争异化风险之答案,那么我们依然面临着寻找最优防控进路的任务。

逻辑上讲,完成这一任务的备选答案无非就两个:其一,让实践检验这两条进路的孰优孰劣;其二,两条进路并用。从实践的角度看,在1995年《数据保护指令》(Directive 95/46/EC)的基础上形成的于2018年5月25日生效的《欧盟一般数据保护条例》无疑有给出答案的资格。《欧盟一般数据保护条例》第5条明确了如下的个人数据处理原则:④

(1)合法性、合理性与透明性原则,即应当以合法的、合理的与透明

---

① [美]加里·S.贝克尔:《人类行为的经济分析》,王业宇等译,格致出版社、上海三联出版社、上海人民出版社2008年版,第19页。

② [英]休谟:《人性论》,关文运译,商务印书馆1980年版,第6页。

③ [美]本杰明·卡多佐:《司法过程的性质》,苏力译,商务印书馆2000年版,第63页。

④ See https://eur-lex.europa.eu/legal-content/EN/TXT/HTML/?uri=CELEX:32016R0679&from=EN.

的方式处理涉及数据主体的个人数据；

（2）目的限制原则，即应当以具体的、清晰的与正当的目的收集个人数据，对这些数据的处理不得违反初始目的；

（3）数据最小化原则，即对个人数据的处理应当与实现数据处理之目的而适当、相关与必要；

（4）准确性原则，即个人数据应当是准确的，如有必要，必须及时更新，以及必须采取合理措施来确保不准确的个人数据及时得到擦除或更正；

（5）限期存储原则，即对于能够识别数据主体的个人数据，其储存时间不得超过实现其处理目的所必需的时间；超过此期限的数据处理只有在为了实现公共利益、科学或历史研究目的或统计目的等情况下才能被允许；

（6）数据的完整性与保密性原则，即在处理个人数据的过程中应确保采取合理的技术手段、组织措施，避免数据未经授权即被处理或遭到非法处理，避免数据发生意外毁损或灭失。

从上面的内容中不难看出，《欧盟一般数据保护条例》对个人数据保护聚焦于"算法"与"数据"。也就是说，在实践中，"算法＋数据"是应对大数据技术所产生的风险与制造的挑战的最优对策。基于此，防控数据驱动型竞争异化风险应该是大数据算法设计防控进路与消费者个人数据产权防控进路相结合。

实际上，上述结论在理论上并不难得以证成：其一，大数据算法设计防控进路着眼于数据驱动型竞争异化风险生成的动因，而消费者个人数据产权防控进路着眼于资源。虽然逻辑上将都能单独承担起防控数据驱动型竞争异化风险的任务，但"在本质上，大数据算法还是属于'人算计人'的思维物化的表现①，难以保证即便是大数据算法设计透明，消费者个人信息被经营者知晓、利用。其二，没有大数据算法的支持，消费者个人数据永远是没有价值的数据，于是只谈消费者个人数据产权而不谈大数据算法在逻辑上是不完整的。其三，也是最为重要的，"技术是一种使人异化的力量，它侵入社会生活的各个部分。技术本身日趋自主化，使人

---

① 张玉宏、秦志光、肖乐："大数据算法的歧视本质"，《自然辩证法研究》2017 年第 4 期。

类日益在技术的淫威之下无所作为"①,而我们现在面对的真实世界如尼葛洛庞帝(Nicholas Negroponte)所言的那样:"我觉得我们的法律就仿佛在甲板上吧哒吧哒挣扎的鱼一样。这些垂死挣扎的鱼拼命喘着气,因为数字世界是个截然不同的地方。大多数的法律都是为了原子的世界、而不是比特的世界而制定的……电脑空间的法律中,没有国家法律的容身之处"②,因而数据驱动竞争型异化风险防控进路再多也不为多,也不为过。其四,党的十九大四中全会报告指出,健全数据等生产要素由市场评价贡献、按贡献决定报酬的机制,以及健全以公平为原则的产权保护制度,推进要素市场制度建设,实现要素价格市场决定、流动自主有序、配置高效公平。从中不难知道,消费者个人数据产权防控进路是防控数据驱动型竞争异化风险不可或缺的进路。

无论是从实践角度还是从理论角度都能得出大数据算法设计防控进路与消费者个人数据产权防控进路相结合是最优进路之结论。由此,可以进一步说,前述两种防控进路犹如鸟之两翼、车之双轮,不可偏废。

---

① 黄欣荣:《现代西方技术哲学》,江西人民出版社 2011 年版,第 24—25 页。
② [美]尼葛洛庞帝:《数字化生存》,胡咏、范海燕译,海南出版社 1997 年版,第 278 页。

第四章　大数据算法设计防控进路
实现的法律制度安排

　　和其他技术一样,大数据给带来福祉的同时也带了诸多挑战。而大数据不正当竞争仅仅是大数据带来的诸多挑战中的一种。这种挑战至少给我们带来了无能为力之感觉,因为数据驱动型异化风险比起诸如商业贿赂、商业混同、虚假宣传、侵犯商业秘密、不当有奖销售等典型不正当竞争风险更难防控。"我们所体验到的那种无能为力并不是个人失败的标志,而是反映出我们的制度无能为力。我们需要重构我们曾经有过的这些制度,或者建立新的制度。"①从我国现有的《反不正当竞争法》看,尽管增加了经营者利用网络从事生产经营活动不得实施不正当竞争行为的条款,②但从内容看,它着重规制的是经营者妨碍、破坏其他经营者合法提供的网络产品或者服务正常运行的行为。前面已指出,大数据不正当竞争的手段指向消费者个人信息。这也就决定了经营者没有必要通过妨碍、破坏其他经营者合法提供的网络产品或者服务正常运行这一手段实现争取有利的竞争地位与相对优势的目的。由此,可以说,当前我国专门规制大数据不正当竞争的法律制度尚付阙如。就单纯地凭这一点,我们

---

　　①　[英]安东尼·吉登斯:《失控的世界:全球化如何重塑我们的生活》,周红云译,江西人民出版社 2000 年版,第 15 页。

　　②　《反不正当竞争法》第 12 条规定:"经营者利用网络从事生产经营活动,应当遵守本法的各项规定。经营者不得利用技术手段,通过影响用户选择或者其他方式,实施下列妨碍、破坏其他经营者合法提供的网络产品或者服务正常运行的行为:(一)未经其他经营者同意,在其合法提供的网络产品或者服务中,插入链接、强制进行目标跳转;(二)误导、欺骗、强迫用户修改、关闭、卸载其他经营者合法提供的网络产品或者服务;(三)恶意对其他经营者合法提供的网络产品或者服务实施不兼容;(四)其他妨碍、破坏其他经营者合法提供的网络产品或者服务正常运行的行为。"

就能得出需要重构已有的法律制度,或者构建新的制度防控数据驱动型竞争异化风险之结论。

第一节　构建算法责任制度

一、算法技术发展简史

对数据尤其是大规模的数据的处理离不开行之有效的技术。从数据处理技术看来,人类自进入数字时代以来,先后出现了 MPI(Message Passing Interface)并行计算与编程方法、Hadoop Map Reduce 大数据处理系统及其编程方法、Spark 大数据处理系统与编程方法和 Fank 大数据处理系统与编程方法。[①]

起源于 1993 年的 MPI 并行计算与编程方法是由大学、美国国家实验室与高性能计算厂商共同研发的产物。该方法由于是采用常规语言编程接口,以提供程序库方式编写的并行化计算法程序,从而具有能够实现在程序运行的时候,尽管所有的节点运行的程序是一样的,但可以处理不同的数据之优势。但同时也由于缺少一个统一的计算框架支持,MPI 并行计算与编程方法在处理数据时存在着诸如因为没有计算容错机制,从而一旦有某个(些)节点实效,会可能导致整个计算过程无效等缺陷。

MPI 并行计算与编程方法的缺陷一方面促使了版本的升级,[②]另一方面促使了人们研究更加有效的算法。在此现实需求下,2004 年谷歌(Google)在 OSDI 会议发表的"Map Reduce: Simplifield Data Processing on Large Clusters"论文提出了一种面向大规模数据处理的并行计算技术 Map Reduce。Map Reduce 并行计算框架与系统设计出来以后,搜索索引程序库 Apache Lucene 与网络爬虫 Apache Nutch 的创始人 Doug Cutting 带领技术团队在此基础上基于 Java 语言开发出了开源的 Apache Hadoop。

尽管 Map Reduce 的设计实现,有力地推动了大数据技术的发展,

---

① 顾荣:"大数据处理技术与系统研究",南京大学 2016 年博士学位论文。

② 当前 MPI 并行计算与编程方法版本已更新至 MPI—2。

但是在研究与实际运用中发现其有执行效率不高的缺陷。于是，支撑常见的大数据处理计算模式的 Spark、Flink 先后在 2013、2016 年面世。"Spark 通过 DAG(Directed Acyclic Graph，有向无环图)的程序刻画和执行框架，提供了一种更加灵活的计算流图；同时充分利用集群的分布式内存来存放中间计算过程和结果数据，避免了多轮计算作业(Job)间的 HDFS 文件系统的读写，大幅提高了迭代计算程序的性能"，而 Flink 凭借自己的存储管理机制，"使得应用的数据规模可以超出内存的限制，并且能有效减少 JVM 垃圾回收所带来的影响"[①]。这些算法技术的面世尽管促进了大数据技术的发展，但之于日益快速发展的大数据应用需求，可以预见算法技术肯定会得到进一步发展。

二、大数据算法设计者的算法责任

在业界与学术界的共同努力下，到目前为止，算法设计都是透明化的。目前这些算法设计是公开透明化的，但这并不能代表未来出现的新的大数据算法设计也会如此。

大数据分析的对象是数据，而数据归根到底是社会的镜像，于是在本质上"大数据与世界本身是对等的，或者说是同构的。"[②]然而，如前所述的，大数据是"人算计人"思维的物化产物，从而大数据与世界同构的基础是大数据算法设计不存在"人算计人"思维。不言而喻，数据驱动型竞争异化是"人算计人"思维的具体表现。"如果人都是天使，就不需要任何政府了。如果是天使统治人，就不需要对政府有任何外来的或内在的控制了。"[③]由于人不是天使，从而也就难以保证"人算计人"思维不会被大数据算法设计者植入大数据之中。责任是降低或消除风险的最好办法，让大数据算法设计者承担算法责任一方面可以最大限度保证其不将"人算计人"思维植入大数据之中，另一方面可以抑制其被自私的动机所左右。

出于实现大数据算法设计公开透明化的考虑，大数据算法设计者至少要承担以下的算法责任：

---

① 顾荣："大数据处理技术与系统研究"，载南京大学 2016 年博士学位论文。
② 李德伟："同构关系：大数据的数理哲学基础"，《光明日报》2012 年 12 月 5 日第12 版。
③ ［美］汉密尔顿、杰伊、麦迪逊：《联邦党人文集》，程逢如、在汉、舒逊译，商务印书馆 1980 年版，第 51 页。

（1）开放源码与数据义务

大数据算法设计的实现依赖于建构出的大数据系统。尽管大数据的"大"不能以传统数据库软件工具来界定，但这并不意味着其与软件无关。从构成成分看，软件由源码和数据组成。①开放源码可以从技术层面对违规代码进行追踪。开放数据意味着数据可以自由加工与重复使用，从而保证了数据与个人信息无涉。据此可以说，开放源码与数据有助于实现大数据算法设计公开透明化。

在软件只是依附于计算机硬件的程序编码时，由于软件不具有商业价值，从而软件的源码是公开的。而当软件独立于硬件后具有巨大的商业价值，源码也就从之前的公开走向了因为软件受到著作权保护而不公开。不公开源码让软件公司获得了巨额利润的同时，但也阻碍了软件的创新与技术的交流和传播。基于此，20世纪末诞生了"开源运动"。所谓开源，开放源码促进会将其定义为："用于描述那些源码可以被公众使用的软件，此类软件的使用、修改和发行也不受许可证的限制"②。由于开放源码并不排斥软件商业化以及遵守与利用现有的著作权制度，③并且能提高软件行业的效率与效能，以及知识共享等，从而越来越多的个人和公司采纳了开放源码的做法。④由此，实现大数据算法设计公开透明化，完全可以强制算法设计者开放源码。

由于"开源"并不包含数据，于是"当开放代码已经成为共识和现实的时候，新一代的创新者，自然又将眼光投向了数据"⑤，并在公共数据开放领域取得了相应的成果。从已取得的成果看，最为重要的成果是确定了开放公共数据的8条基本原则，即数据必须是完整的、数据必须是原始的、数据必须是及时的、数据必须可读取的、数据必须是机器可处理的、数据的获取必须是无歧视的、数据格式必须是通过非专有的和数据必须是不需要许可证的。⑥

---

① 熊春泉、聂佳龙：《大数据时代中国法治建设——一种立法视角的分析》，中国政法大学出版社2017年版，第144页。

②③ 张今、迟海生："开放源码运动对计算机软件保护的启示"，《网络法学评论》2004年第2期。

④ 涂子沛：《大数据：正在到来的数据革命，以及它如何改变政府、商业与我们的生活》，广西师范大学出版社2013年版，第188—189期。

⑤ 涂子沛：《大数据：正在到来的数据革命，以及它如何改变政府、商业与我们的生活》，广西师范大学出版社2013年版，第191页。

⑥ 涂子沛：《大数据：正在到来的数据革命，以及它如何改变政府、商业与我们的生活》，广西师范大学出版社2013年版，第192页。

从这八条基本原则的内容看,让算法设计者开放数据,可以采取许可证方式,即凡是没有取得许可证的算法设计者必须开放数据。需要特别指出,"开放数据不等同于公开数据。公开数据是信息层面的,一般是向整个社会公开而且是免费的。开放数据是数据库层面的,可以向特定的群体、社会组织而乃至整个社会开放,但不一定是免费。"①

（2）编程准则传播义务

从计算机诞生之日起,其就被设定为替人类解决问题的机器。计算机能够有效地解决问题,其中与编码准则有关,即程序设计员对某个计算机体系设计相应的运算方式,通过该计算机体系按照该计算方式运行实现解决待决问题之过程要遵守的准则。由于遵循编程准则对于软件的生命周期等有着至关重要的影响,从而包括算法设计者在内的程序员遵循编程准则是具有很强的自律性。然而,尽管"具备优秀的编码技巧、遵循合适的编程准则是专业程序员的特点"②,但是大量的数据表明,计算机软件存在的问题与隐患,大多与没有遵守编程准予有关。"阳光是最好防腐剂",算法设计者向公众传播编程准则一面可以监督其遵守编程准则,另一面也可以为消费者因经营者的数据驱动型竞争异化行为而权益遭受损害提供了直接的、显见的证据。由于编程准则与商业秘密无关,于是法律可以规定大数据算法设计者承担向包括消费者在内的公众传播编程准则的义务。

（3）对算法运行原理、算法具体决策结果解释的义务

开放源码和数据与向公众传播编程准则所能起到的功能无疑是让公众知晓算法决策结果作出的大致流程。但这并不能确保透明化达到了可以不会引致数据驱动竞争异化风险产生的程度。其中的道理很简单:"凡是属于最多数人的公共事物常常是最少受人照顾的事物,人们关怀着自己的所有,而忽视公共的事物;对于公共的一切,他至多只留心到其中对他个人多少有些相关的事物。"③也就是说,对于公众而言对于大数据算法透明可能关注不会太高,从而在某种意义上会导致开放源码和数据与向公众传播编程准则所起的作用达不到理想的要求。想要真正达到透明

---

①　熊春泉、聂佳龙:《大数据时代中国法治建设———一种立法视角的分析》,中国政法大学出版社 2017 年版,第 146 页。

②　Rob Caron:"微软编程准则和编码技巧",於志文译,《程序员》2002 年第 3 期。

③　[古罗马]亚里士多德:《政治学》,吴寿彭译,商务印书馆 1983 年版,第 48 页。

化的要求,大数据算法设计者应该对依据算法做出决策的机构或人负有解释算法运行原理、算法具体决策结果解释的义务。此种解释应该是真实的、善意的、清晰的,更为重要的是经得起检验的。

（4）接受审计的义务

数据,无论是作为大数据算法生产质料还是结果,对于大数据算法设计者而言,其重要性好比资金之于企业等。"确保资金在阳光下运行,离不开有效监督。审计作为一种独立性经济监督活动,是党和国家监督体系的重要组成部分。"①对于大数据算法设计者而言,其行为与数据有着密切的联系或者说其行为所造成的后果与数据有关既然与数据有关,那么类比确保资金在阳光运行,则需要相关数据进行审计。因而,大数据设计者负有将模型、算法、数据与决策结果应有明确记录的义务。②设置该义务的目的在于通过监管部门或第三方结构的审计确保大数据算法设计整个过程符合透明化的要求。因此,可以规定大数据算法设计者有明确记录模型、算法、数据与决策结果随时接受监管部门或第三方结构的审计的义务。

（5）小结

借助规定大数据算法设计者至少要履行上述义务并不能真正地实现算法透明化的目的,还需要相应责任的规定,因为"制度——尤其是附属于它们的惩罚——能使人们作出既有承诺能得到切实履行的可靠约定。"③一般而言,按照制度给与某（些）人怎样的惩罚,其中最为重要也是最为关键的是行为造成的后果。因而,大数据算法设计者必须对算法决策结果负责,善意地履行上述义务,否则就要对其行为所造成后果承担责任。然而,后果是由怎样的行为所造成以及承担怎样的责任则涉及裁判的问题。按理说这是司法机关的事情,但是所涉及的算法黑箱等专业性问题等裁判,以及司法资源短缺问题突出决定了不宜让司法机关承担此

---

① 习近平:"用好审计这把'利器'",中国青年网,http://news.youth.cn/sz/201805/t20180527_11629706.htm.

② 美国计算机学会公众政策委员会（ACM Public Policy Council）于2017年公布的算法治理6项指导原则中就有可审计的原则。See http://www.acm.org/binaries/content/assets/public-policy/2017_usacm_st atement_algorithms.pdf,最后访问日期2019年11月10日。

③ ［德］柯武刚、史漫飞:《制度经济学——社会秩序与公共政策》,韩朝华译,商务印书馆2000年版,第111页。

项任务。由此,算法责任实现的关键所在是建立一套客观、中立且能够与司法裁判相衔接的裁判制度。

第二节 成立算法责任审查委员会

承上所述,无论是强制算法设计者开放源码和数据与向公众传播编程准则,还是对算法运行原理、算法具体决策结果解释与接受审计,都面临着一个共同的问题:前述强制性义务算法设计者是否履行由谁来裁判?由于该问题不仅仅是与法律有关,还是与大数据等相关领域有关,从而需要多个领域的专家共同裁判。这样就有必要成立算法责任审查委员会。

裁判的首义是公正。"'公正必须来源于信任',在熟人社会,裁判者的权威是长期积累和公认的,因而无需以具体证明;而在陌生人社会里,公正就必须是看得见的,须有事实、证据和法律才能令人信服。"①在已有的众多裁判制度中,"仲裁由于具有民间性与合意性以及国家干预性与强制性并存的个性,从而具有增加裁判正当性的价值。"②因此,借鉴与参照仲裁的经验构建算法责任委员会不失为一种不错的选择。

一、他山之石:仲裁的经验

回顾历史,不难知道人类的社会遵循着"冲突—解决—(新)冲突—解决"这一路径发展。人类社会的一切冲突究其根底是利益冲突,一般而言其产生的原因主要是利益、愿望实现方式失当和法律上、事实上认识偏误。前者体现为主体不恰当地谋求自身利益或者不按法律要求承认或尊重他人利益、主体以非正当方式谋求自身利益或者规避或未履行自己应尽的法律义务和责任;或者表现为主体行为事实上违法,自认为合法正当、主体有某种法定责任义务,缺乏履行的意识、主体不能正确记忆理解某种已有事实过程。由于冲突产生的原因各有千秋,从而人类在长期实践过程中逐渐创造出了各种各样的解决冲突的方式方法。

但无论是何种解决冲突的方式方法,裁判者都必须公平和公正地解

---

① 江伟:《仲裁法》(第二版),中国人民大学出版社2012年版,第1—2页。
② 王春业、聂佳龙:"论仲裁启示下行政复议组织的改造",《法治社会》2017年第6期。

决纠纷。仲裁由于具有民间性与合意性和国家干预性与强制性并存的个性,从而具有增加裁判正当性的价值,使得一些西方国家的司法有明显的仲裁化倾向。

（1）仲裁委员会

仲裁委员会是我国的仲裁机构,其职责主要是制定商事仲裁规则与监督其实施。例如,2015 年《中国国际经济贸易仲裁委员会仲裁规则》第 4 条规定,当事人约定将争议提交仲裁委员会仲裁的,视为同意按照本规则进行仲裁,但当事人约定将争议提交仲裁委员会仲裁但对本规则有关内容进行变更或约定适用其他仲裁规则的,从其约定(但其约定无法实施或与仲裁程序适用法强制性规定相抵触者除外)。2014 年《中国海事仲裁委员会仲裁规则》第 4 条也有类似的规定。从前述两个仲裁规则的内容来看,仲裁规则的内容主要是:(1)仲裁组织机构及其职责;(2)受案范围;(3)包括仲裁申请提出和审查、仲裁庭的组成与审理、裁决等内容的仲裁程序。

"徒法不足以自行"。仲裁委员会如果没有支撑和促其运行的权力,其职责将无法得以实行。仲裁委员会的权力称之为仲裁事务管理权,为仲裁程序的进行提供服务以及协调仲裁机构的设置于内容工作关系的一种管理权。也就是说,仲裁委员会无权审理仲裁案件、变更仲裁裁决等。

（2）仲裁庭与仲裁员

有权审理仲裁案件的是仲裁庭。仲裁庭是具体负责审理和仲裁案件的组织,它是因为争议当事人的仲裁协议而产生的,作出终局裁决后便自行解散从而具有临时性的特点。根据《仲裁法》等法律法规的规定,仲裁庭可以由三名仲裁员或者一名仲裁员组成。如果是由三名仲裁员组成的仲裁庭,必须设首席仲裁员。当事人没有在仲裁规则规定的期限内约定仲裁庭的组成方式或者选定仲裁员的,由仲裁委员会主任指定。当事人约定由三名仲裁员组成仲裁庭的,应当各自选定或者各自委托仲裁委员会主任指定一名仲裁员,第三名仲裁员是首席仲裁员,由当事人共同选定或者共同委托仲裁委员会主任指定;当事人约定由一名仲裁员成立仲裁庭的,应当由当事人共同选定或者共同委托仲裁委员会主任指定仲裁员。

组成仲裁庭的仲裁员从仲裁员名册选择。例如,《仲裁法》第 13 条规定,仲裁委员会按照不同专业设仲裁员名册。此外,该条还对仲裁员资格作出了规定:(1)公道、正派;(2)从事仲裁工作满八年的;(3)从事律师工作满八年的;(4)曾任审判员满八年的;(5)从事法律研究、教学工作并具有高级职称的;(6)具有法律知识、从事经济贸易等专业工作并具有高级职称或者具有同等专业水平的。

如果仲裁员有是本案当事人或者当事人、代理人的近亲属和与本案有利害关系等情形的,必须回避,当事人也有权提出回避申请。当事人提出回避申请,应当说明理由,在首次开庭前提出。回避事由在首次开庭后知道的,可以在最后一次开庭终结前提出。

(3) 评析

美国著名法学家迈克尔·D.贝勒斯教授曾言:"倘若当事人觉得用来作出判决的程序是不公正的,那么无论是在心理上还是在行动上,他们都不太可能接受解决其争执的判决",而平等对待当事人包含"解决争执者应保持中立""审理过程中,双方都应提供信息"和"各方起码应知道他方提供的信息,并有机会对之发表自己的意见"。①表面看来,"司法所扮演的社会角色越来越复杂,所承担的社会任务也越来越繁重,传统的司法体制面对日益增长的诉讼负荷,开始显得力不从心,难以满足现实生活的需要,由此引发了所谓的司法危机"②,在此司法危机迫使下,许多国家重视并且创设各种替代性纠纷解决机制诉讼外纠纷解决方式(ADR, Alternative Dispute Resolution),导致仲裁是被广泛应用。实际上,仲裁之所以能够被广泛应用主要原因是能够较好地平等对待当事人,因为"人们之所以选择仲裁作为纠纷解决方式,看中的正是仲裁可以给他们想要的公正结果,反过来一份公正的仲裁裁决也可以令当事人自觉履行义务,尊重并且维护仲裁的权威。"③而这一原因与仲裁的下列特性密不可分。

其一,仲裁庭中立解决争执。

依据法律和事实规定,中立地解决争执是仲裁庭的责任与义务。仲裁庭中立解决争执主要体现在以下四个方面:

首先,组成仲裁庭的仲裁员主要是由争执当事人选出。"解纷机制的自愿程度越高,纠纷解决过程对于裁判者个人权威的信赖和依赖程度越

---

① [美]迈克尔·D.贝勒斯:《法律的原则——一个规范的分析》,张文显等译,中国大百科全书出版社1996年版,第36页。

② 张斌生:《仲裁法新论》,厦门大学出版社2002年版,第1页。

③ 龚超:"论我国环境纠纷仲裁制度的构建",中南林业科技大学2014年硕士学位论文。

高"。①当事人从仲裁员名册中选择组成仲裁员隐含的潜台词是相信被选中的仲裁员能够秉着中立的姿态,独立、公正地解决争执。而仲裁员名册中仲裁员都是具有一定专业水平与能力的专家,他们的专业性能够保障仲裁的公正性。

其次,仲裁庭审理仲裁案件不受行政机关、社会团体、个人和仲裁委员会的干涉。仲裁庭是审理仲裁案件的主体,它的权力来源于争执当事人通过仲裁协议赋予的仲裁权。因而,行政机关、社会团体、个人和仲裁委员会不得以任何理由与借口干预仲裁庭审理仲裁案件。虽然法律赋予了法院对仲裁享有司法监督权,但此种监督体现为对仲裁裁决的监督,无权干预仲裁庭的审理和裁决。

再次,仲裁员不得私自会见当事人、代理人或接受当事人、代理人的请客送礼。仲裁员有私自会见当事人、代理人或接受当事人、代理人的请客送礼的,应当回避。如果在仲裁案件时,仲裁员有索贿受贿、徇私舞弊、枉法仲裁的,当事人可以申请法院撤销仲裁裁决。

最后,仲裁员自觉披露可能有损中立、独立、公正审理的信息并回避。"仲裁员是否与案件当事人、案件本身存在利害关系将影响到仲裁庭能否公正、独立地作出仲裁裁决。"②于是,各国仲裁立法与仲裁机构的仲裁规则中都规定了回避制度。有的国家为了解决当事人难以查明仲裁员是否存在回避事由的问题,还建立了仲裁员信息披露制度。

其二,仲裁审理过程中,当事人知晓对方提供的信息并有机会发表意见。

纵观所有国家的仲裁立法,仲裁程序中都规定了仲裁答辩、公开审理、证据交换、庭审调查与庭审辩论等制度。以我国的《仲裁法》为例,第25条规定,被申请人受到仲裁申请书副本后,应当在仲裁规则规定的期限内向仲裁委员会提交答辩书;第39条规定,仲裁应当公开审理;第47条规定,当事人在仲裁过程中有权进行辩论。

在仲裁程序中,被申请人可以对申请人在仲裁申请书中所提出的仲裁请求依据的事实以及证据进行答辩。公开审理是在仲裁庭的主持下,在当事人与其他仲裁人参与下对案件进行审理并作出裁决。证据交换是在开庭前,仲裁庭认为有必要,在正式开庭前委托首席仲裁员召集当事人

①②　江伟:《仲裁法》(第二版),中国人民大学出版社2012年版,第5页。

进行证据交换。在庭审中,仲裁庭必须在庭上审查、核准证据;当事人在仲裁庭调查的基础上,可以对案件事实的认定与法律的适用进行论辩。不难知道,前述制度均可以让当事人知晓对方提供的信息并有机会发表意见。

二、算法责任审查委员会的构建

他山之石,虽然可以攻玉,但这并不是我们丢弃自山之石的理由。正如江伟教授所指出的那样:"任何一种机制试图实现所有的价值、占有全部资源、克服一切劣势、替代其他机制,都有可能丧失自己的个性和与劣势相伴而生的优势。"①前面所论述的仲裁确保仲裁庭与仲裁员秉着中立的姿态,平等对待当事人独立、公正地解决纠纷的各种制度安排,无疑对于构建算法责任审查委员会有着借鉴与参照作用与意义。但算法责任的判断与一般的民商事纠纷更具专业性。这决定了只能从以下几个方面借鉴与参照仲裁制度来构建算法责任审查委员会。

(一)专家的专业资格要求

专家是对某种学术或技能有一定特长的人。因为如此,其对特定领域的某些问题的看法以及提出的解决方案具有一定的权威性。专家的裁判意见不仅关乎公民、法人或其他组织的合法权益能否得到救济,还关乎法律的权威能否树立甚至法治中国能否顺利实现。由此,进入专家名册的专家资格要从严要求。参照《仲裁法》对仲裁员资格的规定,以及结合上面的论述,进入专家名册的专家除了为人公道、正派外,还需满足以下条件之一:(1)从事算法设计工作满八年的并具有高级职称;(2)从事审计工作满八年的;(3)从事大数据研究、教学工作并具有高级职称的;(4)从事法律研究、教学工作并具有高级职称的;(5)在数据公司等担任高级技术总监,其技术水平获得业内认可的。

(二)专家的遴选(聘)与构成

借鉴与参照仲裁庭审查案件模式,建立由从专家名册中挑选出的7—9名专家组成的专家组。鉴于算法责任的审查设计法律、大数据领域,由此,专家组成员必须要有法律和大数据领域的专家。由于专家的裁判涉及消费者合法权益、市场经济秩序维护问题,从而除了专家外还有社

---

① 江伟:《仲裁法》(第二版),中国人民大学出版社 2012 年版,第 5 页。

会公正人士。参照《仲裁法》关于仲裁委员会组成人员的规定,①即社会公正人士、学者、专家人数不得少于三分之二。

（三）专家的权利与义务

参照《仲裁法》应当赋予专家享有书面审查申请材料的权利、认为在必要时通知相关人员到达指定处所陈述意见的权利、依职权或嘱托有关机关或人员,实施调查、检验或勘验的权利等权利、获得履行职责应当具有之工作条件的权利②与在认为必要时通知案件相关人员陈述意见或者召开听证会的权利,等等。

专家在享有权利的同时,还要承担下列的义务:（1）不得私自会见被审查当事人、代理人;（2）不得接受被审查当事人、代理人的请客送礼;（3）不得披露可能有损中立、独立、公正审理的信息并自行回避;（4）不得索贿受贿,徇私舞弊,枉法出具裁决意见;（5）不得泄露所知悉的关于算法的信息。专家违背前述义务之一的,情节严重的,应当除名,依法追究法律责任。

（四）专家组作出处理意见的程序

前面已指出,仲裁庭可以由三名仲裁员或者一名仲裁员组成。鉴于仲裁在追求公正的价值同时还重视快捷性,我们认为专家组应有五名专家组成,设主任审查员一名,由当事人共同选定。专家组所作出的处理意见须过半数专家出席,以及出席专家过半数之同意。专家组审议时应当制定审议笔录,当事人和其他参与人认为对自己陈述的笔录有遗漏或者差错的,有权申请补正。如果不予补正,应当记录该申请。记录由审查员、记录人员或当事人和其他参与人签名或者盖章。处理意见应当按照多数专家的意见作出,少数专家的不同意见应当记入笔录。专家组不能形成多数意见时,处理意见应当按照主任审查员的意见作出。

（五）回避制度

英国哲学家培根在《论司法》中指出:"一次不公的判断比多次不平的举动为祸尤烈。因为这些不平的举动不过弄脏了水流,而不公的判断则

---

①　《仲裁法》第12条规定,仲裁委员会的组成人员中,法律、经济贸易专家不得少于三分之二。

②　王春业、聂佳龙:"论仲裁启示下行政复议组织的改造",《法治社会》2017年第6期。

把水源败坏了。"①为了防止这种可怕的恶果出现,理论上讲"司法判断人……做出的解决方案中不能涉及自己的利益;在做出判断结果时不能掺杂个人的喜恶哀愁以及偏见"②,但由于人在本质上是一切社会关系的总和,从而也就决定了法官在一些情形中会以自己的情感来代替职业理性来处理案件。一旦法官这么做,实体结果的公正性将会难以得到确保。为了确保实体结果公正性,"任何人不能作为自己案件的法官"无疑是最佳的选择。由此,回避制度在所有的国家得以构建。

构建回避制度应从回避的缘由、范围、程序以及违反回避要求所作出的复议处理意见和裁决的效力等角度来予以构建。参照《仲裁法》的规定,回避的缘由与范围是:是本案当事人或者当事人、代理人的近亲属;与本案有利害关系;与本案当事人、代理人有其他关系,可能影响复议公正的;私自会见当事人、代理人,或者接受当事人、代理人的请客送礼的。回避的程序应该是自行回避,自行回避成立的,算法审查委员会委员不得参与审议。为了促使算法审查委员会委员自行回避,不得参与审议的目的实现,违反回避要求所作出的裁决的效力可以这样规定:专家违反回避要求作出处理意见的,有关行政机关有权推翻;有关行政机关违反回避要求或者依据专家违反回避要求作出的意见作出复议裁决的,当事人有权申请复议机关的上级行政机关撤销该决定。此外,还应当建立专家是否回避的信息披露制度与当事人有权申请人民法院不予承认和不予执行裁判的制度。

第三节　利用区块链技术监管算法

一、区块链技术

有学者提出过"理论上很完美的制度并不一定可以付诸实施,而行之有效的制度却未必是事先设计好的"③这样的论断。如果以此论断来观照算法审查委员会制度,可以说在理论上是相当完美的,但能否付诸实施

①　[英]弗·培根:《培根论说文集》,水天同译,商务印书馆1983年版,第193页。
②　[美]马丁·P.戈尔丁:《法律哲学》,齐海滨译,上海三联书店1987年版,第240页。
③　季卫东:《法律程序的意义》,中国法制出版社2012年版,第36页。

则可能需要进一步探讨,因为至少在逻辑上面还要解决如何确保专家所审查的算法有没有被修改的问题。"任何法律法规,无论其宗旨为何,都有一个相似的目标:引导行为,鼓励人们以特定的方式行事。法律可以建立一套激励或奖励的机制,以确保人们以预期的方式行事,也可以为预期之外的行为设定一个惩罚或制裁机制。"①这种影响个人行为的能力,除法律外,技术也拥有。正因如此,不少的学者提出解决技术的问题方法是技术,如劳伦斯·莱斯格曾言网络空间将主要有网络来监管。算法有没有被修改显然是一个技术的问题,于是这个问题的解决只能依靠技术。"从一般意义上来说,透明意味着获悉真相和人类行为动机的手段和方法。"②在现有的技术中,学者们倾向于区块链技术,因为区块链实现了任何节点都可以直接的连通与交互,且每一个节点都会在系统自动涌现;更为重要的是,区块链还可以通过 P2P 技术让每一节点"享有在区块链上进行数据读取、记账、存储等权利,承担网络路由、数据验证、新节点识别等义务"③,从而保证了节点能够平等地参与系统的管理等任务。

区块链技术是源自比特币的底层技术,目前,在金融领域获得了成功的运用。从最早应用区块链技术的比特币、最先将智能合约引入区块链技术的以太坊与应用最广的联盟链 Hyperledger Fabric 的整体体系架构看,区块链平台分为网络层、共识层、数据层、智能合约层与应用层五部分。网络层利用 P2P 技术与数据库系统实现节点之间的数据与区块数据的传输。在 P2P 网路中,任何一个节点都会时刻监听网络中广播的数据,如果接收到邻居节点发来新的数据与区块时会首先对其进行验证,若验证通过之后才会进行处理与转发。在区块链技术中,共识机制是核心问题之一。为了解决节点自由进出可能会带来女巫攻击的问题,为了保证网络安全,节点自由进出的公有链通常采用证明机制来构建共识层,节点授权加入的联盟链则是采用投票机制。区块链技术的本质是数据库,

---

① [法]普里马韦拉·德·菲利皮、[美]亚伦·赖特:《监管区块链:代码之治》,卫东亮译,中信出版社 2019 年版,第 213 页。

② 张淑玲:"破解黑箱:智媒时代的算法权力规制与透明实现机制",《中国出版》2018 年第 7 期。

③ 张毅、肖聪利、宁晓静:"区块链技术对政府治理创新的影响",《电子政务》2016 年第 12 期。

但该数据库是由所有参与的节点共同维护的。为了实现该目的,在区块链技术中将区块分为块头与块身,每一块头对前区块的块头通过哈希算法得到的哈希值通过特定的信息链接到下一区块的块身成为其数据(见图1)。这样就实现了前后顺连的完整数据库。在该数据库中,由于在数据结构方面采用了时间戳的设计,实现了"对新建文档、当前时间及指向之前文档签名的哈希指针进行签名,后续文档又对当前文档签名进行签名,如此形成了一个基于时间戳的证书链,该链反映了文件创建的先后顺序,且链中的时间戳无法篡改"①。这种设计为智能合约的生成奠定了基础。所谓智能合约指的是部署在区块链上的通过算法与程序编制能够按照规则自动执行的数字化协议。

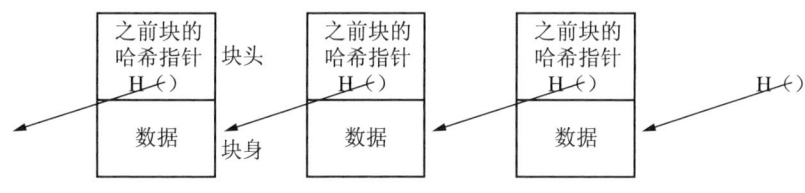

图 1　区块链结构图

《经济学人》曾在封面文章《建立信任的机器》(The trust machine)中将区块链技术比喻为创造信任的机器。之所以会得到这样的比喻,是因为区块链技术的核心是"通过分布式网络、时序不可篡改的密码学账本及分布式共识机制建立彼此之间的信任关系,利用由自动化脚本代码组成的智能合约来编程和操作数据,最终实现由信息互联向价值互联的进化"②。区块链技术是建立在分布式网络基础上,该种网络结构使得数据不是集中存储在某个数据中心,而是分散于每一个节点的副本中。这样就实现了去中心化的目的。此外,区块链技术通过技术规则加持,任何一节点副本中的数据修改必须在其他所有参与节点在共识机制作用下共同决定,修改后所有副本会同步更新。于是,任何节点恶意欺骗系统的行为都会遭受其他节点的排斥,从而保证了节点是忠诚的,不作恶的。由此,便实现了不依赖任何人为信用背书便可在节点之间建立信任关系,即去信任化。

①　邵奇峰、金澈清、张召、钱卫宁、周傲英:"区块链技术:架构及进展",《计算机》2017年第12期。
②　董宁、朱轩彤:"区块链技术演进及产业应用展望",《信息安全研究》2017年第3期。

需要指出,去信任化并非是不需要信用,而是不需要第三方提供信用背书。

由上可见,区块链是一个由分布式计算机网络维护的去中心化的数据库。基于此,以及参照工信部发布的《中国区块链技术和应用发展白皮书(2016)》相关内容——"狭义来讲,区块链是一种按照时间顺序将数据区块以顺序相连的方式组合成的一种链式数据结构,并以密码学方式保证的不可篡改和不可伪造的分布式账本。广义来讲,区块链技术是利用块链式数据结构来验证与存储数据、利用分布式节点共识算法来生成和更新数据、利用密码学的方式保证数据传输和访问的安全、利用由自动化脚本代码组成的智能合约来编程和操作数据的一种全新的分布式基础架构与计算式",我们认为区块链在本质上就是一种通过去中心化与去信任的方式由集体维护的一个可靠数据库的系统。

二、区块链监管算法的设计与实现

利用区块链技术实现对算法的监管,首要的前提之一便是设计一个恰当的监管算法区块链系统。参照上面关于现有的区块链系统架构的介绍,我们认为在技术上"监管算法区块链系统"设计是这样的:分别基于HTTP/2—based P2P、PBFT 架构网络层与共识层;数据层分别采用文件存储、基于账户的存储模型、Merkle 树等方案架构区块存储、数据模型与数据结构;智能合约层采用 Docker、Go/Java 方案予以架构。[①]

不可否认的是,与发展了近四十年的传统数据库相比,即使从化名"中本聪"(Nakamoto)于 2008 年撰写的《Bitcoin: A peer-to-peer electronic cash system》开始起算区块链技术发展史,也就短短十余年。这决定了区块链技术在目前处于技术发展的初级阶段,从而还存在着诸多的劣势。这些劣势将会制约"监管算法区块链系统"功能的发挥。但是,技术方面的劣势并不是我们拒绝利用区块链技术监管算法的理由,因为区块链技术会成熟,而且更为重要的区块链以不可否认和防篡改特的方式存储信息在国外得到了具体的应用。[②]但同时也应该客观地谨慎地看到由于区块链技术当前还不够成熟,即便是我们架构出了恰当的"监管算法区块链

---

① 聂佳龙、丁志兵:"利用区块链实现农村民营企业信息用精准画像的法学思考",《老区建设》2019 年第 16 期。

② [法]普里马韦拉·德·菲利皮、[美]亚伦·赖特:《监管区块链:代码之治》,卫东亮译,中信出版社 2019 年版,第 115—120 页。

系统",但也不能将所有的希望与期待押注于该系统。基于此,我们认为如下的建议应该更具实用性:

(1)设立专职的监督者

"魔鬼因上帝而存在",从理论上讲,必然会存在区块链技术的反向工程。就目前关于区块链技术的研究成果①来看,反向工程可能是改写大部分的节点而破坏原始数据。从计算机理论上讲,"每个节点都以 64 位数字不同组合通过哈希算法进行加密,参与节点越多,改写工作量就越大,同时每一块数据都有时间戳,改写数据后,时间也随之变化,这两方面使数据篡改几乎成为不可能"。②但联系系统却比较容易实现。这是因为节点比较的少,且他们在现实中有一定的交往,而这些为节点之间结成同盟来破坏原始数据提供了可能性。

从计算机技术的角度看,对原始数据的破坏是基于共识机制算法实现的。前面已述及,"监管算法区块链系统"中的共识层应采用的是PBFT 算法。此种算法最大的特点是:从全网节点中选择一个负责生成新区块的主节点,该节点将从网络中收集到放到需要放在新区块的信息进行排序后存入列表,并向全网广播。此外,此种算法可以容忍恶意节点不超过全网节点的三分之一,也就是说,有三分之二以上的节点是正常的,就能够保证数据的安全性。③由此可见,要想保证原始数据不被破坏对主节点及恶意节点进行监督是有必要的。区块链在本质上是一种分布式账本,从而这也就导致了原始数据一旦被破坏,任何节点的账本中都会有记录。基于此,我们认为可以设立专职的监督者,并让其成为"监管算法区块链系统"的主节点。考虑到人数较多以及权威性,这种专职的监督者应该是国家的一个专门机关。

(2)赋予其他节点申诉权

政府不是天使,于是即便是设立了专职的监督者,但至少在理论上依然面临着监督者的问题。由于监督者没有认真履行其职责或者说与其他

---

① 参见孙国茂的《区块链技术的本质特征及其金融领域应用研究》(《理论学刊》2017 年第 2 期)、邵奇峰、金澈清、张召、钱卫宁、周傲英的《区块链技术:架构及进展》(《计算机》2017 年第 12 期)。

② 孙国茂:"区块链技术的本质特征及其金融领域应用研究",《理论学刊》2017 年第 2 期。

③ 邵奇峰、金澈清、张召、钱卫宁、周傲英:"区块链技术:架构及进展",《计算机》2017 年第 12 期。

节点结成同盟而导致原始数据的破坏，必然会侵犯正常节点的利益，于是应该赋予这些节点申诉的权利。为了确保其他节点申诉权的实现，以及考虑到对原始数据进行破坏是基于 PBFT 算法来实现的，从而申诉必然会涉及算法的问题。我们认为，算法审查委员会也应该是"监管算法区块链系统"的一个节点。因为这样一面实现其与专职的监督者相互监督，一面也可以了解原始数据破坏的原因进而快速地做裁判。

（3）监测原始数据不被破坏

2019 年 10 月 24 日下午，习近平总书记在主持中共中央政治局就区块链技术发展现状和趋势集体学习时强调："区块链技术的集成应用在新的技术革新和产业变革中起着重要作用"，我国在"要加快推动区块链技术和产业创新发展，积极推进区块链和经济社会融合发展"的同时"要把依法治网落实到区块链管理中，推动区块链安全有序发展"。①依法治网落实到区块链管理意味着要对区块链应用进行内在或外在的控制。

建立有国家专门机关担任主节点的专职监督者与赋予节点申诉权从性质上讲都是内在的控制。虽然此种控制有必要，但也存在着这样的缺陷：难以解决专职监督者与恶意节点破坏原始数据，且正常节点没有申诉而导致"监管算法区块链系统"不安全的问题。这也就决定了还必须要有外在的控制。

无论原始数据是否被破坏，都会产生一定数量的数据。如果对这些数据进行分析、挖掘后，进行比对必然会得到数据是否被破坏的结论。在当前，对数据进行分析、挖掘的技术是大数据。由此，我们认为，外在的控制就是利用大数据对联系系统进行监测从技术层面看，从下至上分为三层：各类异构数据源、大数据采集与存储机制和大数据分析框架。各类异构数据源层旨在采集与分析相关数据，整合各种异构的结构化和非结构化的数据，为分析系统提供数据支持。采集到的海量数据通过转换、汇总进入 Hadoop 分布式存储及分析平台，使用 hive（基于 Hadoop 的一个数据仓库工具）、pig（一种编程语言）等大数据分析工具建立数据分析模型，然后采用 Spring MVC、EasyUI、Echarts 等 Web 工具开放立法工作管理系统，展示分析结果。利用大数据对联系系统进行监测是这样的：首先

---

① 人民网，politics. people. com. cn/n1/2019/1025/c1024-31421401. html，最后访问日期2019 年 11 月 10 日。

利用大数据中心根据主题词、特征词和关键词等在对联系系统进行全时搜索从而得到相应的大数据;然后通过信息排重与数据清洗后进行初次对比得到疑似信息;接着结合社会舆论或言论等进行二次对比与深度分析、深度挖掘得到提纯信息;在提纯信息的基础上通过官方或者权威的调查等方式进一步提纯,得到高纯度信息;最后在根据高纯度信息做出跟踪关注、重点关注或者回应等处置应对方式。如果处置应对的方式是跟踪关注与重点关注,还得继续利用大数据这一技术,直到处置应对方式是回应为止。[①]

(4) 法律代码化

任何一项技术,它既不是好的,也不是坏的,但绝对不是中性的。区块链技术亦是如此。因而,利用区块链监管算法还需要确保代码如同法律一样公正。这一目的的实现不仅仅意味着代码成为了"网络空间的最高法则"(supreme law),还意味着要将法律转化为代码。[②]将法律转化为代码,简单地讲就是法律代码化,即将法律编译成软件中的代码。具体到区块链技术便是"区块链协议和智能合约可以用于表达法律,并将这些法律直接嵌入区块链网络结构中,以确保能自动执行,或事前强制执行。政府可以将法律编译到智能合约中,要求各方于智能合约交互,或者进一步将智能合约整合到自己的信息系统,这样政府就可以自动执行具体的规则或条例"。[③]法律代码化实现就是将用自然语言写成的法律转化为形式化特征的代码。例如,某委托寄卖合同中的如下内容:

> 二、甲方先行付给乙方最低保值价格总额的_____%。甲方寄卖期间为_____,即从_____年_____月_____日起至_____年_____月_____日止,或以实际收到寄卖物品之日起算。
>
> 三、在寄卖期间,甲方有权视情况收取相应的费用:
>
> 1. 在寄卖期间,乙方自行找到买方的,甲方有权按照销售价值的

---

① 聂佳龙:《跨越效率与正义的冲突:法律经济学的他种想象》,中国政法大学出版社 2017 年版,第 163—164 页。

② [法]普里马韦拉·德·菲利皮、[美]亚伦·赖特:《监管区块链:代码之治》,卫东亮译,中信出版社 2019 年版,第 213—214 页。

③ [法]普里马韦拉·德·菲利皮、[美]亚伦·赖特:《监管区块链:代码之治》,卫东亮译,中信出版社 2019 年版,第 215 页。

_____％收取保管费；

2. 在寄卖期间，甲方找到买方且乙方同意出售的，甲方有权按照销售价值的_____％收取佣金。

在寄卖期间，甲乙双方同时找到买方的按照前款第一种情况处理。

四、寄卖期间，乙方仍要求寄卖，甲方可每月按寄卖价的_____％收取保管费。若乙方不要求寄卖，寄售物品按照绝当处理，甲方向乙方支付最低保值价格总额的10％货款后取得该寄售物品的所有权。

编译成代码则是：

```
/// <summary>
/// 寄卖甲方最终所得（正数表示获得金额；负数表示支付给乙方金额）
/// </summary>
/// <param name="preservedPrice">保值价格</param>
/// <param name="firstPayRate">首次支付百分比</param>
/// <param name="beginTime">开始时间</param>
/// <param name="endTime">结束时间</param>
/// <return></return>
public double 寄卖甲方所得(double 货物保值价格, double 甲方先行支付比例,  double 保管费比例,double 每月佣金比例,DateTime 开始寄卖时间, bool 是甲方卖出,bool 乙方要求寄卖)
{
    double 甲方先行支付金额 = 货物保值价格 * 甲方先行支付比例;
    int 月份数量 = (int)(DateTime.Now - 开始寄卖时间).TotalDays / 30;

    if (乙方要求寄卖)
    {
        if (是甲方卖出 == true)
        {
            // 此时甲方所得费用
            return 收取保管费(货物保值价格, 保管费比例, 月份数量) - 甲方先行支付金额;
        }
        else
        {
            return 收取佣金(货物保值价格, 每月佣金比例, 月份数量) - 甲方先行支付金额;
        }
    }
    else
    {
        // 乙方不再要求寄卖
        double 佣金 = 收取保管费(货物保值价格, 保管费比例, 月份数量);
        return 佣金 - (货物保值价格 * 10 % +甲方先行支付金额);
    }
}

public double 收取保管费(double 货物保值价格, double 保管费比例, int 月份数量)
{
    return 货物保值价格 * 保管费比例 * 月份数量;
}

public double 收取佣金(double 货物保值价格, double 每月佣金比例,int 月份数量)
{
    return 货物保值价格 * 每月佣金比例 * 月份数量;
}
```

图2　某委托寄卖合同中内容代码化图

不可否认现在还无法完全做到将所有的法律顺利地编译成代码，但从目前区块链应用于领域看，通过法律代码化实现对算法监督并非不可能。

第五章 消费者个人数据产权防控 进路实现的法律制度安排

基于人工智能与大数据有着密切的联系,如果说人工智能是"算法、网络和大数据组成的无形、无界的存在"[①],那么也可以说大数据是算法、网络和数据组成的无形、无界的存在。既然数据是大数据构成要素之一,那么至少在理论上讲,如果数据能够共享,数据驱动型竞争异化风险也就失去了存在的土壤,因为经营者能够实施大数据不正当竞争等行为的基础是消费者个人数据存储于其掌控的数据库中。近来得到社会关注的区块链技术可以实现数据共享,从而想当然的逻辑是利用区块链技术防控数据驱动型竞争异化的风险。然而,"区块链技术一旦实现广泛应用,个人的大部分数据及信息将会上传至网络,区块链技术将通过一定的算法匿名存储信息,只有利用公钥、私钥才能访问区块存储的信息。"[②]无论是通过区块链技术与他人共享的个人数据还是个人信息,对于消费者而言,与个人隐私等无关或者并不会带来负面的影响,从而无需用权利方式对其控制或保护其能被消费者利用。由此,可以说,即便是可以利用区块链技术来防控数据驱动型竞争异化的风险,但界定消费者个人数据产权依然是提前性条件。更为重要的是,前面的论述已经表明,完全寄希望于区块链来防控数据驱动型竞争异化的风险是相当冒险的做法。

消费者不利用产权方式保护个人数据,从逻辑上讲,要么是因为这些数据经大数据分析、挖掘后得不到消费者个人信息,要么是因为消费者对

---

① 郑戈:"人工智能与法律的未来",《探索与争鸣》2017 年第 10 期。

② 周瑞钰:"区块链技术的法律监管探究",《北京邮电大学学报(社会科学版)》2017 年第 3 期。

这些数据作出修改、删除和限制。前者实现方式是删除、改变消费者个人数据集中能够识别消费者特征功能的数据。此种实现方式可称之为消费者个人信息隐身份。[①]后者实现方式是消费者享有个人信息被遗忘权。

第一节　消费者个人信息隐身份

一、消费者个人信息隐身份的基本内涵

利用产权方式对消费者个人数据进行保护的目的是消费者个人数据与消费者个人信息相分离。这种做法最终的结果无疑是从消费者个人数据中无法识别特定的消费者。在计算科学理论中,将从数据本身无法识别到特定的个人以及即使与其他数据结合也无法识别到特定的个人[②]的现象称为个人信息隐身份。由此,利用产权方式对消费者个人数据进行保护所要达致的结果是消费者个人信息隐身份。

何为消费者个人信息隐身份? 这个问题的回答,从逻辑上首要了解其上位概念个人信息隐身份。美国标准与技术协会(National Institute of Standards and Technology)认为,个人信息隐身份指的是数据控制着通过改变、删除数据集中的个人可识别信息(Personally Identifiable Information)的方式实现数据使用人难以识别其身份的过程。欧盟及其成员国根据《欧盟一般数据保护条例》的规定,通过"匿名化"(pseudonymisation)实现个人信息隐身份。"匿名化"是指以下方式处理个人数据:在不使用附加信息的情况下,不再可以将个人数据归因于特定数据主体,但前提是此类附加信息应单独保存并且受技术和组织措施的约束确保个人数据不归因于已识别或可识别的自然人。[③]而学者 Gregory S. Nelson 则认为,简单地讲个人信息隐身份就是去除或者模糊个人数据记录中的可识别信息的过程。[④]由此可知,尽管目前关于个人信息隐身份的定义莫

---

① 周汉民教授将数据控制者把数据集中可识别个人身份的数据进行删除或者改变的过程称之为个人信息隐身份。见周頔、李卓谦:"周汉民:'个人信息隐身份'需要法律保护",《民主与法制时报》2018 年 3 月 11 日第 2 版。

② 金耀:"个人信息去身份的法理基础与规范重塑",《法学评论》2017 年第 3 期。

③ See https://eur-lex.europa.eu/legal-content/EN/TXT/HTML/?uri=CELEX:32016R 0679&from=EN.

④ 参见金耀:"个人信息去身份的法理基础与规范重塑",《法学评论》2017 年版,第 3 期。

衷一是,但都提及了个人信息隐身份的关键在于去除个人可识别信息或者个人标识符。因此,要想准确地定义个人信息隐身份要从个人可识别信息或者个人标识符入手。

当前最能证明个人信息隐身份的重要性的现象是精准广告,因为"基于大数据的精准广告以其特有的'精准'和'个人化'特征正在与每一个互联网用户建立'如影随形'般的亲密关系"①。从数据生产周期——数据收集、数据处理、数据利用——来看,基于大数据的精准广告之所以有"精准"与"个人化"的特征之关键所在是电商平台等在数据收集阶段收集了消费者等个人信息且在数据处理阶段没有将这些信息予以清洗。由此可推之,消费者个人信息隐身份应该发生于数据处理阶段。也就是说在该阶段要将能够识别到特定的消费者以及与其他数据结合能够识别到特定的消费者的标识符予以去除。在计算机科学理论中,将能够识别到特定的消费者的标识符称之为直接标识符,而与其他数据结合能够识别到特定的消费者的标识符称之为准标识符。据此,我们可以初步将消费者个人信息隐身份界定为在数据处理阶段去除消费者直接标识符与准标识符的过程。

根据前述初步的定义,消费者个人信息隐身份应当至少包含以下两部分的内容:

(1) 消费者直接标识符的去除

消费者直接标识符指的是那些不需要与其他信息交叉关联就能直接识别特定的消费者的标识符。这些标识符有消费者的姓名、性别、通讯号码、社交网络号码乃至身份证号码等。这些标识符往往与消费者的隐私有关。"无数机械设备的威胁预示着,将来有一天,我们在密室中的低语,将如同在屋顶大声宣告一般。"②密室中的低语如同在屋顶大声宣告一般不仅会摧残我们的自尊,还会损害我们与他们之间的关系,正因如此法律要保护隐私。③由此,凡是与消费者个人隐私有关的直接标识符都应当去除。

对上述结论可能有人会提出这样的质疑:哪些与消费者无关的直接

---

① 鞠宏磊、李欢:"精准广告相关隐私问题的规制原则与策略",《编辑之友》2016 年第 6 期。

② 王利明:"生活安宁权:一种特殊的隐私权",《中州学刊》2019 年第 7 期。

③ Ruth Gavison. Privacy and the Limits of Law, Yale Law Journal, 1980, vol.89, p.489.

标识符不应当去除？"社会必须平衡二次运用的优势与过度披露所带来的风险"①，因而前述问题不能做一概性肯定或否定的回答。具言之，如果这些标识符与其他标识符能够揭示消费者隐私的必须去除；如果这些标识符单独使用或者与其他标识符一起使用不能揭示消费者隐私的可以不去除。对此或许又会有人提出质疑：以何种的形式评判？"如果市场交易成本过高而抑制交易，那么，权利应赋予那些最珍视它们的人。"②相较于消费者而言，经营者等数据控制者或处理者他们更清楚如何规避与消费者隐私无关的直接标识符与隐私有关而被去除之情况发生。由此，我们主张：经营者等在收集消费者个人数据尽了提示义务后，可以较长时间直接使用含消费者隐私无关的直接标识符号的数据，但同时承担不得揭示消费者隐私的责任以及消费者根据被遗忘权③要求时，负有删除这些数据的义务。

（2）消费者准标识符的去除

消费者准直接标识符指的是那些需要与其他信息交叉关联就能直接识别特定的消费者的标识符。"相较于直接标识符，准标识符的判断就较为复杂：准标识符的去除如若过少，个人身份再识别（Re-identification）的风险就较高；但若去除的准标识符过多，虽然隐私风险较低，但会严重影响数据的利用价值。因此，间接标识符的处理不同于直接标识符，并不是简单粗暴地清除任何准标识符。"④由此，消费者准标识符的去除取决于能否识别到特定的消费者：若能则去除，不能则不去除，简言之，去除的标准是能识别到特定消费者。由于该标准旨在实现消费者隐私保护与数据经济价值的平衡，因而我们认为对其处理应与上述与消费者隐私无关的直接标识符一样。

（3）小结

无论是对消费者直接标识符还是对消费者准标识符予以去除，最终要达致的目的是确保数据不具有识别特定消费者。由此，只要确保不能

---

① ［英］维克托•迈尔—舍恩伯格、肯尼思•库克耶：《大数据时代：生活、工作与思维的大变革》，盛杨燕、周涛译，浙江人民出版社 2012 年版，第 222 页。

② ［美］理查德•波斯纳：《法律的经济分析》，蒋兆康译，中国大百科全书出版社 1997 年版，第 20 页。

③ 关于被遗忘的内容见本章的第二节。

④ 金耀："个人信息去身份的法理基础与规范重塑"，《法学评论》2017 年第 3 期。

识别特定消费者,经营者等控制者或处理者就可以合法地处理消费者个人数据进而实现其经济价值。

二、经营者等控制者或处理者的消费者个人信息隐身份义务与免责

不能识别特定消费者意味着与消费者隐私有关的直接标识符必须去除以及不得利用这些直接标识符,或者与消费者隐私关关的直接标识符或消费者准标识符再次识别消费者。因此,消费者个人信息隐身份至少包含了消费者个人数据去身份和禁止对消费者个人信息再识别两层内容。

(1) 经营者等控制者或处理者的消费者个人数据去身份义务

在本质上,消费者个人数据具有包含个人信息与资产的属性。而个人信息属性往往又与隐私联系在一起。出于对消费者隐私保护的考虑,我们得到的答案应该是消费者个人信息应当被禁止交易,等等。然而,在大数据时代由于数据的资产属性不断强化,从而对消费者个人数据的利用往往会带来侵犯消费者隐私的风险。在个人信息与隐私必须得到尊重与保护的当代,消费者数据给经营者等带来巨大的利润不能以侵犯消费者个人信息与隐私为代价是必须要坚守的底线,而个人信息隐身份是"一种旨在协调隐私保护和数据公开,平衡个人利益和社会利益的工具"。①由此,经营者等数据使用人有义务保证所利用的数据是去消费者身份的数据。

(2) 经营者等控制者或处理者的禁止对消费者个人信息再识别义务

由于消费者个人信息隐身份依赖于相应的计算机技术来予以实现,而在理论上该技术有存在着通过反向工程对去消费者身份后的数据进行分析等实现对消费者个人信息再识别的可能性。由于存在这种可能性,经营者等市场主体则有可能利用去身份后的消费者个人数据进行再识别,进而从事大数据不正当竞争等行为。于是,禁止具备对消费者个人信息在识别能力或者是动机的经营者等市场主体从事再识别行为是防控数据驱动型竞争异化风险的应有之义。禁止经营者等市场主体对消费者个人信息再识别的最好方法是通过立法的方式明确禁止经营者等数据使用人以任何目的对消费者个人信息再识别,并且确定从事对消费者个人信

---

① 金耀:"个人信息去身份的法理基础与规范重塑",《法学评论》2017年第3期。

息再识别行为承担的责任。

（3）控制者或处理者的免责

消费者个人信息隐身份"一般包括了两个步骤：首先，去除或者改变个人信息中的直接标识符（Direct-identification）；其次，去除或保留个人信息中的准标识符（Quasi-identification）"①。一般而言，经过前述两个步骤，消费者个人信息得到了保护，从而能够实现保护消费者隐私的目的。正因如此，消费者个人信息隐身份等个人信息隐身份在 2015 年的美国《消费者隐私权利法案》（草案）②中得到了认可。然而，美国近年来发生的一些案例③却显示隐身份技术并不能保证个人数据不被再识别。对此，不同的主体会有不同的反应是不言而喻的，其中经营者等控制者或处理者可能会提出这样的担忧：使用作了隐身份处理数据但却导致了能够识别特定消费者的后果是否要担责，因为《网络安全法》第 42 条规定"经过处理无法识别特定个人且不能复原的信息"不属于个人信息。《欧盟一般数据保护条例》第 11 条第 1 款规定，控制者处理个人数据的目的不需要或不再需要控制者对数据主体进行识别的，不得以遵循本条例为由强制控制者承担维持、获取或处理额外信息以识别数据主体的责任。④参照域外的经验，我们主张在前述情形中可以免责。可能有人会对此提出"应该是不承担责任才对"的质疑。我们主张免责的理由是从效果的角度看，因为免责与不承担责任是一样的，但免责更能培养经营者等控制者或处理者积极地履行其消费者个人信息隐身份义务意识，而这种意识是保护消费者合法权益所必需的。

对于经营者等控制者或处理者而言，利用消费者个人信息的更多情况"并不是建立在数据的可识别性之上，恰恰是对去身份后的数据分析和

---

① 金耀："个人信息去身份的法理基础与规范重塑"，《法学评论》2017 年第 3 期。

② 美国 2015 年的《消费者隐私权利法案》（草案）规定，去身份数据可以直接排除使用该法。See Administration Discussion Draft：Consumer Privacy Bill of Rights Act of 2015。

③ 在 2006 年，有记者在较短的时间内成功地利用美国在线公司（AOL）公开的过去三个月内进行了匿名处理的 65 万用户搜索数据实现了再识别，并对该数据的 IP 地址和用户名进行匿名处理；有研究者指出只要有用户对 6 部电影评分的时间和分数就能从美国网飞公司（Netfilx）公布的做了去身份处理的 50 万用户过去六年的影评数据库中识别 99％的用户。See https：/.org/privacy/reidenttification/。

④ See https：//eur-lex. europa. eu/legal-content/EN/TXT/HTML/？ uri ＝ CELEX：32016R0679&from＝EN。

处理,才实现了数据价值的增值"。①数据价值的增值是通过对存储于网络空间之中的海量数据进行分析、挖掘等方式来实现的。这与产品生产在本质上并不同。基于此,我们认为参照《产品质量法》规定的免责情形,经营者等控制者或处理者在如下的情形中可以免责,即:

① 消费者个人数据未处理的。经营者等控制者或处理者收集的消费者个人数据中必然会或多或少地含有能够识别特定消费者的数据,但这些数据对于经营者等控制者或处理者而言并不一定具有经济的价值。由此,不能要求经营者等控制者或处理者对其掌握的所有的消费者个人数据承担隐身义务。因此,在此种情形中经营者等控制者或处理者可以免责。需要特别指出的是,如果经营者等控制者或处理者未作处理的消费者个人数据转移给他人处理而造成了能够识别特定消费者后果的,不可以免责而应当承担连带责任。

② 基于数据价值增值的目的对消费者个人数据处理且采取了恰当防护措施的。在此种情形中,经营者等控制者或处理者所采取的防护措施应当确保数据最小化原则且已采取技术与组织性的措施,其中数据最小化原则指的是为了实现数据处理目的采取适当的、相关的和必要的方式处理个人数据。②

此种情形可以免责,可能会有人提出与如《网络安全法》等相关法律规定的个人信息的概念相违背。"法律概念的语义构成目的论证的界限,有时也会对目的论证施加论证负担。认为法律概念在法律推理中是可以被对消的中项,完全由包含它们的法律规范来决定和穷尽的观点,是站不住脚的。"③因此,需要从"技术的信仰和人身的信仰之间"④平衡的角度去理解个人信息这个更具包容性的概念。从这个角度去看我国相关法律规定会发现,"个人信息"概念过于模糊,导致"概念的统一性、适用的一致性层面明显存在不足"⑤。由此,现有法律规定的不足并不能导致在这种情

---

① 金耀:"个人信息去身份的法理基础与规范重塑",《法学评论》2017 年第 3 期。

② See https://eur-lex.europa.eu/legal-content/EN/TXT/HTML/?uri＝CELEX:32016R0679&from＝EN。

③ 雷磊:"法律概念重要吗",《法学研究》2017 年 4 期。

④ 黄道丽、张敏:"大数据背景下我国个人数据法律保护模式分析",《中国信息安全》2015 年第 6 期。

⑤ 高秦伟:"个人信息概念之反思和重塑",《人大法律评论》2019 年卷第 1 辑,法律出版社 2019 年版。

形中经营者等控制者或处理者可以免责的主张不成立,恰恰相反,这种主张有助于个人信息概念的完善。

三、余论:应对消费者个人信息隐身份的反向工程

不得不承认,完全寄希望于隐身份技术来实现防控数据驱动型竞争异化风险无异于痴人说梦——不现实。对于是否要利用隐身份技术的怀疑,我们或许可以给出这样的回应:我们不能因为"水脏了将孩子也倒掉",因为任何一项技术都不能保证绝对规避风险,况且该技术还可以完善。话虽如此,但这种回应至少在逻辑上是有缺陷的。我们认为,消费者个人信息隐身份反向工程导致隐身份技术难以承担防控数据驱动型竞争异化风险是必须要承认的事实。这一事实的存在昭示着我们不能将解决问题思路的注意力集中在消费者个人信息隐身份之上,还应该有别的思路,比如对消费者重要、敏感的信息加密。[①]

对消费者重要、敏感的信息加密涉及密码的问题。"在网络化和量子计算高速发展的今天,基于算法复杂度的传统密码已变得不再安全,与传统密码不同,量子密码的安全性由量子力学来保证,因其强大的安全性,近年来广受学术界关注。"[②]量子密码是利用量子纠缠(Quantum entanglement)的特性来实现信息安全的。量子纠缠描述的是这样的一种关联性:将相互作用后的量子 A 与 B 分别送至水星与火星,如果水星上的量子 A 顺时针旋转的,火星上的量子 B 则是逆时针旋转的,反之,如果水星上的量子 A 逆时针旋转的,火星上的量子 B 则是顺时针旋转的;但在测量之前 A 与 B 的旋转是不确定的,只有在测量确定了其中一个量子的旋转方向才能确定另一个量子的旋转方向。这种特性决定了对微观客体的量子进行测量时,"任何时候不可能无限地同时测定它的两个共轭的动力学变量"[③]。基于此,Bennett 和 Brassard 在 1984 年提

---

① 有学者指出:"根本不设立敏感数据的概念,难以体现对特殊类型数据进行特殊保护的基本原则,难以完成个人数据保护法的基本职能。"参见高秦伟:"个人信息概念之反思和重塑",《人大法律评论》2019 年卷第 1 辑,法律出版社 2019 年版。

② 郑昊、范义龙:"量子密码在数据链系统中的应用研究",《信息通信》2019 年第 5 期。

③ 赵国求、桂起权、吴新忠、万小龙:《物理学的新神曲:量子力学曲率解释》,武汉出版社 2002 年版,第 226 页。

出了 BB84 方案量子密钥分配协议。该协议用光子的偏振态解释是这样的：[1]

用 $|1>$、$|0>$、$(|1>+|0>)$、$(|1>-|0>)$ 分别表示光子的垂直偏振、水平偏振、45 度偏振与 -45 度偏振。假设通信者 A 产生的一个偏振态 $|1>$ 光子被窃听者 E 截获，有如下的选择：

① 选择 $|1>$ 和 $|0>$ 这组基上测量的结果是 $|1>$。E 将偏振态 $|1>$ 光子发送通信者 B，如果 B 选择在 $|1>$ 和 $|0>$ 这组基上测量，得到的结果是 $|1>$；

② 选择在 $(|1>+|0>)$ 和 $(|1>-|0>)$ 这组基上测量，则要么是 $(|1>+|0>)$，要么是 $(|1>-|0>)$。E 测量后发送给 B，B 在 $|1>$ 和 $|0>$ 这组基上测量，得到的结果是二分之一几率的 $|1>$ 与二分之一几率的 $|0>$。即便是 B 最后得到是 $|1>$，但由二分之一几率光子的偏振态与产生时不一样。

基于以上结论，A 与 B 可以抽查产生与测量所用的基相同的光子的一部分进行偏振态比较，由此来判断他们之间的通信是否被窃听，其中 E 窃听不被发现的概率是 $P=(1-\lambda/4)^m$ 公式（其中 λ 表示的是 E 窃听的概率，m 表示的是比特数）。从该公式中不难看出，E 窃听不被发现的概率极低，从而能够最终生成安全密钥。

由上可知，量子密码通过实现消费者个人数据的加密，从而可以实现消费者个人数据不会被控制者和处理者之外的自然人等利用消费者个人信息隐身份的反向工程来识别特定消费者。

《欧盟一般数据保护条例》第 32 条提出，在考虑了最新水平、实施成本、处理的性质、处理的范围、处理的语境与目的，以及处理给自然人权利与自由带来的伤害可能性与严重性后，控制者和处理者应当采取个人数据的匿名化和加密技术来确保与风险相称的安全水平。[2]据此可知，对于消费者个人数据的保护应该是隐身份与加密双管齐下，而非是一条腿走路。

---

① 施郁："解密量子密码、量子纠缠与量子隐形传态"，《自然杂志》2019 年第 4 期。

② See https://eur-lex.europa.eu/legal-content/EN/TXT/HTML/?uri=CELEX:32016R0679&from=EN。

第二节　消费者个人信息被遗忘权

一、冈萨雷斯诉谷歌案与被遗忘权

无论是对消费者数据隐身份处理还是加密抑或两者都有之，至少在逻辑上均无法确保对消费者个人数据处理是百分之百安全的。尽管更多的情况并不需要这样地苛求，但这并不意味着我们可以放松甚至放弃概率极低的损害消费者隐私等权利情况之理由。既然如此，最彻底的做法无疑是删除存储于网络之中的消费者个人数据。

随着计算机存储器容量的不断扩大以及"云计算"等存储技术的出现，任何人在网络空间留下的"痕迹"都被以数据方式记忆下来。而大数据时代的到来，数据资产属性的强化引致数据使用人利用已经记忆的数据来谋利。这样不可避免地导致了个人信息比起之前的任何时代更容易被侵犯。要想在当今保护个人信息不被侵犯，对记忆在存储器、云端的数据遗忘是必不可少的。受限于"互联网的发明使记忆成为常态、遗忘成为例外"①这一客观事实，数据主体可以要求将记忆在存储器、云端的数据予以遗忘的权利赋予个人信息主体。此种权利滥觞于冈萨雷斯诉谷歌案。

（1）冈萨雷斯诉谷歌案简介及后续影响

西班牙公民冈萨雷斯曾在 1998 年因为无力偿还债务而被报纸刊登了其房产因进入追缴社保欠费的扣押程序将会被强制拍卖的公告。后来冈萨雷斯通过谷歌搜索引擎输入自己名字发现会出现两个链接指向包含了 1998 年 1 月 19 日和 3 月 9 日的将拍卖房产偿还社保债务信息报道的两个网页。2010 年 3 月 5 日，冈萨雷斯以其已偿还了债务从而拍卖公告早已过时为由，向西班牙数据保护局（Spanish Data Protection Agency，AEPD）提出要《先锋报》（La Vanguardia）删除或修改有关页面，以及谷歌公司及谷歌西班牙公司删除或屏蔽这些信息的要求。2010 年 7 月，西班牙数据保护局做出裁决，驳回了针对《先锋报》的诉求，但支持了对谷歌公司及谷歌西班牙公司的诉求。随后，谷歌公司及谷歌西班牙公司不服裁

① 漆彤、施小燕："数据时代的个人信息'被遗忘权'——评冈萨雷斯诉谷歌案"，《财经法学》2015 年第 3 期。

决向西班牙全国高级法院（National High Court）提起诉讼,请求撤销西班牙数据保护局的裁决。

西班牙全国高级法院经审理后认为,搜索引擎服务在《欧洲议会和欧盟理事会 1995 年 10 月 24 日关于对与个人资料处理有关的个人进行保护以及资料自由流动的 95/46/EC 号指令》颁布之后才出现,而该案件涉及该指令有关条款的理解适用,于是中止审理请求欧盟法院对相关法律适用做出初步裁决。2014 年 5 月 13 日,欧盟法院做出裁决,认为搜索引擎服务商负有删除数据主体的过时的、不相关信息的义务与责任。至此确立了数据主体享有"被遗忘权"（right to be forgotten）。

经过欧盟议会长达四年讨论终于在 2018 年 5 月 25 日生效的《欧盟一般数据保护条例》,其中第 17 条明确规定了被遗忘权。该条共 3 款,具体内容如下:①

　　1. 数据主体有权要求控制者擦除关于其个人数据的权利,有下列情形之一的,控制者应当及时擦除个人数据:

　　(a) 个人数据对于实现其被收集或处理的相关目的不再是必需的;

　　(b) 数据主体撤回根据第 6 条第 1 款第(a)项或第 9 条第 2 款第(a)项进行处理的同意,且在没有其他法律依据的情况下进行处理的;

　　(c) 数据主体反对根据第 21(1)条进行处理的,并且有力的正当理由的,或者数据主体反对根据第 21(2)条进行处理的;

　　(d) 个人数据已被非法处理的;

　　(e) 基于欧盟或成员国法律规定的义务,控制者必须删除个人数据的;

　　(f) 已收集了第 8(1)条规定的信息社会服务相关个人数据的。

　　2. 控制者已经公开个人数据且负有第 1 款规定的擦除个人数据的义务,控制者应当考虑可行技术与执行成本,采取包括技术措施在内的合理措施告知正在处理个人数据的其他控制者,数据主体要求擦除与个人数据相关的链接、备份或复制的。

---

① See https://eur-lex.europa.eu/legal-content/EN/TXT/HTML/?uri=CELEX:32016R0679&from=EN。

3. 第 1 款和第 2 款不适用于以下的情形：

（a）行使表达自由权和信息自由权的；

（b）控制者执行或者为了执行基于公共利益的某项任务，或者基于被授予的官方权威而履行某项任务，欧盟或成员国的法律要求进行处理，以便履行其法律职责的；

（c）基于第 9(2) 条(h)和(i)以及第 9(3) 条规定的公共卫生领域的公共利益考虑的；

（d）第 1 款规定的权利会受严重影响的，或者会严重阻碍第 89(1) 条规定的公共利益目的、科学或历史研究目的或统计目的实现的；或者

（e）提起、行使或抗辩法律主张的。

（2）消费者个人信息被遗忘权的内容

由上可知，个人信息被遗忘权，简单地讲，是指数据主体在其个人数据不再需要时可以随时要求收集或处理其数据的数据使用者删除他们个人数据的权利。前面已述及，消费者个人数据是数据驱动型竞争的关键性要素。于是，利用产权方式进路防控数据驱动型竞争异化风险应该引入个人信息被遗忘权，即消费者个人信息被遗忘权。从理论上讲，消费者个人信息被遗忘权的构建至少应该包括以下两方面的内容：

（1）消费者个人信息被遗忘权的行使。根据个人信息被遗忘权的定义，消费者在以下情形中可以行使消费者个人信息被遗忘权：①存在于网络空间的个人数据与收集、处理活动的目的无关；②消费者不再希望其个人数据被处理；③消费者个人数据已被非法处理；④数据控制者、使用者没有正当理由保存消费者个人数据。消费者行使个人信息被遗忘权，应当遵守国家政策，应当尊重社会公德，不得损害社会公共利益。经营者等数据控制者、使用者若无正当理由，必须删除消费者个人数据。如果消费者对经营者等数据控制者、使用者提出的"正当理由"存在异议时，经营者等数据控制者、使用者应当采取适当的存储和屏蔽措施。

（2）消费者个人信息被遗忘权的救济。"有损害斯有救济"，从而消费者的个人信息被遗忘权受到侵犯时予以救济是必须的而且是必要的。但采取何种救济模式呢？鉴于消费者个人信息被遗忘权案的复杂性，我们认为可以采取参照劳动争议解决的模式，即争议发生后，消费者应当先向有关行政部门投诉，对行政裁决不服的，可以向人民法院提起诉讼。由

于争议是否成立，判断的标准或多或少地会与算法有关，于是上文提及的算法责任审查委员会可以成为受理投诉的机关。

二、我国创设被遗忘权的思考

"世界是个回音谷，念念不忘必有回响"。冈萨雷斯诉谷歌案审结的不到一年，在我国也发生了一起"被遗忘权案件"。该案的大致案情是：2015年2月初始，中科院中科博大特聘高级工程师任甲玉在百度搜索引擎中输入自己名字，在"相关搜索"推荐列表中出现了"陶氏教育任甲玉"、"无锡陶氏教育任甲玉"等与其之前工作无关的内容及链接，而相关搜索所涉及的陶氏教育在外界颇受争议。任甲玉为了保护自己的名誉多次发邮件给百度公司要求删除相关内容，也多次从山东跑到百度公司要求删除。但被告百度公司并没有删除这些内容，致使任甲玉应聘受挫。于是，原告任甲玉以被告百度公司的行为侵犯其一般人格权范围内的"被遗忘权"等为由向北京市海淀区人民法院提起诉讼。北京市海淀区人民法院以现行法律中并无对"被遗忘权"的法律规定等为由驳回了原告任甲玉的诉求。其后，原告任甲玉不服向北京市第一中级人民法院上诉。北京市第一中级人民法院经审理认为："被遗忘权是欧盟法院通过判决正式确立的概念，虽然我国学术界对被遗忘权的本土化问题进行过探讨，但我国现行法律中并无对'被遗忘权'的法律规定，亦无'被遗忘权'的权利类型。任甲玉依据一般人格权主张其被遗忘权应属一种人格利益，该人格利益若想获得保护，任甲玉必须证明其在本案中的正当性和应予保护的必要性，但任甲玉并不能证明上述正当性和必要性。"[1]基于此，北京市第一中级人民以法院原审法院判决正确为由作出了维持原判的终身判决。

该案被媒体与学界称之为中国"被遗忘权第一案"，其判决的结果引起了学界诸多的讨论。[2]这些讨论大多主张我国在未来有必要创设"被遗

---

① 见北京市第一中级人民法院［2015］一中民终字第09558号判决书。

② 这方面的讨论主要有杨楠的硕士论文《我国"被遗忘权第一案"遭司法否决的法理探讨》、程新惠的《被遗忘权的法律保护——以我国被遗忘权第一案为切入点》、滕凯伦的《论奥姆剃刀定律对我国被遗忘权的指导意义——以我国第一被遗忘权为研究中心》、王君的《论被遗忘权如何在我国适用——由我国被遗忘权第一案引发的思考》、段卫利的《论被遗忘权的司法救济——以国内"被遗忘权第一案"的判决书为切入点》、陈昶屹的《现有法律体系下"被遗忘权"案件的审理思路及保护路径——从我国"被遗忘权"第一案说起》、张建文和李倩的《被遗忘权的保护标准研究——以我国"被遗忘权第一案"为中心》等。

忘权",当然也有人认为不必要创设,认为将被遗忘权引入我国"是基于一种不假思索的社会反应以及他国成功经验进行权利认可的做法"。①这样不可避免地引发了我国是否有必要创设被遗忘权的争议。赞成我国创设"被遗忘权"的理由相对集中,主要是对待新兴权利"被遗忘权"的诉求应该持更加理性与包容的态度,且创立该项权利有助于加强保护个人信息、隐私等。基于此,我们侧重于介绍反对我国创设"被遗忘权"的理由。

(1) 反对我国创设"被遗忘权"的理由

针对支持遗忘权的主张,国外学者们提出了相应的批评与质疑。②基于这些批评与质疑等,国内有的学者认为,被遗忘权是一个充满了争议的新兴权利从而目前不适合引入我国,进而通过立法的方式创设被遗忘权。除国外学者提出的批评与质疑外,概而言之,我国学者反对创设"被遗忘权"的理由主要是:③

其一,被遗忘权自身存在着诸多难以解决的问题。这些问题主要包括赋予公众人物被遗忘权会给搜索服务商带来预先要将其与普通人进行区分、规定任何人、企业和政府机构都有删除相关个人数据的义务可能会导致义务主体事实上的难以确定与难以追责、数据中有双方主体而他们之间关于是否删除存在意见不一致的情况难以处理,以及互联网上的个人信息难以彻底删除等问题。

其二,创设被遗忘权很可能会导致诸多难以调和的冲突。这些冲突包括被遗忘权与言论自由、公共利益、科技进步、经济发展等之间的冲突,以及数据控制着自主删除信息与公共权力行使之间存在的冲突。

(2) 我国创设"被遗忘权"的正当性

上述反对理由并不无道理,但却难以成为我国不需要创设被遗忘权的真正的理由。真正的理由是我们这个时代是否需要创设这项权

---

① 张浩:"'被遗忘'能否成为一项法律权利?——兼与杨立新、韩煦教授商榷",《广西社会科学》2016 年第 7 期。

② 这些批评与质疑主要集中在被遗忘权能否保护个人隐私、防范寡头互联网企业与强势政府出现,以及互联网上的信息并不是永存这样几方面。见卓力雄:"被遗忘权中国适用论批判",《第六届湘江青年法治论坛会议论文集》第 43—44 页。

③ 参见卓力雄:"被遗忘权中国适用论批判",《第六届湘江青年法治论坛会议论文集》第 45—49 页。

利,因为"权利永远不能超出社会的经济结构以及由经济结构所制约的社会的发展"①。从域外的经验来看,被遗忘权是人类社会进入大数据(商业)时代以后而前大数据(商业)时代出现的一项新的权利。这能够在一定程度上说明,被遗忘权是一项根植与大数据(商业)时代而非一项主观臆造的权利。习近平总书记曾指出:当前世界各国都把推进数字经济作为实现创新发展的重要动能,在隐私安全保护等方面做了前瞻性布局,而"我国网络购物、移动支付、共享经济等数字经济新业态新模式蓬勃发展,走在了世界前列"②。由此可知,我国在隐私安全保护方面要做前瞻性布局是不言而喻的。前文已述及,被遗忘权有助保护消费者个人信息、隐私安全。这样我国创设被遗忘权无疑拥有坚实的正当性基础。

(3) 我国创设"被遗忘权"的必要性

我国"被遗忘权第一案"中原告任甲玉诉求被驳回的原因之一是没有证明被遗忘权应予保护的必要性。这说明了光有正当性并不意味着我国必须创设被遗忘权,因为从"应该"之中并不能推导出"是"。由此,我国创设"被遗忘权"还取决于现实的需要。逻辑上讲,此种需要主要有二:现实社会中是否存在被遗忘权的诉求,以及现有法律制度能否满足此种权利诉求。我国"被遗忘权第一案"的发生足以能够表明现实生活中存在着被遗忘权的诉求。这样我国是否有必要创设"被遗忘权"就取决于现有法律制度能否满足人们被遗忘权的诉求。

结合我国"被遗忘权第一案"以及被遗忘权发生于电子商务领域这些因素看,最能满足人们被遗忘权诉求的法律制度应该是我国在 2021 年 1 月 1 日起施行的《民法典》第 109 条的一般人格权规定以及《民法典》第 111 条与《电子商务法》第 18 条的相关规定。

《民法典》第 109、111 条分别规定:"自然人的人身自由、人格尊严受法律保护""自然人的个人信息受法律保护。任何组织和个人需要获取他人个人信息的,应当依法取得并确保信息安全,不得非法收集、使用、加工、传输他人个人信息,不得非法买卖、提供或者公开他人个人信息"。从

---

①　《马克思恩格斯选集》(第 3 卷),人民出版社 1974 年版,第 12 页。

②　习近平:"实施国家大数据战略加快建设数字中国",中共中央网络安全和信息化办公室官网,http://www.cac.gov.cn/2017-12/09/c_1122084745.htm,最后访问日期 2019 年 11 月 10 日。

这两条内容来看,显然个人信息并未纳入一般人格权之中。同时与第110条规定——"自然人享有生命权、身体权、健康权、姓名权、肖像权、名誉权、荣誉权、隐私权、婚姻自主等权利。"——相比较,《民法典》保护的是个人信息权益而非个人信息权利。①由此有学者认为这并不是公民个人信息权单独确权入典的标志,从而决定了难以承担起对个人信息保护的任务。②

《电子商务法》第18条规定:"电子商务经营者根据消费者的兴趣爱好、消费习惯等特征向其提供商品或者服务的搜索结果的,应当同时向该消费者提供不针对其个人特征的选项,尊重和平等保护消费者合法权益。电子商务经营者向消费者发送广告的,应当遵守《中华人民共和国广告法》的有关规定。"从该条内容不难看出,从逻辑上讲可以实现保护消费者个人信息的目的。但事实上该目的很难选择,因为电子商务经营者可以以各种方式诱导消费者选择针对其个人特征的选项,不然也不会有搜索服务商的CEO发表"中国人多数情况下愿意用隐私交换便利"之类的言论。这样注定了依靠该条无法实现保护消费者个人信息的目的。

至此不难得出我国有创设的"被遗忘权"的必要。

总而言之,无论是从理论支撑还是现实需求看都指向了我国应该且有必要创设"被遗忘权"。既然如此,那么我国创设消费者个人信息被遗忘权无疑是自然而然的事情。

第三节　消费者个人信息隐身份与被遗忘权的实现

既然要通过消费者个人信息隐身份与被遗忘权来防控数据驱动型竞争异化风险,那么该目标如何实现无疑是一个需要认真对待的问题。对

---

① 有学者认为,第111条首次在民事基本法中明确了对个人信息的保护,虽然对于其性质究属权利抑或利益仍有争论,但是都不妨碍法律将其确定为自然人的人身非财产性质的人格权(权益)且具有支配性特征。参见张新宝:"《民法总则》第111条个人信息保护条文研究",《中外法学》2019年第1期。

② 陈希:"个人信息权民事确权的立法路径——兼评《民法总则》第111条",《北华大学学报》(社会科学版)2019年第6期。

于经营者等市场主体而言,无论是要求其履行消费者个人信息隐身份义务还是赋予消费者个人信息被遗忘权,都指向了防控数据驱动型竞争异化风险。"徒法不足以自行",前述义务的履行和权利的实现需要相应的制度予以保证。从前文的论述来看,消费者个人信息隐身份剩下的关键问题是消费者个人数据隐身份标准制度,以及如何事前确保经营者等切实履行消费者个人信息隐身份义务与删除消费者个人数据义务的问题。

一、消费者个人数据隐身份标准制度

前面已述及,消费者个人数据隐身份最终要实现的目标是能够保证数据不再具有可识别性或者是无法识别到特定的消费者。于是,理论上讲,"无法识别到特定的消费者"是判别消费者个人数据是否隐身份的标准。但是,依据欧盟 1995 年《数据保护指令》第 29 条设立的工作小组认为没有必要也不可能列举出所有的不存在识别的情形,而是要结合具体的个案具体分析。美国也认为要基于特定的场景来确定个人信息中的准标识符是否具有可识别性。也就是说,在现实中需要结合具体的个案对消费者个人数据去身份确定相应的标准。既然不可能存在一种统一标准,那么判别消费者个人数据去身份是否符合相应标准则应交由具体的专业机构来负责。消费者个人数据去身份的实现从技术上看最终也得依赖于算法,于是这项工作可以交给上文提及的算法责任审查委员会。

结合前面已指出的算法责任审查委员会是一个非营利性组织,以及制定消费者个人信息隐身份标准之一是为了保护消费者个人数据的安全,由此可以参照与借鉴德国已出现的由技术专家和资深媒体人挑头成立的"监控算法"(Algorithm Watch)的非营利组织的做法,[1]以及《欧盟一般数据保护条例》规定的欧盟数据保护委员会的任务:[2]

> 欧盟数据保护委员会应当确保对本条例的一致性适用,在相关情形中应当主动或根据欧盟委员会的请求而采取如下行动:
> (a)在满足不影响全国性监管机构任务的前提下确保第 64 条

---

[1]　张淑玲:"破解黑箱:智媒时代的算法权力规制与透明实现机制",《中国出版》2018 年第 7 期。

[2]　See https://eur-lex.europa.eu/legal-content/EN/TXT/HTML/?uri＝CELEX:32016R 0679&from＝EN。

和 65 条规定的情形正确适用本条例；

（b）对欧盟数据保护相关的所有事项（包括对本条例的修改动议）向欧盟委员会提供建议；

（c）对为制定约束性公司规则在控制者、处理者和监管机构之间进行信息交换的格式与程序向欧盟委员会提供建议；

（d）对从第 17（2）条规定的公众可以获取的通讯服务中擦除个人信息的链接、备份或复制品活动的程序发布指导方针、建议和最佳操作；

（e）为鼓励对本条例的适用主动或根据其成员的请求，或根据欧盟委员会的请求核查涉及本条例适用的任何问题发布指导方针、建议和最佳操作；

（f）为进一步细化第 22（2）条规定的基于用户画像的决策的标准和条件，发布符合本款（e）点的指导方针、建议和最佳操作；

（g）为认定个人数据泄露，确定是否存在第 33（1）（2）条规定的无理拖延，以及控制者或处理者是否需要告知个人数据泄露，发布符合本款（e）点的指导方针、建议和最佳操作；

（h）针对个人数据违法可能会对第 34（1）条规定的自然人的权利与自由带来高风险的情形，发布符合本款（e）点的纲领、建议和最佳操作；

（i）对符合控制者所遵守的约束性公司规则、处理者所遵守的约束性公司规则的数据转移，为保证第 47 条规定的对数据主体的个人数据保障而采取的必要措施的个人数据转移，为细化此类转移的标准和要求，发布符合本款（e）点的纲领、建议和最佳操作；

（j）为进一步细化第 49（1）条规定的个人数据转移所需要的标准和要求，发布符合本款（e）点的纲领、建议和最佳操作；

（k）为监管机构起草涉及第 58（1）（2）（3）条规定的适用措施和确定第 83 条规定的行政处罚的指导方针；

（l）审查对本款（e）点和（f）点规定的指导方针、建议和最佳操作的实际运用；

（m）针对自然人报告侵犯本条例的行为设立符合第 54（2）条规定的一般程序，发布符合本款（e）点的纲领、建议和最佳操作；

（n）鼓励起草行为准则，设立符合第 40 条和第 42 条规定的数据保护认证机制、数据保护印章和标记；

（o）根据第 43 条规定阶段性审查认证机构的委任、对符合第 43
（6）条规定的委任机构与符合第 42（7）条在第三国设立的被认证的
控制者或处理者进行持续性的公共登记；

（p）为委任第 42 条规定的认证机构细化第 43（3）条规定的
要求；

（q）向欧盟委员会提供关于第 43（8）条规定的验证要求的意见；

（r）向欧盟委员会提供关于第 12（7）条规定的图标的意见；

（s）评估第三国（包括第三国、某个地区、或该第三国的一个或
多个特定部门）或国际组织的保护程度，或国际组织是否仍然提供足
够程度的保护；欧盟委员会应当向欧盟数据保护委员会提供所有必
要的记录，包括和该第三国政府的进行的涉及第三国、某个地区、或
该第三国的一个或多个特定部门，或国际组织的通信；

（t）发布按照第 64（1）条规定的一致性机制做出的关于监管机
构的决议草案，按第 64（2）条提交的事项，以及发布根据第 65、66 条
规定的约束性决定；

（u）以最佳可行性方式促进监管机构之间的合作，有效的双边
或多边信息交换；

（v）促进共同培训项目，协助监管机构之间以及（如果适用）监
管机构与第三国监管机构或国际组织之间的人员交换；

（w）促进与全球数据保护监管机构的知识交流、数据保护立法
的记录与实践；

（x）发布关于根据第 40（9）条规定的在欧盟层面起草的行为准
则的意见；以及

（y）对于监管机构和法庭做出的决定以及根据一致性机制所处
置的事项保存一份公众可以访问的电子登记。

由上，我们认为算法责任审查委员会应该承担任命专人在线跟踪消
费者个人信息隐身份的情况以及再次使用的情况，制定与公布典型类型
化消费者个人数据隐身份的标准并以此为据随时抽查经营者等控制者或
处理者履行消费者个人信息隐身份义务的情况，并报告给相关的部门等。

二、经营者等控制者或处理者保证金制度

"所有概念、学说、系统,不管它们怎样精致,怎样坚实,必须视为假设,……它们是工具,和一切工具同样,它们的价值不在于它们本身,而在于它们所能造就的结果中显现出来的功效"。①既然概念、学说、系统等都是工具,那么依据学说建构的制度或者作为系统的制度之间应该具有可借鉴性。从我国已有制度来看,旅行社质量保证金制度在加强对旅行社服务质量的监督和管理,减少服务事故方面收到了比行政处罚等其他管理和监督办法更明显的效果。经营者等控制者或处理者在现实中主要是企业法人,而且它们实施大数据不正当竞争等行为的根本性原因是获取竞争优势等,而最终的结果是损害消费者的合法权益。由此,我们认为可以参照旅行社质量保证金制度来事前确保经营者等切实履行消费者个人信息隐身份义务与删除消费者个人数据义务。

根据《旅游法》第 31 条②的规定,旅行社质量保证金是一种用于旅游者权益损害赔偿和垫付旅游者人身安全遇有危险时紧急救助费用的专用款项。该制度的主要内容有:

其一,缴存方法。旅行社应当自取得旅行社业务经营许可证之日起 3 个工作日内,在国务院旅游行政主管部门指定的银行开设专门的质量保证金账户,存入质量保证金,或者向作出许可的旅游行政管理部门提交依法取得的担保额度不低于相应质量保证金数额的银行担保。经营国内旅游业务和入境旅游业务的旅行社,应当存入质量保证金 20 万元;经营出境旅游业务的旅行社,应当增存质量保证金 120 万元。质量保证金的利息属于旅行社所有。旅行社每设立一个经营国内旅游业务和入境旅游业务的分社,应当向其质量保证金账户增存 5 万元;每设立一个经营出境旅游业务的分社,应当向其质量保证金账户增存 30 万元。旅行社自交纳或者补足质量保证金之日起三年内未因侵害旅游者合法权益受到行政机关罚款以上处罚的,旅游行政管理部门应当将旅行社质量保证金的交存数额降低 50%,并向社会公告。旅行社可凭省、自治区、直辖市旅游行政管理部门出具的凭证减少其质量保证金。旅行社在旅游行政管理部门使

---

①　[美]杜威:《哲学的改造》,许崇清译,商务印书馆 1989 年版,第 78 页。

②　旅行社应当按照规定交纳旅游服务质量保证金,用于旅游者权益损害赔偿和垫付旅游者人身安全遇有危险时紧急救助的费用。

用质量保证金赔偿旅游者的损失,或者依法减少质量保证金后,因侵害旅游者合法权益受到行政机关罚款以上处罚的,应当在收到旅游行政管理部门补交质量保证金的通知之日起 5 个工作日内补足质量保证金。此外,旅行社不再从事旅游业务的,凭旅游行政管理部门出具的凭证,向银行取回质量保证金。人民法院判决、裁定及其他生效法律文书认定旅行社损害旅游者合法权益,旅行社拒绝或者无力赔偿的,人民法院可以从旅行社的质量保证金账户上划拨赔偿款。

其二,适用范围。有下列情形之一的,旅游行政管理部门可以使用旅行社的质量保证金:①旅行社违反旅游合同约定,侵害旅游者合法权益,经旅游行政管理部门查证属实的;②旅行社因解散、破产或者其他原因造成旅游者预交旅游费用损失的。

参照上述旅行社质量保证金制度的内容,我们认为可以实行经营者等控制者或处理者保证金制度。具言之,该制度主要包括如下的内容:

① 经营者等控制者或处理者是企业法人且利用电子商务平台从事生产经营活动的,需向指定的银行开设专门的保证金账户,存入保证金。保证金的利息归经营者等控制者或处理者所有。

② 经营者是自然的,电子商务经营者等为其向指定的银行提交担保额度不低于相应保证金数额的担保。担保产生的利息归电子商务经营者等所有,有约定的按照约定处理。

③ 算法责任审查委员会认定经营者等控制者或处理者没有履行消费者个人信息隐身份义务与删除消费者个人数据义务的或者电子商务经营者等容忍经营者实施大数据不正当等侵害消费者合法权益行为的,消费者可申请人民法院从保证金账户上划拨赔偿款,但经营者等控制者或处理者或者电子商务经营者等赔偿了消费者损失的除外。

三、制定"一般数据保护法"

数据驱动型竞争异化风险的存在似乎在某种意义上验证了美国科技历史学家克兰兹伯格提出的"科技既不是好的,也不是坏的,但也绝不是中性的"这条定律。但基于自我保全这个第一自然法则的要求,法律应该防控数据驱动型竞争异化风险提供相应的保障。从上面的论述中不难知道数据驱动型竞争异化风险是一项系统的工程,不仅涉及需要建立新的法律制度,还需要对已有的法律制度予以重构——例如,由于《消费者权益保护法》有依法保护消费者个人信息的规定,①可以将《消费者权益保护法》第14条修改为"消费者在购买、使用商品和接受服务时,享有人格尊严、民族风俗习惯得到尊重的权利,享有个人信息隐身份、被遗忘的权利以及法律法规规定的其他权利",以及《消费者权益保护法》第39条增加"消费者和经营者因消费者个人隐身、被遗忘权发生争议的,应当先向有关行政部门投诉,对行政裁决不服的,可以向人民法院提起诉讼"这一款。"正如印刷机的发明引发了社会自我管理的变革,大数据也是如此。它迫使我们借助新方式来应对长期存在的挑战,并且通过借鉴基本原理对新的隐患进行应对。不过,推进科学技术进步的同时,应确保人类自身的安全。因此,我们不能让大数据的发展超出我们可以控制的范围。"②数据驱动型竞争异化风险无疑是大数据技术带来的一个新的挑战与隐患。"我们所遵守的法律是前代人所制定的而非我们自己所制定的"③,前代人制定法律的时候并未出现数据驱动型竞争异化风险这种挑战与隐患。由此,相较于对现有制度予以重构难以实现,建立新的法律制度尤为重要与迫切。

以数据产权进路防控数据驱动竞争异化风险的关键显然是数据,于是未来当然是以"数据"为核心来构建新的法律制度。因为这缘故,我们将未来要构建的新的法律制度称之为"一般数据保护法"。

日本著名学者大木雅夫曾言:"不知别国法律者,对本国法律便也一无所知。"④于是,构建我国的防控数据驱动型竞争异化风险的法律制度应当考察国外已有的法律制度,进而实现借他山之"石"攻己之"玉"的目的。放眼世界,前面多次提及的《欧盟一般数据保护条例》显然是可以借的他山之石。

从内容来看,《欧盟一般数据保护条例》分为十一章。⑤第一章名为"一般规定",主要规定了主题和目标、适用范围、地域范围,以及关于个人

---

① 《消费者权益保护法》第14条规定:"消费者在购买、使用商品和接受服务时,享有人格尊严、民族风俗习惯得到尊重的权利,享有个人信息依法得到保护的权利"。

② [英]维克托·迈尔—舍恩伯格、肯尼思·库克耶:《大数据时代:生活、工作与思维的大变革》,盛杨燕、周涛译.浙江人民出版社2012年版,第232页。

③ 王春业、聂佳龙:"论财政代际公平",《学术界》2014年12月。

④ [日]大木雅夫:《比较法》,范愉译,法律出版社1999年版,第68页。

⑤ 《欧盟一般数据保护条例》每章的具体内容见本书的附录。

数据等名词定义等内容。第二章名为"原则",主要规定了有关个人数据处理的原则、处理的合法性、同意的条件、信息社会服务中适用于儿童的同意条件、特殊类别个人数据的处理、处理与刑事定罪和犯罪有关的个人数据与不需要识别的处理等内容。第三章名为"数据主体的权利",规定了透明度和方式、信息与个人数据的访问、更正与擦除、反对的权利和自动化的个人决策与限制条件等内容。第四章名为"控制者和处理者",主要规定了一般义务、个人数据的安全、数据保护影响评估和事先咨询、数据保护官、行为准则和认证等内容。第五章名为"个人数据转移至第三国或国际组织",主要规定了转让的一般原则、转移所需的适当保障、具有约束力的公司规则、未经欧盟法律授权的转移或披露、特殊情形下的克减、个人数据保护的国际合作等内容。第六章名为"独立监管机构",主要规定了独立身份与职权、任务和权力等内容。第七章名为"合作与一致性",主要规定了合作、一致性、欧盟数据保护委员会等内容。第八章名为"救济、责任和惩罚",主要规定了向监管机构申诉、针对监管机构的有效司法救济权、针对控制者或处理人的有效司法救济权、数据主体的代表、中止诉讼、赔偿权和赔偿责任、行政罚款的一般条件、罚则等内容。第九章名为"有关特定处理情形的规定",主要规定了处理、表达自由与信息、处理和公开获取官方文件、对全国性身份识别号码的处理、与雇佣有关的处理、为实现公共利益、科学或历史研究或统计目的处理中的安全保障与克减、保密义务、现有对教会和宗教协会的数据保护规则等内容。第十章名为"授权性、实施性法案",主要规定了授权的行使、委员会程序等内容。第十一章名为"最后条款",主要规定了指令95/46/EC的废除、与指令2002/58/EC的关系、与先前签订的协议的关系、委员会报告、对欧盟其他数据保护法案的审查、生效与适用等内容。

从上述关于《欧盟一般数据保护条例》内容介绍来看,我们认为我国的"一般数据保护法"应该分为总则、数据主体的权利、控制者和处理者、特定处理的情形、个人数据转移、独立监管、法律责任等内容。其中总则主要规定立法依据、立法宗旨、适用范围、原则等内容。数据主体的权利主要规定数据主体享有被遗忘权等权利,以及控制者和处理者承担个人信息隐身份等义务。控制者和处理者主要规定个人数据的安全、数据保护影响评估和事先咨询、数据保护官、行为准则和认证等内容。特定处理的情形主要规定处理、表达自由与信息、处理和公开获取官方文件、对全国性身份识别号码的处理、与雇佣有关的处理、为实现公共利益、科学或历史研究或统计目的处理中的安全保障与克减、保密义务等内容。个人数据转移主要规定转让的一般原则、转移所需的适当保障、个人数据保护的国际合作等内容。独立监管主要规定独立身份、职责，以及独立监管机构与算法责任审查委员会的关系等内容。

结束语(或者讲不出再见)

正如导言之所言的如果不考虑大数据歧视的问题,数据驱动型竞争异化风险的讨论就可以画上句号,因为撇开了大数据伦理属性争论。不可否认的是大数据歧视既是一个法律的问题,更是一个伦理的问题。"虽然从道德上讲,歧视并不高尚,但它却从没有在人类的意识中真正缺席过"①。而整个人类发展史从数据角度看其实就是如以色列学者尤瓦尔·赫拉利所言的"每个有机体不过是一套生化算法。至于人类在这个宇宙中的任务,则是打造一套无所不包的数据处理系统,然后与系统融为一体。我们现在就已经像一个又一个小小的芯片,装在一个大到没有人真正理解的数据处理系统之中"②。由此,作为我们人类社会镜像的大数据必然会蕴含着歧视的因子。因此,即便是工程师们没有将他们的偏见写入支撑大数据系统的软件中,依然会得到一个含有歧视的结果。

传统的歧视针对的是特定的群体,从而这些群体可以组织在一起对抗歧视。但是,大数据歧视针对的是单个的个体:歧视你"并非因为你是个女性或黑人,而是因为你就是你"或者你的特质,从而"你不知道究竟是什么特质,就算你知道,也找不到人和你一起大声抗议,因为没有其他人会遇到与你一样的偏见,只有你。到了 21 世纪,除了过去的集体歧视之外,我们可能还要面临日益严重的个人歧视问题"③。

从上面论述之中不难感受到:光靠法律规范人们的行为并不能有效

---

① 张玉宏、秦志光、肖乐:"大数据算法的歧视本质",《自然辩证法研究》2017 年第 4 期。

② [以色列]尤瓦尔·赫拉利:《今日简史:人类命运大议题》,林俊宏译,中信出版社 2017 年版,第 52—53 页。

③ [以色列]尤瓦尔·赫拉利:《今日简史:人类命运大议题》,林俊宏译,中信出版社 2017 年版,第 63—64 页。

地解决大数据歧视的问题。于是,我们要从更为宏大的视野去审视大数据歧视问题,进而提出有效的解决之策。

大数据歧视既是法律问题又是伦理问题,更为重要的是它还关乎着每一个人的平等权利(益),因为歧视是平等的对立面。"公民们可能被认为具有两类不同的权利。第一类是平等对待的权利,这是某些机会、资源或负担的平等分配权利。……第二类权利是作为平等的个人而受到平等对待的权利,这一权利就是与其他人受到同样的尊重和关心的权利,而不是接受某些义务或利益的同样的分配的权利。"①平等是人权的属性,渗透于整个人权之中。②人权起初是资产阶级为了对抗宗教的神权提出的一个口号,实质上是一种道德权利,后来由于"人权作为宪法的最高价值是宪法研究的假设,宪法规范如何体现人权的价值"③之缘故进入了法学领域。基于此,从人权这个更为宏大视角的角度去审视大数据歧视问题以及提出有效的解决之策不失为一条恰当且可行的进路。

但这个议题无疑超出了本书主题限定的范围。于是,以结束语的方式简要地论述这个与本书主题有某种关联的议题最为合适。

一

人权,简单地讲就是人之所以为人的权利,它表达了这样一种观念:"存在某些无论被承认与否都在一切时间和场合属于全体人类的权利。人们仅凭其作为人就享有这些权利,而不论其在国籍、宗教、性别、社会身份、职业、财富、财产或其他任何种族、文化或社会特性方面的差异"④。尽管如此,但从"人权"开始提出那一天起就充满了不确定性。这是因为"'人'不能成为一种精确的解释性原则,因为人权的话语和实践部分地是为了确定这个空泛的能指的意义。"⑤也因为如此,权利主张的扩张导致

---

① 〔美〕罗纳德·德沃金:《认真对待权利》,信春鹰、吴玉章译,上海三联书店 2008 年版,第 303 页。

② 林喆:"平等权:法律上的一视同仁",《学习时报》2004 年第 3 期。

③ 夏正林:"人权在宪法学中研究的意义",《连云港职业技术学院学报》2005 年第 4 期。

④ 〔英〕A.J.M.米尔恩:《人的权利与人的多样性——人权哲学》,夏勇、张志铭译,中国大百科全书出版社 1995 年版,第 2 页。

⑤ 〔美〕科斯塔斯·杜兹纳:《人权的终结》,郭春发译,江苏人民出版社 2002 年版,第 394 页。

了人类不断地解释人权。这样不可避免地导致了对人权的内容往往莫衷一是。作为上位概念的人权的内容都不能给出一个确切的答案,那么对于数字人权的理解势必会存在着种种的模糊性。因此,人权内容是什么是必须解决的问题。

历史地看,人权之所以在资本主义社会出现与人力资本价值增长有关。[1]我们可以引入美国经济学家德姆塞兹(Demsetz)提出的"产权范式"予以证成。所谓"产权范式"是德姆塞兹在这样的历史事实基础上提出的:在新大陆毛皮贸易出现后,拉布朗多(Labrador)地区蒙特哥奈斯印第安人在大陆东北部通过划分土地范围来控制自由猎捕海狸即界定彼此的权利,而之前是自由猎捕。[2]德姆塞兹对这一历史事实研究后指出在毛皮贸易没有出现之前由于海狸皮的价值很低从而海狸聚集地被视为共有财产,捕猎海狸的权利是种共有权利。当欧洲建立了毛皮贸易市场后,海狸皮的价值上升,海狸的聚集地也就从共有财产转为了私人财产,捕猎海狸的权利由原来的共有权利转化为了私人权利。由此,德姆塞兹得出了随着共有财产资源价值的增长,人们就越可能确定对它的权利的假定。[3]

对德姆塞兹提出的假定进行细究,隐含着这样几个一般性的基本假定:1)市场经济下,进入市场交易的每一种资源都具有了开发的价值或潜在的开发价值;2)在共有权利的体系下,人们一旦获得某种资源就拥有了使用它的私人权利。具体而言,在某种资源没有进入市场之前,因为其价值微乎其微或极低,不足以影响社会内部化收益或成本具有经济意义,从而以共有权利的形式存在着。反之,进入了市场,该资源增长的价值使得社会内部化的收益或成本具有了经济意义。由于共有权利无法精确地度量任何人使用资源所带来的社会成本,而拥有共有权利的人们出于自身的利益欲求往往倾向于采用不顾行为后果的方式来使用自己的权利。面对社会内部化的收益或成本具有了经济意义时,使用资源的机会不协调导致共有权利体系的内在不稳定性就会凸显出来,从而促使人们寻求将

---

① 聂佳龙:《跨越效率与正义的冲突:法律经济学的他种想象》,中国政法大学出版社 2017 年版,第 103 页。

② 盛洪:《现代制度经济学》(第二版)(上册),中国发展出版社 2009 年版,第 90—92 页。

③ [美]巴泽尔:《产权的经济分析》[M].费方域、段毅才译,格致出版社、上海三联书店、上海人民出版社 2008 年版,第 89 页。

其在共有权利体系下使用资源的权利转变为最具有价值的形式。如果"有这样一种安排,当一种资源取一种形式时,它服务于对该资源的共有权利;当资源取另一种形式时,它服务于对资源的私人权利。这种安排本身存在着不稳定性。私人权力形式将代替共有权利形式。"①

马克思曾在批评资本主义天赋人权观点时指出:"劳动力的买卖是在流通领域或商品交换领域的范围内进行。这个领域,实际是天赋人权的真正乐园。在那里行使统治的,是自由、平等、所有权和边沁(即功利主义原则。——引者)。"②众所周知,生产力中一个最重要的要素就是劳动者。劳动者在经济活动中所具有的生产能力称之为人力资本。从理论上讲,人力资本"所有权限于体现它的人",并且因为"人的健康、体力、经验、生产知识、技能和其他精神存量的所有权只能不可分地属于其载体;这个载体不但必须是人,而且是活生生的个人。"③美国经济学家巴泽尔在分析奴隶制经济时指出,虽然从表面上看,奴隶是奴隶主的财产的一部分,但由于控制着自己的劳动供给的是奴隶,从而导致奴隶主支付相当高额的监督成本。他进一步指出,降低高额的监督成本最好的就是奴隶主容忍奴隶拥有一定数额的财产甚至允许其可以用其所拥有的财产来赎身。④这一分析,一方面表明了人力资本即使在奴隶社会也是有价值的,另一方面也表明了因为人力资本没有进入流通领域,奴隶只能成为奴隶主的"会说话"的财产。因此,可以说,人权是人力资本价值不断增长所导致的。

对非人力资本而言,政府可以利用强制性手段对其予以支配利用甚至改变,不论是否违背交易的法则和其他的制度安排。但人力资本天然属于个人而且只有其才能启动、利用和开发,如果"在完整的人力资本的利用、合约选择、收益和转让等等权利束中,有一部分可能被限制或删除"⑤,那么就会出现人力资本产权的"残缺",从而人力资本的经济利用价值贬值甚至一文不值。正是由于人力资本具有这样的特性,因此其总是自发地寻求实现自我价值的市场。由于人力资本表征着人与人之间的

---

① 盛洪:《现代制度经济学》(第二版)(上册),中国发展出版社 2009 年版,第 104 页。

② [德]马克思:《资本论》(第 1 卷),人民出版社 2004 年版,第 167 页。

③ 盛洪:《现代制度经济学》(第二版)(下册),中国发展出版社 2009 年版,第 74 页。

④ [美]巴泽尔:《产权的经济分析》费方域、段毅才译,格致出版社、上海三联书店、上海人民出版社 2008 年版,第 107—111 页。

⑤ 盛洪:《现代制度经济学》(第二版)(下册),中国发展出版社 2009 年版,第 75 页。

纯粹关系,"因此一个社会所界定的权利结构决定了人力资本的效率。用一句通俗的话讲就是一个社会能否做到人尽其才,人尽其用,取决于它所具有的现实中其作用的权利结构。"①

众所周知,在前资本主义社会即市场经济还未普遍占统治地位之前的社会,由于奴隶和农民不能完全自由地支配其人力资本,从而导致了其人力资本是种共有的资源。共有的资源意味着"除非先占或连续使用资源,否则无论国家或个人都不能排斥别人来使用资源"②。这就决定了奴隶和农民不享有人之所以为"人"的权利。进入市场经济后,由于人力资本价值的增长成为一种可以出售的商品。"劳动力所有者要把自己的劳动力当作商品出卖,他就必须能够支配它,从而必须是自己的劳动能力、自己人身的自由的所有者。"③人力资本为其所有者所控制支配,必须首先承认了劳动力资源所有者的人格独立。这是因为,人格独立保障着人力资本所有者获得独立使用其人力资本权利的实现。为了实现这一权利,首要的任务就是要保有人力资本。因为人力资本的载体是人,那么生存权、发展权、财产权、平等权以及人力资本受到损害后要求救济和赔偿的权利等一系列旨在辅佐人力资本实现其经济利用价值的权利是必然而且是必须存在着。

保有人力资本的最终目的就是为了实现其经济利用价值。而人力资本是种主动性资产,具有自发寻求其价值实现的特性,这就要求人力资本所有者必须是自由的。这些自由包括人力资本所有者有选择何处、何时以及以何种方式来实现其人力资本经济利用价值。

人在本质上是一切社会关系的总和,从而决定了人权无非是在社会关系的人中所享有的权利。正如马克思所指出的:"出生只是赋予人以个人的存在,首先是赋予他以生命,使他成为自然的个人;而且国家的规定,如立法权等等,则是社会产物,是社会的产儿,而不是自然的个人的产物。"例如,"我生下来就是人,这和社会是否承认无关,可是我生下来就是贵族和国王,这就非要得到大家的公认不可。"④"人权是一种特殊的权

————————

①　王小卫:《宪政经济学——探索市场经济的游戏规则》,立信会计出版社 2006 年版,第128 页。

②　盛洪:《现代制度经济学》(第二版)(上册),中国发展出版社 2009 年版,第 101 页。

③　[德]马克思:《资本论》(第 1 卷),人民出版社 2004 年版,第 190 页。

④　《马克思恩格斯全集》(第 1 卷),人民出版社 1976 年版,第 377 页。

利,一个人之所以有这种权利,仅仅因为他是人"①,并非是与人俱来的权利。相反,人权发展成为真正的人权即每个人都被平等地(即使是形式上的平等)承认为人并且所有人都被当作为人是人力资本从共有权利向私人权利转化的结果。因此,保有人力资本和实现人力资本经济利用价值所需要的权利构成了人权的内容。

二

人力资本和实现人力资本经济利用价值依赖于社会与经济的进步,而社会与经济的进步则依赖于生产力的提高。习近平总书记指出,科学技术是第一生产力。于是,科学技术是影响人力资本和实现人力资本经济利用价值的至关重要因素。由此不难知道,"在影响人权实现的诸多因素中,科技扮演了举足轻重的角色。"②从以往经验来看,每次科技革命会导致人权形态的历史转型,而每次转型则又会丰富人权概念的内容。随着以大数据、人工智能等为代表的新一代信息技术的迅猛发展,当前的时代处于以数字科技为代表的第四次科技革命浪潮中已是不争的事实。

数字科技方兴未艾导致人类社会形态越来越呈现出智慧化与数字化特征,互联网从虚拟世界转变成了真实世界。"在当今数字时代,每天都在产生的海量信息,既是生产生活的运行轨迹和交往图式,也是人们身份数据、行为数据、关系数据和言语数据的具象展示和情景再现,从而塑造着人们的数字属性、数字面向和数字生态"③。从计算机理论看,数据基本上是二进制的 0 和 1 两个数码符号构成。这样可以说,人的数字属性实际上是符号。德国著名哲学家卡西尔在《人论》中指出:"人不再生活在一个单纯的物理宇宙之中,而是生活在一个符号宇宙之中。……在某种意义上说,人是在不断地与自身打交道而不是应付事物本身。他是如此地使自己被包围在语言的形式、艺术的想象、神话的符号以及宗教的仪式

---

① 〔美〕杰克·唐纳利:《普遍人权理论与实践》,王浦劬等译,中国社会科学出版社 2001 年版,第 7 页。

② 柳华文:"科学技术与人权保障",《光明日报》2012 年 5 月 12 日第 6 版。

③ 马长山:"智慧社会背景下的'第四代人权'及其保障",《中国法学》2019 年第 5 期。

之中,以致除非凭借这些人为媒介物的中介,他就不可能看见或认识任何东西。人在理论领域中的这种状况同样也表现在实践领域中。即使在实践领域,人也并不生活在一个铁板事实的世界之中,并不是根据他的直接需要和意愿而生活,而是生活在想象的激情之中,生活在希望与恐惧、幻觉与醒悟、空想与梦境之中。"①由此可知,人的数字属性意味着无论是在理论领域还是在实践领域都必须通过数据这一媒介物的中介来看见或认识周遭的世界。"法律也是符号意义的系统。作为观察数据的林林总总的法律事件是甲,通过既定的法律法规来观察这些事件是乙,而形成的法律论证和得出的法律判决是丙。而这些结论和判决又会回馈到符号活动的过程中,从而澄清一些法律事实——确认和识别'相关事实',完善一些法律法规"②。无论是观察法律事件、法律现象还是解决法律问题的核心都是权利与义务。由此,人的数字属性必然会导致法律权利和法律义务进行改造与重塑。"没有权利就不可能存在任何人类社会。无论采取任何形式,享有权利乃是成为一个社会成员的必备要素。……将人仅仅作为手段,否定了属于他的一切东西,也就否定了他享有任何权利。如果他不仅仅视为手段,而是被作为一个其自身具有内在价值的个人来看待,他就必须享有权利。"③每个社会成员必须享有的权利便是严格意义上的人权。人权只有转化为现实法律权利才能体现出其具有的价值。④因此,人的数字属性在改造与重塑法律权利的同时还改造与重塑着人权。

人的数字属性是如何改造与重塑人权的?有学者认为,人权形态的数字化重塑体现于人的信息存在方式赋予了人权的数字属性、权利发展的数据信息生态推动了人权的数字化演变、信息时代的社会解组突破了既有人权保护逻辑等三方面。⑤从中不难知道,人的数字属性改造与重塑人权究其根底无疑是新一代信息技术所带来的表征为大数据的数字社会。

---

① [德]恩斯特·卡尔西:《人论》,甘阳译,上海译文出版社 1985 年版,第 33—34 页。

② [美]罗宾·保罗·马洛伊:《法律和市场经济——法律经济学价值的重新诠释》,钱弘道、朱素梅译,法律出版社 2005 年版,第 76 页。

③ [英]A.J.M.米尔恩:《人的权利与人的多样性——人权哲学》,夏勇、张志铭译,中国大百科全书出版社 1995 年版,第 154 页。

④ 聂佳龙、史克卓:"论作为'新兴权利'的公民启动权",《广州社会主义学院学报》2013 年第 2 期。

⑤ 马长山:"智慧社会背景下的'第四代人权'及其保障",《中国法学》2019 年第 5 期。

　　对于刚刚迈入数字社会的我们而言,对数字社会进行精准定义无疑是困难的。但即便如此,我们也应当"对我们生活的这个熟悉而又陌生的时代有更深刻的认识和理解"①。"定义是种冒险,描述却可以提供帮助"②。用美国学者尼古拉斯·卡尔的话来说,数字社会与之前相比社会不再是由原子构成而是由表征为比特(Bit)的数字构成的。基于此,我们可以初步将数字社会描述成为在该社会中,"不仅实体的事物可以'数字化',即由数字符码标识各种各样的实体物品,而且,人们的思想观点和行为活动以及它们的动态变化等,也都可以经过'数字化转换',畅行于虚拟的数字网络空间。"③从这一描述中不难知道,数字社会是通过数据而黏合而成的社会。数据与诸如土地、机器等要素相比,有着全时共在、资源整合、智能操控等优势。这些优势势必导致经济等"运作方式的根本变化与效率的极大提高,推动了生产力发展与社会进步"④。

　　在数字社会中,生产力与社会进步虽然表面上看是由于人与人、人与物、物与物通过智能设备连接在一起从而能够在不同领域高效合作所带来的,但实质上却是对人与物所产生的数据进行处理、挖掘、交换等所导致的结果。于是不难知道,在数字社会中大数据等数字化科技不仅仅是技术更是劳动工具。"技术首先是作为中介出现的,通过这种中介,人们借助于劳动工具和'使特定的自然物质适合特殊的人类需求的活动',通过自己的劳动达到与自然的协调。"⑤大数据等数字化科技因为改变了人与自然的关系因而当然会推动生产力的提高与生产方式的改变。生产力的提高与生产方式的改变必然会或多或少地推动社会形态的发展。由于"权利永远不能超出社会的经济结构以及由经济结构所制约的社会的发展"⑥,因而数字社会的到来与深入发展,作为特殊的权利的人权势必会发生变化,而这种变化也将会深深地烙上了数据的印记。前面已述及,人权的内容是由保有人力资本和实现人力资本经济利用价值所需要的权利

---

　　① 〔美〕尼古拉斯·卡尔:《数字乌托邦》,姜忠伟译,中信出版社 2018 年版,第 2 页。

　　② 〔美〕本杰明·N.卡多佐:《法律的成长 法律科学的悖论》,董炯、彭冰译,中国法制出版社 2002 年版,第 16 页。

　　③ 李一:"'数字社会'的发展趋势、时代特征和业态成长",《中共杭州市委党校学报》2019 年第 5 期。

　　④ 夏军:"数字化导引 21 世纪社会文明",《党政论坛》,1999 年第 5 期。

　　⑤ 《马克思恩格斯全集》(第 1 卷),人民出版社 1995 年版,第 72 页。

　　⑥ 《马克思恩格斯选集》(第 3 卷),人民出版社 1974 年版,第 12 页。

所构成的。因此,在数字人权社会中这些构成人权内容的权利都会与数据有关是自然而然的。

数字社会中的人权的内容与数据有关,在某种意义上可以理解为人力资本的数字化。结合前面所述,人力资本社会的数字化意味着其价值以及价值的实现必须以能够生产数据并且能够控制、处理数据为基础。这样,数字社会中的人权的内容应该包括:

(1)互联网接入权(Right to Internet Access)。发展到"大数据"与"物联网"时代的当今,人和物所产生的数据都会通过互联网上传到云等各种存储装置里。于是,人和物接入互联网是数据生产的关键,申言之,能否接入互联网以及享受何种互联网接入服务决定了数据的生产状况。尽管当今互联网已渗入到生产、生活的方方面面,但还有相当的人口无法连接和使用互联网。[①]"互联网技术是对工业社会的优化和重构,过去的很多浪费可以避免、很多流程的效率可以提高,不断推进社会向前发展。"[②]。无法生产数据意味着社会与个人无法得到更好地发展。在此背景下,许多的国家和国际组织呼吁将接入和使用互联网视为一项基本的人权。由此,联合国在2011年宣布互联网接入权是一项基础性人权。数字化是自图灵于1936年发表的《论可计算数及其在判定问题上的应用》一直延续到现在的技术变革的主线[③],于是,数字社会并非新近才出现的社会形态。因此,互联网接入权提出与被宣布是一项基础性人权表明了它是数字社会的应有之义。

(2)数据控制权。接入互联网仅仅是数据得以生产的前提,但这些数据的价值能否被开发出来则离不开对数据的控制。这是因为,当前人们所生产的数据存储于诸如Google、Facebook、Twitter、阿里巴巴、腾讯、百度这样的少数的"信息帝国"的服务器之中。"生产—控制"的二元格局决定了数据生产者难以甚至是不可能控制自己生产的数据。而这导致的结果是"受雇于政府和大企业的成千上万的程序员正在编写着各种程序,分析和处理着海量数据,这些复杂的算法正使我们的社会日益成为

[①] 据2016年Facebook(脸书)发布的"网络连接报告"显示,即便是世界上全部人口都生活在有必要基础设施的地区还会有约10亿人因文化程度等问题无法使用互联网。腾讯网,https://tech.qq.com/a/20160224/006796.htm,2020年5月20日访问。

[②] 搜狐网,https://www.sohu.com/a/46705236_115005,2020年5月20日访问。

[③] 陈刚、谢佩宏:"信息社会还是数字社会",《学术界》2020年第5期。

'黑箱社会',在这样的社会中,个人越来越透明,控制个人的力量(包括政府和商业机构)变得越来越晦暗"①。这样个人必须面对商业结构与政府滥用其数据的危险。如果这种危险一旦实现,人们将会越来越受到越来越强的必然性的束缚。②这种必然性的束缚体现为通过处理海量的个人数据能够得出个人身份信息。由此,数据生产者对其数据进行控制才能避免受必然性的束缚。但"生产—控制"的二元格局还将持续,因而数据生产者对数据的控制应该是个人身份信息不会被识别,以及一旦被识别则可以通过侵权—司法模式来予以救济。

(3)数据处理权。对数据生产者而言对其数据的控制之目的无非是实现其价值以及免受必然性的束缚。当数据价值实现后或者面临必然性束缚时必然会涉及处理数据的问题。"过去,一旦数据的基本用途实现了,我们便认为数据已经达到了它的目的,准备将其删除,让它就此消失。毕竟,数据的首要价值已经得以提取。而在大数据时代,数据就像是一个神奇的钻石矿,在其首要价值被挖掘之后,仍能不断产生价值。"③数据生产者认为实现了数据价值的标准往往是基于基本用途实现了,如果因此而删除数据必然会导致数据其他价值无法实现。基于此,可以将数据转为公共资源应用于公共利益目的,因为此时的数据对于数据生产者已经没有什么价值了而对于社会却有着极大的价值。但即便是如此,如果数据生产者面临或可能面临必然性束缚风险时仍有权将其数据删除。因此,数据处理权内容是数据生产者有免受必然性的束缚的权利,一旦该权利遭受侵害则有权要求删除其数据,无论数据是不是公共资源。

每一次社会形态的转型都会导致人权形态发生历史性转型,"按照国际学术界的说法,迄今,世界范围内人权形态发生了三次历史性转型,先后出现过第一代人权、第二代人权、第三代人权,目前正在迎来第四代人权。"④"概念是社会的显示器,同时也是社会的推动器"⑤。于是,在当下

①　郑戈:"在鼓励创新与保护人权之间——法律如何回应大数据技术革新的挑战",《探索与争鸣》2016年第7期。

②　郑戈:"人工智能与法律的未来",《探索与争鸣》2017年第10期。

③　[英]维克托·迈尔—舍恩伯格、肯尼思·库克耶:《大数据时代:生活、工作与思维的大变革》,盛杨燕、周涛译.浙江人民出版社2012年版,第135页。

④　张文显:"无数字,不人权",《北京日报》2019年9月2日第15版。

⑤　李宏图:"概念史与历史的选择",《史学理论研究》2012年第1期。

我们必须提炼出一个能够反映如上所述的数字社会人权内容的概念。

从上面的论述中不难感知,在数字社会中"无数据,不人权",而这是数字科技导致的。结合已有的研究——张文显教授的《无数字,不人权》、马长山教授的《智慧社会背景下的"第四代人权"及其保障》,提炼出的能够反映如上所述的数字社会人权内容的概念可以是"数字人权"。

<h1 style="text-align:center">三</h1>

2019 年,张文显教授在"知识产权与相关权利的法理"学术研讨会暨"法理研究计划"第八次年会上致辞指出,在人类对数字科技依赖越来越大的背景下,"把对数字科技的掌握和运用奉为'权利'并将其归属于'人权',提炼出'数字人权'概念,普及'数字人权'理念,既十分必要、甚为迫切,也顺理成章、水到渠成"[①]。由此,提炼出了"数字人权"概念后,如何普及"数字人权"理念是一个必须予以认真对待的问题。

数字人权不同于其之前的三代人权,因为前者面对是"原子世界"而后者面对的则是"比特世界"。然而,当今我们却是基于"原子世界"的概念、思维来应对"比特世界"。这不可避免地会陷入捉襟见肘的窘境。任何人都是"通过指号来指导他对某些事物和情景的行为,这些事物和情景可能是他所从来没有接触到的而且永远也不能接触的,然后那提供对知识的最后控制的证据,却必须总是到他自己行为所在的那个环境中去寻找"[②]。提炼出"数字人权"概念的意义虽然可以表述为在于"以人权的力量和权威强化对数字科技开发及其运用的伦理约束和法律规制"[③],但最为直接的目的却是希望通过"数字人权"这一数字社会中的指号摆脱前述窘境。但如果仅仅是提炼出"数字人权"的概念,我们的希望导致的目的依然会落空,因为"概念不像一个简单的具体的感性表象那样是暂时产物;每个概念都有它漫长曲折的心理构成历史,并且它的内容也不是通过一时的思想能够明显地表现出来的"[④]。

①③　张文显:"无数字,不人权",《北京日报》2019 年 9 月 2 日第 15 版。

②　[美]莫里斯:《指号、语言和行为》,罗兰、周易译,上海人民出版社 2011 年版,第 117 页。

④　[奥地利]恩斯特·马赫:《认识与谬误》,洪佩郁译,东方出版社 2005 年版,第 116—117 页。

　　既然"数字人权"概念并不是暂时产物,那么其要像其他概念一样必然要有相应的心理构成历史。而这一心理构成历史就是人们接受"数字人权"理念的历史。

　　"在人权的谱系中,有一个起最终决定作用的方面,……这就是从古典时期和中世纪客观权利传统向主观权利过渡的时期出现的至高无上的个体。"①个体被置于至高无上的地位是人权最初所要表达的。这种表达所蕴含的潜台词是只要是一个生物意义上的人就当然享有权利。作为生物意义上的人与动物在本质上并无区别,因为一样要有吃、喝等生理需求。这样也就决定了要求生命权、食物权等生存权。但人毕竟不同于动物,由此即便是生存权,其含义也要比动物的要丰富得多:它要求诸如健康保障和社会保障权这样的经济和社会权利。②之所以如此,是因为人是社会化的人。人的社会化则要求在社会中能够得到关心与尊严。得到关心与尊严意味着每一位社会成员不会因为肤色、种族、性别、宗教信仰、语言等受到奴役、歧视、虐待或其他不人道、侮辱性的对待。得到关心与尊严还意味着个人的自主性得到保护,能够参与社会公共事务与社会公共活动。基于前述的认知,人类在数字社会之前就建构了涵盖政治、经济、社会和文化等方面的全方位的人权体系。由于是基于以"自然人"为始基来构建的,这种人权体系是可以认为是"生物—社会"模式。

　　"只要取得足够的数据和运算能力,数据巨头就能破解生命最深层的秘密,不仅能为我们做选择或者操纵我们,甚至可能重新设计生物或无机的生命形式。""随着越来越多的数据通过生物传感器从身体和大脑流向智能的机器,企业和政府将更容易了解你、操纵你、为你做出决定。更重要的是,它们还可能破译所有人身体和大脑背后的深层机制,拥有打造生命的力量。"③从这些摘自《今日简史:人类命运大议题》中的相关论述中不难知道,数据不仅会改变我们的生活,还能改变我们的社会关系,而这些改变都将会对人类的尊严与主体价值构成威胁。当然,我们并不能因

---

　　①　[美]科斯塔斯·杜兹纳:《人权的终结》,郭春发译,江苏人民出版社 2002 年版,第 62 页。

　　②　[美]杰克·唐纳利:《普遍人权理论与实践》,王浦劬等译,中国社会科学出版社 2001 年版,第 21 页。

　　③　[以色列]尤瓦尔·赫拉利:《今日简史:人类命运大议题》,林俊宏译,中信出版社 2017 年版,第 73—74 页。

为这种威胁而拒绝使用大数据、人工智能等新一代信息技术,因为"人类可能已经完全和机器融合,一旦与网络断开便无法生存"①。这也就注定了数据将会成为每个人不可分割的构成要素,进而越来越具有数字属性。

人类越来越具有数字属性表面看来是我们"从摇篮到坟墓的全部私人生活,慢慢地积累所有数据,直至在计算机数据库中形成一个'人'"②所导致的结果,但实质上意味着将会在"数字和程序算法的世界里发展出一种新的人性形态"③。于是,在数字社会中人性还要依赖于数据和网络空间。"我们从哪获得人权?'人'权实际用语指明了一个来源:人,人性,作为一个人或人。"④人性形态的转变必然会导致人权的内容转变。而这种转变决定了人权体系不可能是"生物—社会"模式。当然,这并不意味着我们要将这种模式推翻,构建出新的不同的模式,因为人的生物属性与社会属性并不是因为社会形态的改变而被消灭或者自行消失。因此,在数字社会中人除了生物属性与社会属性外,还具有数字属性。

在数字社会中人具有生物、社会与数字属性,这也就注定了数字社会的人权体系是在"生物—社会"模式基础上增加数字属性。"以网络化、数字化和智能化的方式变革工业生产方式和农业生产方式,并再一次以新的联合方式颠覆工业文明时代的制度安排、思想观念和思维方式等,重塑符合信息文明的概念范畴和政治、经济、文化、法律等社会体制"⑤。资本主义方法的合理性在技术上的决定因素是可计算性,而"精确的计算——其他一切的基础——只有在自由劳动的基底上方有可能"⑥。自由劳动的目的在于实现人力资本的价值,而能否通过自由劳动实现人力资本价值的前提便是要承认任何人基于是自然人这一事实便可享有人权。前面已述及数据是数字社会中人力资本价值实现的关键因素。将此与自由劳

---

① [以色列]尤瓦尔·赫拉利:《今日简史:人类命运大议题》,林俊宏译,中信出版社 2017年版,第 73—74 页。

② [英]约翰·帕克:《全民监控:大数据时代的安全与隐私困境》,关立深译,金城出版社 2015 年版,第 1 页。

③ [德]克里斯多夫·库克里克:《微粒社会——数字化时代的社会模式》,黄昆等译,中信出版社 2018 年版,前言第 XII 页。

④ [美]杰克·唐纳利:《普遍人权理论与实践》,王浦劬等译,中国社会科学出版社 2001 年版,第 12 页。

⑤ [英]卢恰诺·弗洛里迪:《信息伦理学》,薛平译,上海译文出版社 2018 年版,第 3 页。

⑥ [德]马克斯·韦伯:《新教伦理与资本主义精神》,康乐、简惠美译,广西师范大学出版社 2007 年版,第 10 页。

动相比不难发现,两者在人权体系构建中扮演着同样的角色。

基于以上考虑,数字社会中的人权体系可以表述为"生物/数据—社会"模式。

"生物/数据—社会"模式与"生物—社会"模式相比突出了人的数字属性。人的数字属性是人类在数字社会中数字化生存与发展的使然,因而联合国认为数字素养是数字时代的基本人权。[①]在人权理论中,"并非任何促进人类的善或人类繁盛的东西都可以算作人权的对象,唯有人的资格所需要的那些东西才可以成为人权的对象"[②]。数字素养被视为数字时代的基本人权意味着任何人在数字社会中拥有能够数字化生存的人格。因此,普及"数字人权"理念必然要求认同人格的数字化。

库恩认为常规科学就是解谜,因为"科学共同体取得一个范式就是有了一个选择问题的标准,当范式被视为理所当然时,这些选择问题可以被认为是有解的问题"[③],于是"各种承诺——概念的、理论的、工具的和方法论的——所形成的牢固网络的存在,是把常规科学与解谜联系起来的隐喻的主要源泉。因为这个承诺构成的网络提供了各类规则,它们告诉成熟科学的专业实践者世界是什么样的,他的科学又是什么样的,如此他就能满怀信心地集中钻研由这些规则和现有知识已为他界定好了的深奥问题。这时科学家个人所接受的挑战就是为未解之谜求得一个解"[④]。也就是说,在一个确定的范式中是有稳定的解的,而且只能得出这个稳定的解。因而,想要得出新的稳定的解必须进行范式转换。范式的转换除了意味着有新的稳定的解,还意味着旧范式的解构与新范式的建构,以及由此带来的相关的承诺以及由承诺构成的各类规则等也会发生变化。

在数字社会中,"信息环境、嵌入其中的信息能动者以及它们的互动的本体论中一种根本的、史无前例的转换"[⑤]。这种转换本质就是范式转换,即由"生物—社会"模式转变为"生物/数据—社会"。从上面所述中不

---

① 新华网,http://www.xinhuanet.com/info/2017-03/13/c_136124225.htm,2020 年 9 月 18 日访问。

② [英]詹姆斯·格里芬:《论人权》,徐向东等译,译林出版社 2015 年版,第 41 页。

③ [美]托马斯·库恩:《科学革命的结构》,金吾伦、胡新和译,北京大学出版社 2003 年版,第 34 页。

④ [美]托马斯·库恩:《科学革命的结构》,金吾伦、胡新和译,北京大学出版社 2003 年版,第 38—39 页。

⑤ [英]卢恰诺·弗洛里迪:《信息伦理学》,薛平译,上海译文出版社 2018 年版,第 339 页。

难知道,这种范式的转变意味着现有的人权体系面临着解构与建构。由于"现实权利是权利转化的最终结果,是权利价值的最高表现形式,它构成了权利主体追求的最高目标"①,现有人权体系的解构与建构不仅仅是增加了前述的"数字人权",还预示着"生物/数据—社会"所蕴含也是最为重要的规则,即关于数字人权如何转化为现实权利的规则不同于现有的实现方式。

　　那么数字人权如何转化为实现权利呢? 这无疑是一个涉及技术法律化与法律技术化等议题的宏大的问题,更为重要的是面对数字科技,现有的人类的"思维体系缺乏卓越的叙述手法,因此既无法提供道德支柱,也缺乏强有力的社会机制,以管制技术产生的'信息洪水'"②。尽管本书对这个宏大的问题已经给出了部分的回答,但这些回答肯定是不够的。如果在此继续本书没有给出的回答,则会突破这个本书讨论的主题。因此,即便是借口"可能是这个时代最重要的政治问题。如果不能赶快找出答案,我们的社会政治制度就可能面临崩溃",而且"人们已经感觉到这个灾难就在眼前"③而不愿说再见,但囿于本书讨论的主题也不得不划上最后的句号,前述问题另做探讨。

---

① 程燎原、王人博:《赢得神圣——权利及其救济通论》,山东人民出版社 1998 年版,第336 页。

② [美]Neil Postman:《技术垄断——文明向技术投降》,蔡金栋等译,机械工业出版社2013 年版,第 74 页。

③ [以色列]尤瓦尔·赫拉利:《今日简史:人类命运大议题》,林俊宏译,中信出版社 2017年版,第 75—76 页。

附录 中译本《欧盟一般数据保护条例》①

第一章 一般规定

第1条 主题和目标

1. 本条例规定了有关处理个人数据的自然人保护规则和有关个人数据自由流动的规则。

2. 本法规保护自然人的基本权利和自由,特别是自然人的个人数据保护权。

3. 由于在处理个人数据方面与保护自然人有关的原因,不得限制或禁止在欧盟内个人数据的自由流动。

第2条 适用范围

1. 本条适用于全部或部分通过自动化方式处理个人数据,以及适用于通过自动化方式以外的构成归档系统一部分或旨在构成归档系统一部分的个人数据的处理。

2. 本法规不适用于处理个人数据:

（a）在超出欧盟法律范围的活动过程中;

（b）成员国在进行 TEU 第五章、第二章范围内的活动时;

（c）由自然人在纯粹的个人或家庭活动中进行;

（d）主管当局为预防、调查、侦查或起诉刑事犯罪或执行刑事处罚,包括维护和防止对公共安全的威胁而设立的。

3. 对于欧盟机构、机关、办公室和机构的个人数据处理,适用（EC）第 45/2001 号条例。（EC）No 45/2001 法规和适用于此类个人数据处理的

---

① 根据《欧盟一般数据保护条例》的英文版翻译。

其他欧盟法律行为,应根据第 98 条对本法规的原则和规则进行调整。

4. 本法规不应损害 2000/31/EC 指令的适用,尤其是该指令第 12 条至第 15 条中的中间服务提供商的责任规则。

第 3 条　地域范围

1. 本条例适用于在欧盟中控制者或处理者的机构的活动范围内处理个人数据,无论该处理是否在欧盟中进行。

2. 本规则适用于由欧盟中未设立的控制者或处理者处理欧盟中的数据主体的个人数据,其中处理活动涉及:

(a) 向欧盟中的此类数据主体提供商品或服务,而不论是否需要对数据主体进行付款

(b) 就其行为发生在欧盟内部的情况进行监督。

3. 本条例适用于在欧盟之外设立,但基于国际公法成员国的法律对其有管辖权的数据控制者的个人数据处理。

第 4 条　定义

就本规例而言:

(1)"个人数据"是指与已识别或可识别的自然人("数据主体")有关的任何信息;可识别的自然人是指可以直接或间接识别的自然人,特别是可以参考诸如姓名、识别号、位置数据、在线标识符之类的标识符,或者可以参考特定于身体、生理、该自然人的遗传、心理、经济、文化或社会身份;

(2)"处理"是指对个人数据或个人数据集执行的任何操作或一组操作,无论是否通过自动化方式进行,例如收集、记录、组织、结构化、存储、调整或更改、检索、咨询、使用、通过传输而公开、散布或其他方式对他人公开、排列或组合、限制、删除或销毁而公开等自动化方式;

(3)"限制处理"是指标记存储的个人数据,以限制将来对它们的处理;

(4)"用户画像"是指自动处理个人数据的任何形式,包括使用个人数据评估与自然人有关的某些个人方面,尤其是分析或预测有关该自然人的工作表现、经济状况、健康状况、个人喜好、兴趣、可靠性、行为方式、位置或行踪;

(5)"匿名化"是指以以下方式处理个人数据:在不使用附加信息的情况下,不再可以将个人数据归因于特定数据主体,但前提是此类附加信息应单独保存并且受技术和组织措施的约束确保个人数据不归因于已识

别或可识别的自然人；

（6）"档案系统"是指可以根据某种特定标准——无论这种标准是去中心化的、分散的，还是功能性的或是基于地理而设置的——而可以访问的个人数据的结构化集合；

（7）"控制者"是指那些决定——不论是单独决定还是共同决定——处理个人数据的目的和方式的自然人或法人、公共机构、规制机构或其他实体；如果此类处理的目的和方式是由欧盟或成员国法律确定的，则认定控制者或者确定控制者的具体标准由欧盟或成员国法律规定；

（8）"处理者"是指代表控制者处理个人数据的自然人或法人、公共机构、规制机构或其他实体；

（9）"收件人"是指向其披露个人数据的自然人或法人、公共机构、规制机构或其他实体，不论其是否为第三方。但根据欧盟或成员国法律可能在特定调查框架内接收个人数据的公共机构不应被视为接收者，公共机构对这些数据的处理应根据应当根据处理目的遵循可适用的数据保护规则；

（10）"第三方"是指除了数据主体、控制者、处理者、控制者或处理者直接授权其处理个人数据之外的自然人或法人、公共机构、规制机构或组织；

（11）数据主体的"同意"是指数据主体通过声明或者某项清晰的确信行动而自由作出的、充分知悉的、不含混的、表明同意对其相关个人数据进行处理的意愿；

（12）"个人数据泄露"是指违反安全政策导致传输、存储或以其他方式处理的个人数据的意外或非法销毁、丢失、更改、未经授权而被披露或访问；

（13）"遗传数据"是指与自然人的遗传或获得性遗传特征有关的且提供有关该自然人的生理或健康的独特信息（尤其是从对自然人的生物样本进行分析可以得出的独特信息）的数据；

（14）"生物特征数据"是指由与自然人的身体、生理或行为特征有关的特定技术处理产生的且可以识别或确定自然人的独特标识的个人数据，如脸部形象或指纹数据；

（15）"有关健康的数据"是指与自然人的身心健康有关的可以揭示其健康状况信息的个人数据，包括和卫生保健服务相关的服务；

（16）"主要营业机构"是指：

（a）如果控制者在一个成员国内有多处营业机构的，在欧盟的管理中心所在地为主要营业机构；但是，个人数据处理的目的与方式是由控制者的另一个机构决定、实施的，该机构视为是主要营业机构；

（b）如果处理者在一个成员国内具有多处机构的，在欧盟的管理中心所在地为主要营业机构。如果处理者在欧盟没有管理中心的，在遵守本条例规定的特殊责任的前提下，其在欧盟的主要处理活动发生地的机构视为主要营业机构；

（17）"代表"是指控制者或处理者根据第 27 条在欧盟书面委任的代表控制者或处理者承担本条例规定义务的自然人或法人；

（18）"经济主体"是指从事经济活动的自然人或法人，不论其法律形式如何，包括定期从事经济活动的合伙或协会；

（19）"企业集团"是指控股企业及其控股的企业；

（20）"具有约束力的公司规则"是指在某一成员国内设立的控制者或处理者，为了在企业集团内部或联合经济活动的经济主体内部将个人数据转移给一个或多个第三国的控制者或处理者时所应当遵循的个人数据保护的公司规则；

（21）"监管机构"是指成员国根据第五十一条设立的独立公共机构；

（22）"有关的监管机构"是指基于如下原因而与处理个人数据有关的监管机构：

（a）控制者或处理者是在某监管机构所在的成员国境内所设立的；

（b）数据处理对居住在某监管机构所在地成员国的数据主体具有实质性影响的；或者

（c）已向该监管机构投诉的；

（23）"跨境处理"是指：

（a）个人数据处理是在一个控制者或处理者在多个成员国所设立的多个营业机构内的；或者

（b）个人数据处理是在欧盟内的控制者或处理者的单一营业机构内进行的，但其对两国或两国以上的数据主体产生实质性影响的；

（24）"相关和合理的异议"是指是对是否存在违反本条例的情形，或者某项与控制者或处理者相关的初步设想是否符合本条例的异议，即有证据这种初步设想的决定会给数据主体的基本权利、自由，以及在某些情

形下对欧盟的个人数据自由流通带来风险;

(25)"信息社会服务"是指欧洲议会和理事会(19)指令(EU)2015/1535第1(1)条(b)点定义的服务;

(26)"国际组织"是指受国际公法,或由两个或多个国家之间或基于该协议而建立的组织及其下属机构。

第二章 原 则

第5条 有关个人数据处理的原则

1. 对于个人数据,应遵循下列规定:

(a) 应当以合法、公正、透明的方式处理涉及数据主体的个人数据("合法,公平和透明");

(b) 应当以有具体的、清晰的和正当的目的收集个人数据,且对个人数据的处理违反初始目的;根据第89(1)条之规定,出于公共利益,科学研究或历史研究目的或统计目的而进行存档的进一步处理,不应视为违反初始目的不符("目的限制");

(c) 应当以适当的、相关的和必要的方式处理个人数据来实现数据处理目的("数据最小化");

(d) 应当准确,并在必要时保持最新;考虑到处理目的,必须采取一切合理步骤以确保不准确的个人数据被删除或纠正而不会造成延误("准确性");

(e) 对于能够识别数据主体的个人数据,其储存时间不得超过实现其处理目的所必需的时间,但为了实现公共利益、科学或历史研究目的或统计目的,以及保障数据主体的权利和自由,并采取了本条例第89(1)条规定的合理技术与组织措施的除外("存储限制");

(f) 应当使用适当的技术或组织措施("完整性和机密性")以确保适当保护个人数据安全的方式进行处理,包括防止未经授权或非法处理以及防止意外丢失,破坏或损坏。

2. 控制者应对第1款("问责制")负责,并能够证明符合该款的规定。

第6条 处理的合法性

仅在下列情形中至少一项适用的范围内,处理才是合法的:

(a) 数据主体已同意出于一种或多种特定目的处理其个人数据的;

(b) 为了完成某项数据主体所参与的契约或者在签订契约前基于数据主体的请求,处理个人数据的;

(c) 控制者为了履行法律义务而必须处理个人数据的;

(d) 控制者为了保护数据主体或另一个自然人的切身利益而必须处理个人数据的;

(e) 控制者为了公共利益或依据官方赋予的权力执行任务而必须处理个人数据的;

(f) 控制者或第三方所追求的正当利益而必须处理个人数据的,但不包括需要通过个人数据保护以实现数据主体特别是儿童的优先性利益或基本权利与自由。第 1 款(f)点不适用公共机构在履行其任务时的处理。

2. 对于第 1 款(c)和(e)规定的处理,成员国可以维持或新制定更多具体条款,以适应本条例规则的适用。为了确保合法与合理处理,成员国可以制定包括第九章规定的其他特定的处理情形的更为明确规定。

3. 第 1 款(c)和(e)点所指的处理应通过以下法律规定:

(a) 欧盟法律

(b) 控制者所属的成员国的法律。处理的目的应在以上法律基础上确定,而对于执行第 1 款(e)项规定,处理的目的应当是出于公共利益或基于公务目的而执行某一任务。以此法律基准可以包含如下特定条款,以适应对本条例规则的适用:管制控制者合法处理的一般条件;需处理的数据类型;有关的数据主体;可以披露个人数据的实体和目的;目的限制;储存期;加工操作和加工程序,包括第九章在内的确保合法和公平加工的措施。欧盟或成员国法律应实现公共利益的目标,并与追求的合法目标相称。

4. 如果出于收集个人数据的目的以外的目的而进行的处理既不是基于数据主体的同意,也不是基于第 23 条第(1)款所述的构成民主社会中维护目标的必要且成比例的措施,为了确定出于其他目的进行的处理是否与最初收集个人数据的目的兼容外,应考虑到:

(a) 收集个人数据的目的与预期的进一步处理的目的之间的所有关联;

(b) 收集个人数据的语境,特别是关于数据主体与控制者之间的关系;

(c) 个人数据的性质,特别是是否根据第 9 条处理了特殊类别的个人数据,或者是否根据第 10 条处理了与刑事定罪和犯罪有关的个人数据;

(d) 数据主体计划进行进一步处理的可能后果;

(e) 是否存在加密或匿名化等适当的保护措施。

第 7 条　同意条件

1. 处理建立在同意基础上的,控制者需证明数据主体已经同意对他个人数据进行处理。

2. 数据主体的同意是在涉及其他事项的书面声明的情形下作出的,请求获得同意应当使用容易理解的形式、清晰平白的语言且应当完全区别于其他事。任何违反本条例的声明都不具有约束力。

3. 数据主体有权随时撤回同意,但在撤回之前,对于基于同意的处理的合法性不受影响。数据主体应当在数据主体表达同意之前被告知这点。撤回同意应当和表达同意一样简单。

4. 分析同意是否是自由做出的,应当最大限度地考虑对契约的履行(包括履行条款规定的服务)是否要求同意履行契约所不必要的个人数据处理。

第 8 条　信息社会服务中适用于儿童的同意条件

1. 第 6(j)条(a)适用的情形,为儿童直接提供信息社会服务的请求,处理年满 16 周岁儿童的个人数据是合法的,处理不满 16 周岁儿童的个人数据只有获得对儿童具有父母监护责任的主体同意或授权才是合法的。

2. 成员国可以依法规定较低的年龄,但不得低于 13 周岁。

3. 控制者应当采取合理的努力且结合技术可行性,确保对儿童具有父母监护责任的主体已经授权或同意。

4. 第 1 款不得影响成员国的一般合同法,例如关于儿童的合同有效性、形成与效力的规则。

第 9 条　特殊类别个人数据的处理

1. 应当禁止处理能够显示种族或民族背景、政治观念、宗教或哲学信仰或工会成员身份的个人数据、基因数据、为了特定识别自然人的生物性识别数据,以及与自然人健康、个人性生活或性取向相关的数据。

2. 符合下列条件之一,第 1 款则不适用:

（a）数据当事人已明确同意出于一个或多个特定目的处理这些个人数据，但依照欧盟或成员国法律规定，数据主体无权解除第1款中规定的禁令的除外；

（b）处理对于控制者履行责任以及行使其特定权利是必要的，或者对于在雇佣、社会安全与社会保障法领域采取符合欧盟或成员国法律或集体协议的措施以保护数据主体的根本权利和利益是必要的；

（c）数据主体因为身体原因或法律原因而无法表达同意，但处理对于保护数据主体或另一自然人的核心利益却是必要的；

（d）基金、协会或其他具有政治、哲学、宗教或工会目的的非营利机构的正当性活动中所进行且采取了恰当的保护措施的处理；或者处理目的仅与机构成员、之前成员或具有经常联系的人相关且个人数据在经数据主体同意前不对实体之外的人公开；

（e）处理涉及数据主体明显公开的个人数据；

（f）为确立、行使或抗辩法律主张或在法院以司法身份行事时，有必要进行处理的；

（g）根据欧盟或成员国法律，出于实质性公共利益的考虑，有必要进行处理，但需要建立在欧盟或成员国的法律基准之上、对实现目标是相称的，尊重数据保护权的核心要素，且为数据主体的基本权利和利益提供合适和特定的保护措施；

（h）为了预防或临产医学目的，评估雇员的工作能力、医疗诊断、提供保健或社会护理或治疗或管理保健或社会护理系统和服务，必须进行处理的，但需要基于欧盟或成员国法律或遵循和健康职业机构签订的契约并遵循并遵守第3款所述的条件和保障措施；

（i）出于公共卫生领域公众利益的考虑，有必要进行处理的，例如，在欧盟或成员国内已经为保障数据主体的权利与自由而采取合适与特定措施的法律基础上，处理对于预防严重的跨境健康威胁是必要的，或者为了保障医疗质量和安全、医疗产品或医疗设备的高质量和安全是必要的；或者

（j）根据欧盟或成员国法律、第89条第1款，出于公共利益、科学研究或历史研究目的或统计目的，出于存档目的，有必要进行处理的，该处理应与所追求的目标相称，并尊重权利的实质数据保护，并提供适当和具体的措施来维护数据主体的基本权利和利益。

3. 根据欧盟或成员国的有权机构制定的法律或规则而负有保守职业性秘密责任的职业主体，或者根据欧盟或成员国的有权机构所制定的法律或规则而负有保守秘密责任的自然人，为了第 2 款(h)点规定的目的实现有权处理第 1 款规定的个人数据。

4. 成员国可在处理遗传数据、生物特征数据或有关健康的数据方面可以维持原有的规定或引入包括限制在内的其他条件。

第 10 条　处理与刑事定罪和犯罪有关的个人数据

根据第 6 条第(1)款处理与刑事定罪和犯罪有关的个人数据或相关安全措施的操作，仅应在官方授权的控制下进行，或者在处理时得到欧盟或成员国法律的授权，为此类行为提供适当的保障数据主体的权利和自由。任何全面的刑事定罪记录都应仅在官方授权的控制下保存。

第 11 条　不需要识别的处理

1. 控制者处理个人数据的目的不需要或不再需要控制者对数据主体进行识别的，不得以遵循本条例为由强制控制者承担维持、获取或处理额外信息以识别数据主体的责任。

2. 有第 1 款规定的情形且控制者能够证明自己不适合识别数据主体的，(如有可能)数据控制者应当告知数据主体。第 15 条至 20 条不适用此类情形，数据主体为行使第 15 条至 20 条规定的权利需要提供额外信息而使得对其识别变得可能的除外。

第三章　数据主体的权利

第一节　透明度和方式

第 12 条　信息、交流与模式的透明性以保证数据主体权利的行使

1. 涉及第 13 条和第 14 条提到的任何信息以及第 15 条至第 22 条和第 34 条规定的与处理数据主体有关的任何来文和通俗易懂的语言(特别是针对儿童的任何信息)，实际控制者应当采取简明、透明、易懂且易于访问的形式提供。信息应以书面形式或其他方式提供，包括在适当情况下以电子方式提供。数据主体的身份可通过其他途径得到证实的，控制者可依主体申请以口头方式提供相关信息。

2. 控制者应当对数据主体行使第 15 条至 22 条的权利提供帮助。有第 11(2)条规定的情形的，数据主体请求其行使第 15 条至 22 条的权利，控制者得拒绝,但控制者能够证明他是不适宜识别数据主体的除外。

3. 数据主体根据第 15 条至第 22 条的规定提出请求后,控制者应当在收到请求后一个月内提供信息,不得无故拖延。请求复杂与多样的,可以延长两个月,控制者应当在收到请求的一个月内将延长以及延长原因告知数据主体。数据主体以电子形式做出请求的,控制者应当以电子形式提供信息,数据主体有不同请求的除外。

4. 控制者没有对数据当事人的请求采取措施的,控制者应及时告知数据主体在收到请求后一个月内未能采取行动的具体原因,以及可向监管机构提出申诉与司法救济。

5. 依据第 13 条和第 14 条提供的信息、第 15 条至第 22 条和第 34 条作出的咨询服务和采取的行动应当免费。数据主体的请求明显不具备正当理由或超过必要限度的(特别是重复性请求的),控制者可以采取以下措施,但需证明数据主体的请求不具备正当理由或超过必要限度:

(a) 考虑到提供信息、通讯、或采取相关行为措施,可以收取合理费用;或者

(b) 拒绝对请求采取措施。

6. 在不违反第 11 条的前提下,控制者可以对第 15 条至第 21 条中提出要求的自然人的身份有合理怀疑的,可以要求数据主体提供必要的额外信息以确认数据主体身份。

7. 根据第 13 条和第 14 条提供给数据主体的信息可以和标准化的图标一起提供,方便数据主体能够以易懂的和清晰的方式全盘理解计划处理的数据。当图标以电子化方式提供的,必须是机器可读的。

8. 确定图标所提供的信息以及提供标准化图标的程序,欧盟理事会根据第 92 条制定授权行动。

第二节　信息与个人数据的访问

第 13 条　收集数据主体个人数据时应当提供的信息

1. 收集数据主体有关的个人数据时,控制者应在获取个人数据时应当向数据主体提供如下的信息:

(a) 控制者以及控制者代表(如适用)的身份和联系方式;

(b) 数据保护人员的联系方式,如适用;

(c) 个人数据的处理目的以及处理的法律依据;

(d) 控制者或第三方追求的合法利益是根据第 6 条第 1 款第(f)项进行处理的；

(e) 个人数据的收件人或收件人类别，如果；

(f) 如果适用的话，控制者期望将数据转移到第三国或国际组织的事实、欧盟委员会作出或未作出充分决定的事实，或者在第 46 条或第 47 条或者第 49(1)条的第二小款规定的转移情形中，所采取的适当保障措施的参考资料、获取它们备份的方式，或者获取它们的途径。

2. 除第 1 款所述的信息外，控制者还应在获得个人数据时向数据主体提供以下必要的进一步信息，以确保公平和透明的处理：

(a) 个人数据的存储期限与确定该期限的标准；

(b) 数据主体的权利：要求控制者提供对个人数据的访问、更正或擦除，或者限制或反对相关处理的权利，以及数据携带权；

(c)如果处理是基于第 6 条第(1)款(a)项或第 9 条第(2)款(a)项，则随时都有撤回且撤回之前根据同意而进行处理的合法性同意的权利；

(d) 向监督机关申诉的权利；

(e) 提供个人数据是法律的规定还是合同法的要求，是否对于缔结一项契约是必要的，数据主体是否有责任提供个人数据，以及没有提供此类数据会造成的可能后果。

(f) 存在自动化的决策，包括第 22(1)和(4)条规定的用户画像，以及在此类情形下，对于相关逻辑、包括此类处理对于数据主体的预期后果的有效信息。

3. 控制者进一步处理个人信息的目的与收集个人信息的目的不一致的，控制者应当在进一步处理之前向数据主体提供此类目的的信息，以及第 2 款规定的相关进一步信息。

4. 第 1、2 和 3 款不适用于数据主体已经拥有信息的情况。

第 14 条　未获得数据主体个人数据的情形下，应当提供的信息

1. 如果尚未从数据主体获得个人数据，则控制者应向数据主体提供以下信息：

(a) 控制者以及控制者代表(如适用)的身份和联系方式；

(b) 资料保护官的联络资料，如适用；

(c) 个人数据的处理目的、法律依据；

(d) 相关个人数据的类型；

(e) 个人数据的接收者或接收者的类型,如果有;

(f) 在适用的情况下,控制者期望将数据转移到第三国或国际组织、欧盟委员会作出或未作出的充足保护的认定,或者在第 46 条或第 47 条或者第 49(1)条的第二小款规定的转移情形中,所采取的适当保障措施的参考资料、获取它们备份的方式,或者获取它们的途径。

2. 除第 1 款规定的应当提供的信息外,控制者还应向数据主体提供如下的必要的信息,以确保对数据主体进行公正和透明的处理:

(a) 个人数据的存储期限与确定该期限的标准;

(b) 控制者或第三方追求的合法利益是根据第 6 条第 1 款第(f)项进行处理的;

(c) 数据主体的权利:要求控制者提供对个人数据的访问、更正或擦除,或者限制或反对相关处理的权利,以及数据携带权;

(d) 如果处理是基于第 6 条第(1)款(a)项或第 9 条第(2)款(a)项,则随时都有撤回且享有撤回之前根据同意而进行处理的合法性同意的权利;

(e) 向监管机构申诉的权利;

(f) 个人数据的来源,以及如果适用的话,其是否来源于可公开访问的;

(g) 存在自动化的决策,包括第 22(1)和(4)条规定的用户画像,以及在此类情形下,对于相关逻辑、包括此类处理对于数据主体的预期后果的有效信息。

3. 控制者应按照如下的方式提供第 1 和第 2 条所述的信息:

(a) 在获得个人数据后的合理期限内,特定的情形的合理期限不得超过一个月;

(b) 如果将个人数据用于与数据主体进行通信的,最迟应当在其和数据主体进行第一次通信时提供信息;或者

(c) 如果打算向另一接收者披露,则最迟应当在个人数据首次披露时提供信息。

4. 如果控制者因为与收集个人信息时不一致的目的而进一步处理个人信息的,应当在进一步处理之前向数据主体提供此类目的的信息,以及提供第 2 款规定的相关进一步信息。

5. 第 1 至第 4 条不适用于以下情形:

(a) 数据主体已拥有信息;

(b) 此类信息的提供是不可能的,或者说需要付出某种不相称的工作,在如下情形中尤其不适用:为了实现公共利益、科学或历史研究目的或统计目的,为了保障数据主体的权利和自由,并采取了本条例第89(1)条所规定的合理技术与组织措施;或者本条第1款规定的责任会严重妨碍实现处理的目标。在此类情形中,控制者应当采取恰当的措施保护数据主体的权利与自由与正当利益,包括使得信息可以公开获取;

(c) 获取或披露的信息是由控制者所遵循的欧盟或成员国法律明确规定的,并规定了适当的措施来保护数据主体的合法利益;或者

(d) 个人数据必须保密时,应遵守欧盟或成员国法律规定的专业保密义务,包括法定保密义务。

第 15 条　数据主体的访问权

1. 数据主体有权从控制者处知悉其个人数据是否被处理的信息,如果被处理,有权访问个人数据和获取以下信息:

(a) 处理的目的;

(b) 个人数据的类型;

(c) 个人数据已经被或将被披露给接收者或接收者的类型,特别是当接收者属于第三国或国际组织时;

(d) 在可能的情况下,将存储个人数据的预期期限,或者在不可能的情况下,确定此期限的标准;

(e) 数据主体要求控制者纠正或擦除个人数据、限制或反对对数据主体相关的个人数据进行处理的权利;

(f) 向监管机构申诉的权利;

(g) 如果没有从数据当事人那里收集个人数据,有权获取关于其来源的任何可用信息;

(h) 存在自动化的决策,包括第22(1)和(4)条规定的数据分析,以及在此类情形下,对于相关逻辑、包括此类处理对于数据主体的预期后果的有效信息。

2. 如果个人数据被转移到第三国或国际组织,数据主体有权获取符合第46条规定的恰当保障措施的信息。

3. 控制者应当对进行处理的个人数据提供一份备份。对于任何数据主体所要求的额外备份,控制者可以根据数据管理成本收取合理的费用。当数据主体通过电子方式而请求,应当以通常使用的电子方式提供,数据

主体另有其他请求的除外。

4. 获取第 3 款中规定的备份的权利不得对他人的权利与自由产生不利影响。

第三节　更正与擦除

第 16 条　更正权

数据主体有权从控制者那里获得有关他或她的不正确个人数据的更正的权利。考虑到处理的目的,数据主体应有权完成不完整的个人数据,包括通过提供补充声明的方式。

第 17 条　擦除权("被遗忘权")

1. 数据主体有要求控制者擦除关于其个人数据的权利,有下列情形之一的,控制者应当及时擦除个人数据:

(a) 个人数据对于实现其被收集或处理的相关目的不再是必需的;

(b) 数据主体撤回根据第 6 条第 1 款第(a)项或第 9 条第 2 款第(a)项进行处理的同意,且在没有其他法律依据的情况下进行处理的;

(c) 数据主体反对根据第 21(1)条进行处理的,并且有有力的正当理由的,或者数据主体反对根据第 21(2)条进行处理的;

(d) 个人数据已被非法处理的;

(e) 基于欧盟或成员国法律规定的义务,控制者必须删除个人数据的;

(f) 已收集第 8(1)条规定的信息社会服务相关个人数据的。

2. 控制者已经公开个人数据且负有第 1 款规定的擦除个人数据的义务,控制者应当考虑可行技术与执行成本,采取包括技术措施在内的合理措施告知正在处理个人数据的其他控制者,数据主体要求擦除与个人数据相关的链接、备份或复制的。

3. 第 1 款和第 2 款不适用于以下的情形:

(a) 行使表达自由权和信息自由权的;

(b) 控制者执行或者为了执行基于公共利益的某项任务,或者基于被授予的官方权威而履行某项任务,欧盟或成员国的法律要求进行处理,以便履行其法律职责的;

(c) 基于第 9(2)条(h)和(i)以及第 9(3)条规定的公共卫生领域的公共利益考虑的;

(d) 第 1 款规定的权利会受严重影响的,或者会严重阻碍第 89(1)条规定的公共利益目的、科学或历史研究目的或统计目的的实现的;或者

(e) 提起、行使或抗辩法律主张的。

第 18 条　限制处理权

1. 在下列情况之一适用的情况下,数据当事人有权从控制者处获得处理限制:

(a) 数据主体对个人数据的准确性提出质疑,其期限应使控制者能够核实个人数据的准确性;

(b) 处理是非法的,并且数据主体反对删除个人数据并要求限制其使用;

(c) 控制者不再需要出于处理目的的个人数据,而是数据主体为建立,行使或主张法律主张而需要的个人数据;

(d) 在核实控制者的合法理由是否凌驾于数据主体的合法理由之前,数据主体已反对根据第 21 条第 1 款进行处理。

2. 在根据第 1 款限制了处理的情况下,此类个人数据(除存储外)仅应在数据当事人的同意下,为确立、行使或抗辩法律主张或为保护他人权利而处理。自然人或法人,或出于欧盟或会员国重要公共利益的考虑。

3. 依照第 1 款获得处理限制的数据主体应在取消处理限制之前通知控制者。

第 19 条　关于更正或删除个人数据或限制处理的通知义务

根据第 16、17(1)、18 条规定限制或擦除个人数据或限制处理个人数据的,控制者应当告知个人数据的每个接收者,但告知是不可能的,或者需要付出不相称工作的除外。数据主体提出要求的,控制者应当将关于接收者的情形告知数据主体。

第 20 条　数据携带权

1. 有下列情形的,数据主体有权获得提供给控制者经过整理的、普遍使用的和机器可读的相关个人数据,有权无障碍地将此类数据从控制者那传输给另一控制者:

(a) 处理是根据第 6 条第(1)款(a)项或第 9 条第 2 款(a)项的同意或第 6 条第(1)款(b)项的合同进行的;和

(b) 加工是通过自动化方式进行的。

2. 数据主体有权根据第 1 款的规定在技术上可行的情况下将个人数

据直接从一个控制者传输到另一个控制者。

3. 行使本条第 1 款规定的权利不得影响第 17 条的规定。本条第 1 款规定的权利不适用于控制者为公共利益，或者为根据官方被授权进行的必要处理。

4. 行使本条第 1 款权利时不得对他人的权利和自由产生不利影响。

第四节 反对的权利和自动化的个人决策

第 21 条 反对权

1. 根据第 6(1)条(e)或(f)点进行数据处理(包括根据这些条款而进行的用户画像)的，数据主体有随时反对的权利。数据主体提出反对的，控制者应当立即停止个人数据处理行为，但控制者证明具有充分的正当理由需要进行处理，或者处理是为提起、行使或辩护主张的除外。

2. 数据主体有权随时反对为直接营销目的处理个人数据的行为，包括与直接营销相关的用户画像。

3. 数据主体反对为直接营销目的处理个人数据的，不得处理个人数据。

4. 第 1 款和第 2 款规定的权利应当最迟在和数据主体的第一次沟通中让数据主体明确知晓，且应当与其他信息区分开来，清晰地告知数据主体。

5. 在使用社会信息服务的情形中，数据主体有不受 2002/58/EC 指令影响，自动使用技术规范行使异议权的权利。

6. 根据第 89 条第(1)款，基于科学研究、历史研究、或统计目的处理个人数据，数据主体应基于与其特定情况相关的理由反对处理有关个人数据的权利，但基于公众利益的除外。

第 22 条 自动化的个人决策(包括用户画像)

1. 数据主体有权反对完全依靠自动化处理(保护用户画像)对数据主体产生法律效力或对数据主体产生类似的重大影响的决策。

2. 第 1 款将不适用如下情形下做出的决策：

(a) 是数据主体与数据控制者之间订立或履行合同所必需的；

(b) 控制者做出的决策已获得欧盟或成员国法律的授权，并且还制定了适当的保护数据主体权利、自由和合法利益措施的；

(c) 基于数据主体明确同意的。

3. 在第 2 款(a)和(c)规定的情形之中,数据控制者应当采取适当措施保障数据主体的权利、自由、正当利益,以及数据主体对控制者进行人工干涉,以便表达其观点和对决策进行异议的基本权利。

4. 第 2 款规定的决策不是适用于第 9 条第(1)款规定的特殊类型的个人数据,除非符合第 9 条第(2)款的(a)或(g)点的规定,且采取了适当的保护该数据主体的权利、自由和合法利益措施的除外。

第五节　限制条件

第 23 条　限制条件

1. 在确保其法律条款和第 12 条至第 22 条所赋予的责任与权利相对应的前提下,欧盟法律或该成员国法律可以通过立法手段限制第 12 条至第 22 条、第 34 条以及第 5 条所赋予的责任范围调整受欧盟法律或某成员国法律约束的控制者或处理者。如果此类限制尊重基本权利与自由的核心要素,且实现如下民主社会中的目的所必要和成比例的措施的应当被允许:

(a) 国家安全;

(b) 国防;

(c) 公共安全;

(d) 预防、调查、侦查或起诉刑事犯罪或执行刑事处罚,包括维护和预防对公共安全的威胁;

(e) 其他欧盟或某个成员国的重要一般公共利益,特别是欧盟或某个成员国的经济或金融利益(包括财政、预算、税收事项、公共健康和社会安全);

(f) 司法独立和司法诉讼;

(g) 预防、调查、侦查和起诉违反职业伦理的行为;

(h) 和行使(a)(b)(c)(d)(e)(g)点中规定的官方权威相联系的某项监控、调查或规制功能;

(i) 保护数据主体或他人的权利和自由;

(j) 实施民事主张。

2. 需要注意,第 1 款所指的任何立法措施均应至少包含以下方面的具体规定:

(a) 处理目的或处理类型;

（b）个人数据的类型；

（c）施加限制的范围；

（d）防止滥用或非法访问或转让的保障措施；

（e）控制者或矗立着的类型；

（f）考虑到处理的性质、范围和目的或加工类型、贮存期和适用的保障措施；

（g）数据主体的权利和自由面临的风险

（h）告知数据主体有关限制的权利，有损于限制目的的除外。

第四章　控制者和处理者

第一节　一般义务

第 24 条　控制者责任

1.考虑到处理的性质、范围、背景和目的以及自然人的权利和自由带来的潜在性变化的风险，控制者应采取适当的技术和措施，以确保能够证明依据本法规已经进行了处理。这些措施应在必要时进行审查和更新。

2.第 1 款规定的措施与处理活动成比例的，本款规定的措施应包括控制者执行数据时的保护政策。

3.控制者遵守第 40 条规定的已经生效的行为准则，或遵守第 42 条规定的已经生效的认证机制可以被用以证明责任的合规性。

第 25 条　通过设计、默认情况下的数据保护

1.考虑到现有技术、实施成本以及加工的性质、范围、背景和目的，以及在运行过程中，自然人的权利和自由所造成的潜在变化的风险，控制者在确定处理手段时以及在处理本身时，均应在设计中采取适当技术和组织措施，例如假名旨在实施数据保护原则的，例如，控制者可以采取匿名化，设计用来实施数据保护原则（比如数据最小化原则）的措施。

2.控制者有责任采取适当的技术与组织措施保障在默认情况下，只有某个特定处理目的所必要的个人数据被处理。责任适用于收集的个人数据的数量、处理的限度、储存的期限以及可访问性。组织措施应当确保在默认情况下没有个体介入，个人数据不能为不特定数量的自然人访问。

3.根据第 42 条的某种已生效的认证机制的可以被用来证明本条第 1 款和第 2 款规定的合规要求。

第 26 条 共同控制者

1. 两个或两个以上的控制者共同确定处理目的与方法的,是共同控制者。共同控制者应以透明的方式确定各自依据本法规应履行的义务,特别是在行使数据主体的权利及其各自应提供第 13 条和第 14 条所述信息的义务,但欧盟或成员国的法律已经对控制者施加了相应责任的除外。

2. 第 1 款规定的合约安排应当恰当地反映相对于数据主体的共同控制者的相应角色和相互关系。数据主体应当可以知晓安排的实质。

3. 不论第 1 款规定的合约安排条款如何,数据当事人都可以依据本条款的规定对每个控制者行使其权利。

第 27 条 在欧盟未设立的控制者或处理者的代表

1. 适用第 3 条第 2 款规定情形的,控制者或处理者应当以书面形式在欧盟委任一名代表。

2. 本条第 1 款规定的义务不适用于:

(a) 除了第 9(1)条规定的特定类型数据的大规模处理,或者第 10 条规定的和刑事定罪或违法相关的个人数据处理之外的偶尔性处理,以及考虑到处理的性质、语境、范围和目的不太可能给自然人的权利与自由带来风险的处理;或者

(b) 公共机构或实体。

3. 为数据主体提供相关商品或服务或者监控数据主体行为的,数据主体所在国之一应当设立代表。

4. 为确保遵守本条例,涉及处理的事项,控制者或处理者应当做出强制性规定确保代表能在控制者或处理者之外收到信息或者替代控制者或处理者收到信息,以及对于监管机构和数据主体所要求的事项。

5. 控制者或处理者委任代表不得影响控制者或处理者的法律行动。

第 28 条 处理者

1. 处理者代表控制者进行处理的,控制者应当选用有充分保证的、可采取合适技术与组织措施的、处理方式符合本条例要求且能保障数据主体权利的处理者。

2. 未经控制者的事先特定或一般书面授权,处理者不得雇用其他处理者。在获得一般书面授权的情况下,处理者应将与其他处理者的添加或更换有关的任何预期变更通知控制者,确保其有机会反对此类变更。

3. 处理者的处理应当受某类合同或其他欧盟法与成员国法的约束。

合同或法律应当规定处理者相对于控制者的责任、主体事项、处理期限、处理性质与目的、个人数据的类型、数据主体的类型以及控制者的责任与权利。合同或法律尤其应当对如下情形做出规定：

（a）只有在收到控制者的书面指示时才可以处理个人数据，包括涉及将个人数据转移到第三国或某个国际组织，但欧盟或成员国法律对处理者有要求的除外。处理者应当在处理之前将法律要求告知控制者，告知会影响重要公共利益的除外；

（b）确保有权处理个人数据的人员履行保密义务或负有适当的法定保密义务；

（c）采取第 32 条所要求的所有措施；

（d）尊重第 2 和第 4 款提及的聘请另一处理者的条件；

（e）结合处理的性质，在可能的情形下，通过合适的技术与组织手段帮助控制者履行其责任，确保数据主体能够行使其第三章规定的权利；

（f）结合处理的性质与处理者可获得的信息，协助控制者遵守第 32 至 36 条规定的义务；

（g）基于控制者的选择，在提供和处理相关的服务结束后应当将个人数据及其备份删除或返还给控制者，欧盟或成员国的法律要求储存个人数据的除外；

（h）给控制者提供所有能够证明其已经遵循本条款规定责任的信息，以及有利于控制者或控制者委任的审计员进行审计和核查的信息。如果处理者认为某项指示违反了本条例或其他欧盟或成员国的数据保护条款，其应当立即告知控制者。

4. 处理者代表控制者为了进行特定的处理活动聘请另一处理者的，第 3 款规定的控制者和处理者之间的合同或其他法律条款规定的数据保护责任通过合同或欧盟或成员国的法律条款对其实现同等适用，特别是应当采取充分的保障措施、恰当的技术与组织手段。处理者承担另一个处理者无法完成其数据保护职责的义务。

5. 处理者遵守第 40 条规定的已经生效的行为准则的，或者遵守第 42 条规定的已生效的验证机制的，可以作为是证明处理者已经采取了本条款第 1 款和第 4 款规定的充分保障的证据。

6. 在不影响控制者和处理者之间的单独合同的前提下，第 3 款和第 4 款规定的合同或法律条款可以全部或部分运用本条第 7 款和第 8 款规定的格式合同条款,包括它们何时属于根据第42条和第43条规定的赋予控制者或处理者的验证机制。

7. 委员会可根据本条第3款和第4款规定的事项与第93条第2款规定的审查程序制定标准合同的条款。

8. 监督机关可以对本条第3款和第3款所指事项采用标准合同条款,并应遵循第63条所指的一致性机制。

9. 第3和第4款所指的合同或其他法律行为应为书面形式,包括电子形式。

10. 在不违反第82、83和84条的前提下,处理者通过确定处理的目的和手段违反了本条例的,视为该处理的控制者。

第29条 获得控制者或处理者授权的处理

未经控制者允许,对个人数据有访问权的处理者或控制者、处理者的代表人不得处理该个人数据,但欧盟法律或成员国法律另有规定的除外。

第30条 处理活动记录

1. 控制者以及(如适用)控制者的代表应保留其职责下的处理活动记录。该记录应包含以下所有信息:

(a) 控制者以及共同控制者、控制者的代表和数据保护官的姓名和联系方式;

(b) 处理的目的;

(c) 对数据主体类型和个人数据类型的描述;

(d) 个人数据已经被披露或将被披露给的接收者的类型,包括位于第三国或国际组织的接收者;

(e) (如适用)将个人数据转移到第三国或国际组织的记录(含识别此第三国或国际组织的记录),以及在第49(1)条第二款所提到转移的情形中,对适当保障措施的记录;

(f) (如适用)将为擦除不同类型数据的预计期限;

(g) (如适用)对第32(1)条所指的技术和组织安全措施进行一般性描述。

2. 每个处理者以及处理者的代表(如适用)应保存代表控制者执行的所有处理活动类型的记录,包括:

(a) 处理者或处理者及其代表的每个控制者的名称和联系方式,以及(如适用)控制者或处理者代表以及数据保护人员的姓名和联系方式;

(b) 代表每个控制者进行处理的类型;

(c)(如适用)将个人数据转移到第三国或国际组织(含该第三国或国际组织的身份),以及第49条第1款第2项所指的转移情形,对适当保障措施的记录;

(d)(如适用)对第32条第1款所指的技术和组织安全措施进行一般性描述。

3. 第1款和第2款所指的记录应为书面形式,包括电子形式。

4. 控制者或处理者,以及在适当情况下,控制者或处理者的代表,应按照要求将记录提供给监管机构。

5. 第1和第2款规定的责任不适用于雇员少于250人的经济主体或组织,处理不是偶尔性的且可能会对数据主体的权利与自由带来风险,或者其处理包含了第9(1)条规定的特定种类的数据或第10条规定的和刑事犯罪和违法相关的个人数据的除外。

第31条 与监管机构的合作

控制者和处理者及其代表(如适用)应根据要求与监管机构合作执行其任务。

第二节 个人数据的安全

第32条 处理的安全

1. 在考虑了最新水平、实施成本、处理的性质、处理的范围、处理的语境与目的,以及处理给自然人权利与自由带来的伤害可能性与严重性之后,控制者和处理者应当采取包括但不限于如下的适当技术与组织措施确保风险相称的安全水平:

(a) 个人数据的匿名化和加密;

(b) 保持处理系统与服务的保密性、公正性、有效性以及重新恢复的能力;

(c) 遭受物理性或技术性事件情形有能力恢复对个人数据的获取与访问;

(d) 具有为保证处理安全的常规性地测试、评估与评价技术性与组织性手段有效性的流程。

2. 评估合适的安全级别应当特别考虑运行带来的风险,尤其是意外或非法销毁、丢失、更改、未经授权披露或访问传输、存储或其他方式给个人数据所带来的风险。

3. 遵守第 40 条规定的已经生效的行为准则,或者遵守第 42 条规定的已经生效的验证机制可以用作证明符合本条第 1 款要求的要素。

4. 控制者和处理者应采取措施确保控制者或有授权者不会对其进行处理,除非得到控制者的指示,或根据欧盟或会员国法律必须作为。

第 33 条 向监管机构报告个人数据的泄露

1. 发生个人数据泄露,控制者不得无故拖延且在可行的情况下,应在知悉此事后不迟于 72 小时内,将个人数据泄露告知第 55 条规定的有权监管机构,个人数据泄露不太可能给自然人的权利和自由带来风险的除外。未在 72 小时内通知监管机构的,应附有延误原因。

2. 处理者在得知个人数据泄露后应立即告知控制者。

3. 第 1 款所指的报告应至少:

(a) 描述个人数据泄露的性质,包括在可能的情况下,有关数据主体的类型和大致数量,以及有关个人数据记录的类型和大致数量;

(b) 告知数据保护官的姓名与详细的联系方式,或者可以获取更多信息的其他联系方式;

(c) 描述个人数据泄露的可能后果;

(d) 描述控制者为解决个人数据泄露而采取或拟采取的措施,包括在适当情况下减轻其负面的措施。

4. 在不可能同时提供信息的情况下,可以分阶段及时提供信息。

5. 控制者应记录任何个人数据泄露事件,包括与个人数据泄露事件有关的事实、后果与采取的补救措施。该文件应使监管机构能够验证对本条的遵守情况。

第 34 条 向数据主体告知个人数据泄露

1. 个人数据泄露很可能给自然人的权利和自由带来高风险,控制者应立即将个人数据泄露告知数据主体。

2. 与本条第 1 款所指的数据主体的通信应以清晰明了的语言描述个人数据泄露的性质,并且应当至少包括第 33(3)条(b)(c)(d)点提供的信息与建议。

3. 有下列情形之一的,不要求控制者告知数据主体其个人数据被泄露的信息:

(a) 控制者已经实施了适当的技术和组织保护措施且这些措施适用

那些被个人数据泄露所影响的个人数据，尤其未被授权访问的个人无法辨识个人数据的措施，如加密；

（b）控制者采取了后续措施，以确保第 1 款所指的数据主体的权利和自由的高风险不再可能实现；

（c）告知将需要付出不相称的努力时，应存在公告机制或类似的与公告机制有相同效果的措施来承担控制者的告知义务。

4. 控制者尚未将个人数据泄露事件传达给数据主体，监管机构在考虑了个人数据泄露事件导致高风险的可能性之后，可以要求其告知，或者可以认为符合第 3 款规定的情形。

第三节 数据保护影响评估和事先咨询

第 35 条 数据保护影响评估

1. 某种类型的处理（特别是适用新技术进行的处理）可能会对自然人的权利与自由带来高风险的，在考虑处理的性质、范围、语境与目的的基础上，控制者应当在处理之前评估计划的处理进程对个人数据保护的影响。如果多项高风险处理活动属于同一种类的，仅对其中某一项活动进行评估即可。

2. 如果控制者已经委任数据保护官，当其进行数据保护影响评估时，控制者应当向数据保护官进行咨询。

3. 有下列情形的，必须进行第 1 款规定的数据保护影响评估：

（a）对与自然人相关的个人因素进行系统性与全面性评价的，如果此类评价建立在自动化处理（包括用户画像）基础且其决策对自然人产生法律影响或类似重大影响；

（b）大规模处理第 9 条第 1 款所述的特殊类别的数据，或第 10 条所述的与刑事定罪和犯罪有关的个人数据；或者

（c）大规模系统地监控某个公众可以访问的空间。

4. 监管机构应当建立并公开一个列明符合第 1 款所要求的数据保护影响评估的处理操作的类型的列表。监管机构应将这些清单告知第 68 条规定的欧盟数据保护委员会。

5. 监管机构可以建立并公开不需要数据保护影响评估的处理操作类型清单。监管机构应当将此类列表告知欧盟数据保护委员会。

6. 在设置第 4 款与第 5 款规定的列表之前，如果此类列表涉及为数

据主体提供商品或服务,或者涉及对多个成员国行为的监管,或者可能实质性地影响欧盟内部个人数据的自由流动,有职权的监管机构应当首先适用第 63 条规定的一致性机制。

7. 评估应至少包括:

(a) 对计划的处理操作和处理目的的系统性描述,以及(如果适用)对控制者所追求的正当利益的描述;

(b) 对和目的相关的处理操作的必要性与相称性进行分析;

(c) 对第 1 款规定的给数据主体的权利与自由带来的风险的评估;

(d) 结合数据主体和其他相关个人的权利与正当利益,采取的保障个人数据保护和证明遵循本条例的安全保障、安全措施和机制等计划性风险应对措施。

8. 评估相关控制者或处理者的处理操作的影响(特别是评估数据保护影响)时应当合理考虑其对第 40 条规定的已经生效的行为准则的遵守。

9. 在合适的情形下,如果其不影响保护商业或公共利益或处理操作的安全性,控制者应当咨询数据主体或数据主体代表对于其预期处理的观点。

10. 第 1 款至 7 款不适用于基于第 6(1)条(c)或(e)点而进行的处理符合欧盟或成员国为控制者制定涉及处理操作的法律且在制定其法律基准时已经进行了作为一般性影响评估一部分的数据保护影响评估时,成员国认为有必要在处理活动前进行此类评估的除外。

11. 控制者在必要时应当进行核查,评估处理是否是符合数据保护影响评估。至少当处理操作所带来的风险存在变化时,控制者应进行核查。

第 36 条　事先咨询

1. 根据第 35 条进行的数据保护影响评估表明控制者不采取缓解风险的措施,处理将导致高风险,控制者应在处理之前咨询监管机构。

2. 监管机构认为第 1 款规定的预期的处理将违反本条例,特别是控制者无法识别或减小风险,监管机构应当在收到咨询请求的八个星期以内向控制者以及(如果适用)处理者提供书面建议,且可以使用第 58 条规定的权力。预期复杂的,可以延长六个星期。监管机构应当在收到咨询请求的一个月内向控制者以及(如果适用)处理者告知延期以及延期的原因。监管机构可以延长期限直至获取了咨询所要求的信息。

3. 根据第 1 款向监管机构咨询,控制者应向监管机构提供:

(a) 在适用的情况下,涉及处理(特别是在一组企业内部进行的处理)的控制者、共同控制者和处理者的相应责任;

(b) 预期处理的目的和手段;

(c) 根据本法规为保护数据主体的权利和自由而采取的措施和保障措施;

(d) 在适当情况下,数据保护官的联系资料;

(e) 第 35 条规定的数据保护影响评估;以及

(f) 监管机构要求的任何其他信息。

4. 成员国在起草相关立法草案以获得国会通过的,或者根据此类立法措施制定处理相关的规制措施的,应当咨询监管机构。

5. 有第 1 款规定的事由,但控制者履行实现公共利益任务相关的处理(包括和社会保障与公共健康相关的处理),成员国法律可以要求控制者在其处理相关的事项中咨询监管机构并且提前获取监管机构的授权。

第四节　数据保护官

第 37 条　数据保护官的指定

1. 有下列任一情形的控制者和处理者应指定一名数据保护官员:

(a) 处理是由公共当局或机构进行的,以司法身份行使的法院除外;

(b) 控制者或处理者的核心处理活动必需大规模性地对数据主体进行常规和系统性的监控;或者

(c) 控制者或处理者的核心活动包括根据第 9 条处理大量特殊类型的数据以及与第 10 条规定与刑事定罪和犯罪有关的个人数据。

2. 如果一组企业的每一个机构都能很容易联系数据保护官,可以任命一个单独的数据保护官。

3. 如果控制者或处理者是公共机构或公共实体,基于组织结构和规模的考虑可以多个此类公共机构或实体可以共同委任一个数据保护官。

4. 在除第 1 款所述情况以外的其他情况下,控制者或处理者或代表控制者或处理者,或代表某类控制者或处理者的协会和其他实体可以委任一名数据保护官。数据保护人员可以代表协会或代表控制者或处理者的其他机构行事。

5. 任命数据保护官员应根据专业人员的素质,特别是对数据保护法律和惯例的专业知识以及完成第 39 条所指任务的能力。

6. 数据保护官应当是控制者或处理者或基于服务合同而完成任务的一名职员。

7. 控制者或处理者应发布数据保护官的联系方式,并告知监管机构。

第 38 条　数据保护官的职位

1. 控制者和处理者应确保数据保护官正确、及时地介入与个人数据保护有关的所有问题。

2. 控制者和处理者应当支持数据保护官履行第 39 条规定的责任,提供其履行此类责任、访问个人数据、进行处理操作,以及维持其专业性知识所必需的资源。

3. 控制者和处理者应当确保个人数据保护官不会收到任何关于履行此类责任的指示。个人数据保护官不因完成其任务而被控制者或处理者解雇,否则其可以直接向控制者或处理者的最高管理层进行报告。

4. 数据当事人可以就与处理其个人数据和行使其在本条例下的权利有关的所有问题与数据保护官员联系。

5. 根据欧盟或会员国法律,数据保护官对其执行任务应当保密。

6. 数据保护官可以履行其他任务和职责。控制者或处理者应确保任何此类任务和职责均不会导致利益冲突。

第 39 条　数据保护官的任务

1. 数据保护官应至少执行以下任务:

(a) 对控制者或处理者,以及履行本条例和欧盟其他成员国数据保护条款规定的处理责任的雇员进行告知,提供建议;

(b) 监督本法规,欧盟或成员国其他数据保护规定以及控制者或处理者在保护个人数据方面的政策的遵守情况,包括职责分配、提高认识和员工培训参与处理操作及相关审核;

(c) 根据要求,就数据保护影响评估提供建议,并根据第 35 条监控其绩效;

(d) 与监管机构合作;

(e) 在与处理相关的事项(包括第 36 条规定的提前咨询),以及(如果适用)在其他所有相关事项的咨询中充当监管机构的联系人。

2. 数据保护人员在执行任务时应充分考虑与处理操作相关的风险,以及处理的性质、范围、环境和目的。

第五节　行为准则和认证

第40条　行为准则

1. 成员国、监管机构以及欧盟数据保护委员会与欧盟委员会鼓励在考虑不同处理部门的特征以及微型、小型以及中型经济主体的特定需求的基础上起草促进本条例合理适用的行为准则。

2. 代表控制者或处理者类型的协会和其他机构可制定行为准则,或修订或扩展此类准则,以指明本规章的适用性,例如:

(a) 公正透明的处理;

(b) 在特定情境下控制者所追求的正当利益;

(c) 收集个人数据;

(d) 个人数据的匿名化;

(e) 向公众和数据主体提供的信息;

(f) 行使数据主体的权利;

(g) 提供给儿童和保护儿童的信息,以及为了获取儿童监护人同意所采取的形式;

(h) 第 24 和 25 条规定的措施和程序与第 32 条规定的确保处理安全的措施;

(i) 向监管机构报告个人数据泄露情况,以及将此类情况告知数据主体;

(j) 个人数据转移至第三国或国际组织;或者

(k) 不影响第 77 条和第 99 条规定的数据主体权利的庭外诉讼性活动,以及为了解决控制者与数据主体在处理相关事项中争议的纠纷解决程序。

3. 控制者或处理者除了受本条例约束之外,根据第 3 条不受本条例约束的情形,为了保证在第 46(2) 条 (e) 点规定的将个人数据转移至第三国或国际组织的框架中提供合适的安全措施,也可以受本条第 5 款规定的已生效的行为准则约束,或者受本条第 9 款规定的具有一般性效力的行为准则所约束。为了提供此类合适的安全措施包括和数据主体权利相关的安全措施。控制者或处理者应当通过合同或其他具有法律强制力的措施制定有约束力和可执行的承诺。

4. 不影响第 55 条或 56 条规定的有权监管机构的任务与权利的前提

下,本条第 2 款规定的行为准则应当包括使第 41(1)条规定的实体能履行其监管任务的有效措施,以及保证负责实施行为准则的控制者或处理者遵循其条款的规定。

5. 本条第 2 款规定的计划起草、修改行为准则或延长现有准则的协会或其他实体,应当将准则草案、修正案或延期提议提交给符合第 55 条的有权监管机构。监管机构应当提供一份意见书,表明草案、修正案或延期提议是否符合本条例的规定。如果监管机构认定已经采取了足够和适当的安全保障应当批准草案、修正案或延期提议。

6. 根据第 5 款批准了守则或修订或扩展的草案且有关的行为守则与不涉及多个成员国的处理活动,监管机构应注册、发布。

7. 行为准则的草案涉及多个国家的处理活动,第 55 条规定的有权监管机构应当在批准准则草案、修订或延期之前将其按照第 63 条规定的程序提交给欧盟数据保护委员会。有权监管机构应提供一份意见书,表明准则草案、修正案或延期是否遵循了本条例,或者在第 3 款规定的情形中是否提供了恰当的安全措施。

8. 第 7 款中提到的意见确认守则,修正案或扩展草案符合本规章的规定,或者在第 3 款中提到的情况提供了适当的保护措施,欧盟数据保护委员会应当将意见书提交给欧盟委员会。

9. 欧盟委员会有权通过制定实施法案确定根据第 8 款规定而提交的已生效的行为准则、修正案或延期是否在欧盟具有一般效力,但应当符合第 94(2)条规定的核查程序。

10. 已被认定符合第 9 款中规定的具有一般有效性的已经生效准则,欧盟委员会应当保证其具有适当的公开性。

11. 欧盟数据保护委员会应当核查所有登记的已经生效行为准则、修正案以及延期,并且应当以恰当的方式使得公众能够获取。

第 41 条　行为守则的监督批准

1. 在不影响第 57 和第 58 条规定的有权监管机构的任务与权利的前提下,对根据第 40 条制定的行为准则的合规性监管交给在准则规定事项方面具有适当的专业性且其合规性监管权力已经得到有权监管机构认证的实体。

2. 第 1 款规定的实体,符合如下条件可以被委任为有权监管是否遵守行为准则的机构:

(a) 已证明在准则规定事项方面具有独立性与专业性,满足有权监管机构要求的;

(b) 已确立相关程序,可以通过程序评估相关控制者和处理者适用准则资质的;

(c) 已设立解决关于违反准则,或关于控制者或处理者已经实施、或正在实施准则的方式的申诉且已使得此类程序与体系对数据主体和公众透明化之程序和体系的;且

(d) 已表明其符合有权监管机构的要求任务和职责不会导致利益冲突的。

3. 有权监管机构应当按照第 63 条规定的一致性机制将认证第 1 款中规定的实体的标准草案提交给欧盟数据保护委员会。

4. 控制者或处理者违反准则的,第 1 款规定的实体在不影响有权监管机构的任务和权利、第八章条款的前提下,应当在适当安全措施的保障下采取包括准则中规定的中止或剔除相关控制者或处理者的合适行动。实体应当将此类行动以及行动的理由告知有权监管机构。

5. 第 1 款规定的实体不符合或不再符合认证条件的,或者其行为违反了本条例的,有权监管机构应当撤回对其的认证。

6. 本条不适用于公共机构和公共实体所进行的处理。

第 42 条 认证

1. 成员国、监管机构、欧盟数据保护委员会和欧盟委员会(特别是欧盟层面)应当鼓励建立数据保护认证机制、数据保护印章和标记,以证明控制者和处理者的处理操作符合本条例,但应当考虑微型、小型以及中型经济主体的特定需求。

2. 控制者或处理者除了受本条例约束外,可以设立符合本条第 5 款的数据保护认证机制、印章或标记证明根据第 3 条不受本条例约束的情形已对第 46(2)条(f)点规定的将个人数据转移到第三国或国际组织的情形采取了合适的安全措施。合适的安全措施,包括和数据主体权利相关的安全措施,以及控制者或处理者应当通过合同或其他具有法律强制力的措施制定有约束力和可执行的承诺。

3. 认证应当是自愿的,且获得过程是透明的。

4. 根据本条进行的认证,不能减轻控制者或处理者遵循本条例的责任且不得对第 55 条或 56 条规定的有权监管机构的任务和权利产生

影响。

5. 符合本条的认证应当为第 43 条规定的认证机构批准,以及当建立在第 58(3)条规定的有权监管机构或第 63 条规定的欧盟数据保护委员会所批准的标准之上。标准被欧盟数据保护委员会批准的,可以产生一个通用性认证,即欧盟数据保护印章。

6. 向认证机构提交处理过程的控制者或处理器应向第 43 条所述的认证机构或主管监督机构(如适用)提供进行认证所需的所有信息和访问其处理活动的权限程序。

7. 认证应颁发给控制者或处理者,最长期限为三年,且在继续满足相关要求的前提下,可以在相同条件下续签。如果不满足或不再满足认证要求,则应由第 43 条规定的认证机构或主管监督机构撤销认证。

8. 欧盟数据保护委员会应当核查已登记的验证机制、数据保护印章和标记,且应当以恰当的方式确保公众能够获取。

第 43 条　认证机构

1. 具有相应专业性的认证机构在不影响第 57 条和第 58 条规定的有权监管机构的任务与权利的前提下可以告知监管机构,以便监管机构可以行使第 58(2)点 h 点规定的权利颁发和更新认证。成员国应当确保这些认证机构是如下一个机构认可或两个机构同时认可的:

(a) 第 55 或 56 条规定的有权监管机构;

(b) 按照欧洲议会和理事会的(EC)No.765/2008 条例、EN-ISO/IEC 17065/2012 设定的,以及满足第 55 条或第 56 条的有权监管机构规定的额外要求的全国性认证机构。

2. 在下列情形中,第 1 款规定的认证机构才能根据第 1 款的规定被认证:

(a) 已证明在准则规定事项方面具有独立性与专业性且满足有权监管机构要求的;

(b) 采取措施遵从第 42(5)条规定的标准,且已经为第 55 条规定的有权监管机构或第 63 条规定的欧盟数据保护委员会所批准的;

(c) 已建立发行、定期审查和撤回数据保护认证、印章和标记的程序的;

(d) 已设立解决关于违反准则,或关于控制者或处理者已经实施、或正在实施准则的方式的申诉程序和体系且数据主体和公众已知悉此类程

序和体系的;且

（e）已经表明其符合有权监管机构的要求,任务和职责不存在利益冲突情形的。

3. 第1款和第2款规定的委任认证机构应当根据第55条或第66条规定的有权监管机构所批准的基础性标准,或者第63条规定的欧盟数据保护委员会所批准的基础性标准建立。本条第1款(b)点规定的授权,应当补充(EC)No 765/2008指令所设想的要求,以及描述认证机构方法与程序的技术性规则。

4. 不影响控制者或处理者对本条例遵守的,第1款规定的认证机构应当负责颁发认证或撤销此类认证的有效评估。颁发给控制者或处理者的认证的有效期最长是五年,如果相关条件满足,同样的情形下有效期可以延长。

5. 第1款规定认证机构应向主管监管机构提供授予或撤销所要求的认证的理由。

6. 监管机构应当以容易获取的方式公开本条第3款规定的要求,以及第42(5)款规定的标准。监管机构还应当将这些要求和标准传输给欧盟数据保护委员会。欧盟数据保护委员会应当核查所有登记的认证机制与数据保护印章且通过某种恰当的方式公开。

7. 不影响第八章之规定,认证的条件不符合或不再符合,或者认证机构所采取的行为侵犯了本条例的,有权监管机构或全国性的认证机构应当取消根据本条第1款对认证机构的认证。

8. 为细化第42(1)条规定的数据保护验证机制需要考虑条件的,欧盟委员会有权制定符合第92条的授权法案。

9. 欧盟委员会为验证机制与数据保护印章、标记与机制设定技术标准,以便促进和认可那些验证机制、印章与标记的,可以制定实施法案。实施法条的制定应当符合第94(2)条规定的验证程序。

第五章　个人数据转移至第三国或国际组织

第44条　转让的一般原则

将正在处理或计划进行处理的个人数据转移到第三国或国际组织(包括将个人数据从第三国或国际组织转移到另一第三国或另一国际组

织)的,控制者和处理者只有满足本条例的其他条款,以及本章规定的条件才能进行转移。控制者和处理者应当遵守本条例所有条款确保本条例对于自然人的保护程度不被削弱。

第 45 条 基于认定具有充足保护的转移

1. 欧盟委员会作出认定,相关的第三国、第三国中的某区域或一个或多个特定部门、或国际组织具有充足保护,不需要特定的授权可以将个人数据转移到第三国或国际组织。

2. 欧盟委员会在评估保护水平的适当性时应考虑以下要素:

(a) 法治、对人权与基本自由的尊重、包括关于公共安全、国防、国家安全、刑法和公共机构访问个人数据的一般性与部门性立法。此类立法的实施、数据保护规则、职业规则和安全措施,包括将个人数据转移到另一第三国或国际组织所必须遵循的第三国或国际组织的规则、判例法以及有效可执行的数据主体权利、对其个人数据正在转移的数据主体的司法救济;

(b) 国际组织是主体的,第三国内存在一个或多个有效运作的独立监管机构,保证数据保护规则的实施,包括具有充分的执行权力,在数据主体行使其权利时和与成员国的监管机构合作时提供帮助和建议;

(c) 有关第三国或国际组织已作出的国际承诺,或因具有法律约束力的公约或文书、及参加多边或地区性的条约,特别是和数据保护相关的体系所引起的其他责任。

3. 欧盟委员会在评估保护程度的充足性后可以通过制定实施性法案,确定本条第 2 款含义内的第三国、第三国内的领地或一个或多个特定部门或一个国际组织是否具有充足的保护。实施性法案至少每四年对第三国或国际组织的所有相关发展进行审查。实施性法案应当细化其领域性与部门性的实施,以及在适用的情况下确定本条第 2 款(b)点规定的一个或多个监管机构。实施性法案的制定应当遵循第 93(2)条规定的验证程序。

4. 欧盟委员会应当持续性地监控第三国或国际组织的某些可能会影响根据本条第 3 款而作出的决定和建立在 95/46/EC 指令第 25(6)条基础之上的决定发挥作用。

5. 已有信息显示第三国或第三国内的一个或多个特殊部门或国际组织不再提供本条第 2 款规定的充足的保护的,欧盟委员会应当(特别是经过第 3 款规定的核查)通过制定不具有溯及力的实施性法案,在必要限度内废止、修正或中止本条第 3 款规定的决定,但应当遵循第 93(2)条规定的验证程序。

高度正当性的紧急状态的,欧盟委员会应当立即根据第 93(3)条规定的程序制定实施性法案。

6. 欧盟委员会应当与第三国或国际组织磋商补救导致第 5 条决定的情形。

7. 本条第 5 款的决定不影响将个人数据转移到第三国、第三国内的领地或一个或多个部门,或者第 46 条至 49 条规定的相关国际组织。

8. 欧盟委员会应当在欧盟的官方杂志及其网站上发表列明其确定已具备充足保护或不再具有充足保护的第三国、第三国内的特定部门和国际组织的名单。

9. 根据第 95/46/EC 号指令第 25(6)条通过的决定在被欧盟委员会根据本条第 3 款或第 5 款而修改、替代或废止前具有效力。

第 46 条　转移所需的适当保障

1. 没有根据第 45(3)条而做出决定的,控制者或处理者只有提供适当的保障措施且为数据主体提供可执行的权利与有效的法律救济措施,才能将个人数据转移到第三国或国际组织。

2. 不要求监管机构提供任何具体授权的,第 1 款规定的适当保障措施可以如下方式提供:

(a) 公共机构或实体之间签订的具有法律约束力和可执行性的文件;

(b) 符合第 47 条规定具有约束力的公司规则;

(c) 欧盟委员会根据第 93(2)条规定的审查程序通过的标准数据保护条款;

(d) 监管机构根据第 93(2)条规定的核查程序制定且为欧盟委员会批准的数据保护标准条款;

(e) 根据第 40 条制定的行为准则,以及第三国的控制者或处理者为采取合适的安全保障(包括数据主体权利)做出的具有约束力和执行力的承诺;或者

(f) 根据第 42 条而被批准的验证机制,以及第三国的控制者或处理者为了采取合适的安全保障(包括数据主体的权利)做出的具有约束力和

执行力的承诺。

3. 需要有权监管机构授权的，第 1 款规定的合适安全措施可以以如下方式予以规定：

（a）在控制者或处理者与控制者、处理者或第三国或国际组织的个人数据接收者之间合同中设定相应条款；或者

（b）公共机构或公共实体之间在行政性安排中插入条款，包括可执行的与有效的数据主体权利。

4. 第 3 款规定的情况监管机构应适用第 63 条规定的一致性机制。

5. 成员国或监管机构根据 95/46/EC 指令的第 26(2) 条做出的授权，在被监管机构修改、替代或废止之前有效。欧盟委员会根据 95/46/EC 指令第 26(4) 条做出的决定，在欧盟委员会按照本条第 2 款做出必要性的修改、替换或废止决定前有效。

第 47 条　具有约束力的公司规则

1. 主管监察机关应按照第 63 条规定的一致性机制批准具有约束力的公司规则，但须满足如下的条件：

（a）具有法律约束力，适用于进行联合经济活动的企业集团或一系列经济主体的所有相关成员（包括其雇员）且为他们所执行；

（b）在处理个人数据方面明确授予数据主体可执行的权利；以及

（c）符合第 2 款的规定。

2. 第 1 款所指的具有约束力的公司规则应至少规定：

（a）从事联合经济活动的企业集团或经济主体，及其每一个成员的架构和详细联系方式；

（b）数据转移或一系列的数据转移（包括个人数据的类型）、处理类型及其目的、受影响的数据主体的类型与涉及的对第三国或多个第三国的确定；

（c）具有内部和外部法律约束力的规则；

（d）对一般数据保护原则的适用（特别是目的限定、数据最小化、有限的储存期限、数据质量、通过设计的数据保护与默认的数据保护、处理的法律基础、对特定类型个人数据的处理）、保障数据安全的措施与将数据转移到不受约束性公司规则所约束的实体所做的要求；

（e）和处理相关的数据主体的权利以及行使这些权利的方式（包括有权不被仅仅根据自动化处理与符合第 22 条的用户画像对数据主体做

出决定),有权按照第 79 条向有权监管机构和成员国的有权管辖的法庭申诉与有权在违反有约束力的公司规则的情形下获取救济和(如果适用)赔偿;

(f) 不在欧盟设立的控制者或处理者的相关成员违反约束性公司规则在成员国的领域内设立的控制者或处理者愿意承担责任的,只有在证明该成员对造成损害的事件不承担责任的情形,控制者或处理者才应全部或部分免除该责任;

(g) 约束性公司规则应有将信息,特别是第 13 和 14 条之外关于本款规定的(d)(e)(f)点的信息提供给数据主体的规定;

(h) 根据第 37 条所委任的数据保护官或者企业集团、或从事联合经济活动的经济主体内部负责监控遵守约束性公司规则、监控培训和处置申诉的所有人或实体的任务;

(i) 申诉程序;

(j) 企业集团或从事联合经济活动的经济主体为核实对约束性公司规则的遵守设立的内部机制应当包括数据保护核查以及能够确保采取矫正性活动保护数据主体权利的方法;核实结果应当告知(h)点规定的个人或实体,企业集团或从事联合经济活动的经济主体;监管机构有权要求提供核实结果;

(k) 报告和记录规则变更并将这些变更报告给监管机构的机制;

(l) 与监管机构设立的合作机制,确保企业集团或从事联合经济活动的经济主体的合规性,特别是向监管机构提供(j)点规定的方法的核查结果;

(m) 企业集团或从事联合经济活动的经济主体中第三国的成员且可能会对约束性企业规则所提供的保障产生实质性负面影响情形的,向有权监管机构报告否有法律要求的机制;以及

(n) 对可永久性或经常性访问个人数据的员工进行的适当数据保护培训。

3. 欧盟委员会可以制定实施性法案明确控制者、处理者和监管机构之间为了本条含义内的约束性公司规则而进行信息交换的形式和程序,但此应当遵循第 93(3)条规定的验证程序。

第 48 条　未经欧盟法律授权的转移或披露

法院或法庭的判决以及第三国行政当局的任何要求中有关控制者或

处理者转移或披露个人数据的决定,只有存在国际条约(例如双边条约)的情况下,在提出要求的第三国与联盟或成员国之间生效的不损害本条约的其他援助条约才能得到承认或执行。

第49条 特殊情形下的克减

1. 不存在根据第45(3)做出的充足保护认定或根据第46条而制定的适当安全措施(包括约束性公司规则),满足如下的条件之一的即可将个人数据转移至第三国或国际机构:

(a) 数据主体被明确告知不存在充足保护或适当的安全措施,预期的数据转移存在风险,数据主体仍然明确表示同意预期数据转移的;

(b) 转移对于履行数据主体与控制者之间的合同,或者履行数据主体在签订契约前所提出的要求是必要的;

(c) 控制者和另一自然人或法人之间签订或履行合同时,转移对于实现数据主体的利益是必要的;

(d) 转移对于实现公共利益是必要的;

(e) 转移对于确立、行使或辩护法律性主张是必要的;

(f) 当数据主体基于身体性或法律性原因无法表达同意,为了保护数据主体或其他人的关键利益是必要的;

(g) 转移是根据欧盟法律或成员国法律为了向具有正当利益的一般性公众或个人提供咨询的登记册而进行的,但是只有满足欧盟法律或成员国法律对咨询规定必要条件才能克减。

当转移无法基于第45或第46条(包括基于约束性公司规则的条款)的规定且从(a)点到(g)的克减条件都不符合,将数据转移到第三国或国际组织只有满足如下条件时才可以克减:转移是非重复性的;关乎很小一部分数据主体的权利;对于实现控制者压倒性的正当利益是必要的且不违反数据主体的有限性的利益或权利与自由;控制者已经对围绕数据传输的情形进行评估且基于评估对个人数据保护采取了合适的安全保障。控制者除提供第13条和第14条规定的信息外,还应当将转移和追求的正当利益告知数据主体。

2. 符合第1款(g)点的转移不包括登记册里的全部个人数据或所有类型的个人数据。登记册是为给具有正当利益的人提供咨询之用的,只有具有正当利益的人提出要求的,或者具有正当利益的人是接收者的才能转移。

3. 第 1 款的(a)(b)(c)点以及第 1 款的第二部分不适用于公共机构在行使其公共权力时的活动。

4. 第 1 款(d)点规定的公共利益应当是欧盟或成员国为控制者制定的法律所确认的。

5. 不存在充足保护的认定,欧盟或成员国的法律可以基于公共利益而明确做出将个人数据转移到第三国或国际组织的特定类型之限制。成员国应当将限制条款告知欧盟委员会。

6. 控制者或处理者应当在第 30 条规定的档案中记录本条第 1 款第二部分规定的评估以及合适的安全措施。

第 50 条 个人数据保护的国际合作

涉及第三国或国际组织的,欧盟委员会和监管机构应当采取合适的措施:

(a) 发展国际合作机制促进对个人数据保护立法的有效实施;

(b) 在确保采取合适安全措施保障个人数据保护和其他基本权利与自由的前提下,通过告知、申诉转介、调查帮助和信息互换为个人数据保护立法的实施提供国际性互助;

(c) 让利益相关方参与讨论和活动,促进个人数据保护立法执行的国际合作;

(d) 促进个人数据保护法规和实践的交换和文件记录,包括与第三国之间的管辖权冲突。

第六章 独立监管机构

第一节 独立身份

第 51 条 监管机关

1. 为保护自然人在处理过程中的基本权利与自由,以及促进欧盟内部的个人数据的自由流通,每个成员国应当建立一个或多个负责监控本条例实施的独立公共机构。

2. 每个监管机构应当按照第七章的规定彼此合作以及和欧盟委员会合作确保本条例在欧盟的一致性适用。

3. 建立了两个或两个以上监管机构的成员国应当在欧盟数据保护委员会委任一个监管机构代表其他机构,且当建立一套保证其他机构遵守

第63条规定的一致性机制相关规则的机制。

4.成员国应当在2018年5月25日之前将根据本章通过的法律通知欧盟委员会。成员国应当及时将以后影响条款的修订告知欧盟委员会。

第52条 独立性

1.监管机构在行使任务和行使符合本条例的权力时应当保持完全的独立性。

2.监管机构的一个或多个成员在行使其任务和行使符合本条例的权力时不受任何直接或间接的外部影响,且不得寻求或接受任何人的指示。

3.监管机构的成员不得从事违反监管职责的活动,任职期间不得担任与其监管工作相冲突的有偿或无偿的职务。

4.成员国必须确保监管机构提供包括在欧盟数据保护委员会中互助、合作和参与有效执行任务和行使权力所必需的人力、技术和财政资源、房舍和基础设施。

5.成员国应当确保监管机构具有选择和雇佣工作人员的权力。工作人员只受相关监管机构的一个或多个成员的专门指令的约束。

6.成员国应当确保在不影响其独立性以及具有单独和公共性的年度预算的前提下,每个监管机构都受资金控制的约束。资金控制可以是州预算或国家预算的一部分。

第53条 监管机构成员的一般条件

1.监管机构成员国应当通过如下机构以透明化的方式委任监管机构的成员:

—(全国)议会;

—政府;

—国家元首;或者

—根据监管机构成员国法律授权任命的独立机构。

2.监管机构成员应当具有履行职责和行使权力所需的资格、经验和技能,特别是在保护个人数据方面。

3.监管机构成员职责在根据成员国的相关法律结束任期、辞职或强制性退休时结束。

4.监管机构成员只有存在严重的不当行为,或者不再符合履行其职责的条件时才可以被解雇。

第 54 条　建立监管机构的规则

1. 每个会员国应依法规定下列所有事项：

（a）每个监管机构的设立；

（b）被任命为每个监管机构的成员所具备的资质与合适的条件；

（c）任命每个监管机构的一名或多名成员的规则和程序；

（d）每个监管机构的一个或多个成员的不少于四年的任期（在此条例生效之后的第一次任命例外），如果有必要通过间断性的任命程序来保护监管机构独立性的，一部分成员的任期可以更短；

（e）每个监管机构一个或多个成员是否可以连任；如果有，可以连任多少任期；

（f）每个监管机构的成员和员工需要负责的情形，任期内或任期结束后的行为、任职、收益的禁止条款，以及中止雇佣的规则。

2. 每个监管机构的成员和员工都应当遵循欧盟或成员国的法律，任职期间或任期结束后有保守在履行任务或行使权力期间所获取的秘密信息之职责。自然人报告具有违反本条例情形的，成员或员工更应当履行保守职业秘密的职责。

第二节　职权、任务和权力

第 55 条　职权

1. 监督机构有权在其成员国领土上执行根据本条例赋予的任务并行使相关权力。

2. 公共机构或私人实体基于第 6(1) 条（c）或（e）点处理的，成员国的相关监管机构有监管职权。第 56 条不适用于该情形。

3. 法庭在司法活动中处理操作的，监管机构没有监管职权。

第 56 条　领导性监管机构的职权

1. 在不损害第 55 条的前提下，控制者或处理者的主要营业机构或唯一营业机构所在地的监管机构应可以充当监管控制者或处理者根据第 60 条程序跨境处理的领导性监管机构。

2. 第 1 款的规定可以减免。主要事项只和成员国内一个机构相关，或者只在一个成员国内对数据主体产生实质性影响的，监管机构有处置申诉或违反本条例的行为的权力。

3. 监管机构应当将第 2 款规定的情形及时告知领导性监管机构。领导性监管机构在接到通知后的三周内,在考虑该合控制者或处理者是否通知监管机构所在的成员国内的拥有机构基础上决定是否依照第 60 条规定的程序处理该案件。

4. 领导性监管机构决定处理的,应当适用第 60 条规定的程序。告知领导性监管机构的监管机构可以向领导性监管机构提交一份决定草案。领导性监管机构应当尽最大限度地考虑提交决定草案符合起草第 60(3)条的规定。

5. 领导性监管机构决定不处理的应当通知领导性监管机构的监管机构依照第 61 条和第 62 条的规定处理。

6. 控制者或处理者跨境处理的,领导性监管机构应当是控制者或处理者的唯一监管者。

第 57 条　监管机构的任务

1. 在不影响本条例规定的其他任务的前提下,监管机构在其管辖范围内负有如下的任务:

(a) 监督和执行对本条例的实施;

(b) 提高公众意识,对和处理相关的风险、规则、安全保障和权利的理解以及针对儿童的活动保持特别注意;

(c) 提供根据成员国的法律、全国性议会、政府以及其他制度和实体的内部规则做出的与处理有关的自然人权利与自由之建议;

(d) 提高控制者与处理者对本条例规定责任的意识;

(e) 基于要求为数据主体提供行使本条例规定的权利,以及(如果适用)和其他成员国的监管机构为这一目的实现进行合作;

(f) 处置数据主体或实体、组织或协会根据第 80 条的申诉,采用合适的手段调查申诉的主要事项,在合理期限内向申诉者告知进展和调查结论,特别是需要进一步的调查或和监管机构协调;

(g) 与其他监管机构合作(包括分享信息和提供相互协助)确保对本条例适用与执行的一致性;

(h) 调查本条例的适用情况,包括基于另一监管机构或其他公共机构提供的信息进行的调查;

(i) 对相关发展(特别是信息和通讯技术、商业实践发展)对个人数据保护产生影响的情况的监控;

(j) 采用第 28(8)条和第 46(2)条(d)点规定的标准格式合同;

（k）建立并维持和第 35(4)条规定的个人数据保护影响评估相关的条目；

（l）针对第 36(2)条规定的处理操作给出建议；

（m）鼓励起草符合第 40 条的行为准则，以及符合第 40(5)条规定，提供充分安全保障行为准则提供意见并批准；

（n）鼓励设立数据保护认证机制与符合第 42(1)条规定的数据保护印章与标记，以及批准符合第 42(5)条规定的认证标准；

（o）阶段性审查根据第 42(7)条颁发的认证，如果适用；

（p）起草并发布符合第 41 条规定的监控行为准则的委派实体，以及符合第 43 条规定的认证实体之标准；

（q）委任符合第 41 条规定的监控行为准则的实体，以及符合第 43 条规定的认证实体；

（r）授权合同条款与第 46(3)条规定的条款；

（s）批准符合第 47 条规定的约束性合同规则；

（t）协助欧盟数据保护委员会的活动；

（u）对违反本条例的情形以及根据第 58(2)条采取的措施保持内部记录；且

（v）完成和个人数据保护相关的其他任务。

2. 每个监管机构都应当为第 1 款(f)点规定的提交申诉提供便利，在不排除其他通讯方式的前提下提供通过电子方式填写和提交的申诉方式。

3. 监管机构的任务履行与（如果适用）数据保护官对数据主体应当是免费的。

4. 请求是明显毫无根据的或过分的（特别是当请求是重复性的），监管可以基于行政花费收取一定的合理费用，或对请求拒绝，但监管机构需要证明请求是明显毫无根据的或过分的。

第 58 条　监管机构的权力

1. 监管机构有如下的调查权力：

（a）命令控制者和处理者以及（如果适用）控制者或处理者的代表提供执行任务所需的任何信息；

（b）以数据保护核查的方式进行调查；

（c）审查根据第 42 条第(7)款规定颁布的认证；

（d）告知控制者或处理者将可能侵犯本条例的情况；

（e）从控制者或处理者处获取访问个人数据的权力，以及完成任务所需的所有信息；

（f）按照欧盟与成员国法律的程序法获取控制者和处理者的所有房屋建筑及场地（包括数据处理设施和方法）的访问权。

2. 监管机构有如下的纠正权力：

（a）向控制者或处理者颁发预期处理操作可能会侵犯本条例条款的警告；

（b）申诫处理操作侵犯本条例条款的控制者或处理者；

（c）命令控制者或处理者遵守数据主体根据本法规行使权利的要求；

（d）责成控制者或处理者在适当的时候与规定的期限内确保处理操作符合本规章的规定；

（e）命令控制者将个人数据泄露情况通知数据当事人；

（f）施加临时或最终限制，包括禁止处理；

（g）要求对个人数据进行纠正或擦除，或根据第 16 条、17 条和 18 条规定对处理进行限制，以及将此类行动告知第 17（2）条和第 19 条规定的个人数据披露给的接收者；

（h）撤销认证或命令认证机构撤回根据第 42 条和第 43 条规定签发的认证，或者在认证要求不满足或不再满足时，命令认证机构不得签发认证；

（i）根据每个案例的案情在本款规定的措施之外，或者替代本款规定的措施采取第 83 条规定的行政处罚；

（j）命令中止将数据转移向第三国或国际组织。

3. 监管机构有如下的授权和建议的权力：

（a）按照第 36 条规定的事先咨询程序向控制者提供建议；

（b）主动或根据要求为全国性议会、成员国政府提供意见，或者根据成员国法为其他机构、实体与公众提供和个人数据保护相关的保护；

（c）成员国的法律要求事先授权的，根据第 36（5）条规定授权处理；

（d）根据第 40 条第 5 款规定发表意见与行为守则草案；

（e）根据第 43 条规定授权认证机构；

（f）根据第 42（5）条颁发认证和批准认证的标准；

（g）制定第 28(8) 条和第 46(2) 条 (d) 规定的标准数据保护条款；

（h）授权第 46(3) 条 (3) 点规定的合同条款；

（i）授权第 46 条第 3 款 (b) 项规定的行政性安排；

（j）根据第 47 条规定批准具有约束力的公司规则。

4. 监管机构行使根据本条赋予的权力，应当满足合适的安全保障，包括根据欧盟宪章而在欧盟和成员国法律中规定的有效司法救济和正当程序。

5. 成员国应当通过法律规定监管机构执行本条例的条款时有权将违反本条例的情形诉诸司法机构，以及在合适的情形下可以提起或参与诉讼。

6. 成员国都应当通过法律规定监管机构具有第 1、2 和 3 款规定的附加权力，但不得削弱第七章规定的有效运行。

第 59 条 活动报告

监管机构应当起草一份关于活动的年度报告，年度报告可以包括被告知的违法类型以及根据第 58(2) 条采取的措施类型。监管机构应当将年度报告传输给全国性议会、政府以及成员国法律委任的其他机构，以及确保年度报告能够被公众、欧盟委员会和欧盟数据保护委员会获取。

第七章 合作与一致性

第一节 合 作

第 60 条 领导性监管机构与其他有关监管机构之间的合作

1. 领导性监管机构应当根据本条和其他相关监管机构进行合作，努力达成共识。领导性监管机构和相关监管机构应当分享相关信息。

2. 领导性监管机构可以随时要求其他相关监管机构提供第 6 条规定的互助合作且可以根据第 62 条进行联合行动，特别是为了调查，或者为了实施涉及设立在另一成员国的控制者或处理者的措施。

3. 领导性监管机构应当及时将事项相关信息告知给其他相关监管机构。领导性监管机构应当充分考虑其他相关监管机构的意见，并及时向其他相关监管机构提交一份决定草案。

4. 其他任何相关监管机构收到第 3 款中规定的咨询且在四周内表达了对决定草案做出了相关与合理反对的，领导性监管机构如果不同意的，或者认为相关监管机构的意见是不相关或不合理的,应当将此事项提交给第63条规定的一致性机制。

5. 领导性的监管机构同意相关与合理的反对意见的,应当将一份修订后的草案决定提交给其他监管机构。修订后的草案决定应当遵守第4款规定的程序且在两个星期内做出。

6. 在第4款和第5款规定的期间内,其他相关监管机构没有对领导性监管机构提交的决定草案做出反对的,应当推定领导性的监管机构和相关监管机构对决定草案具有一致意见且应当受一致意见的约束。

7. 领导性监管机构应当做出决定,将决定的情况(包括相关事实和理由的总结)通知控制者或处理者的主要营业机构或唯一营业机构,并视情况通知其他相关监管机构以及做出该决定的欧盟数据保护委员会。收到申诉的监管机构应当将决定的情况告知给申诉者。

8. 申诉被撤销或驳回的,第7款的规定可以克减,收到申诉的监管机构应当采用决定并将告知申诉者与控制者。

9. 领导性监管机构和相关监管机构同意撤销或驳回申诉的一部分,对申诉的其他部分采取行动的,其他部分的事项应当采取单独的决定。领导性监管机构对有关控制者的行为采取该部分的决定,应当通知领导性监管机构所在成员国境内的控制者或处理者的主要机构或单一机构,并通知申诉人。收到申诉的监督机构应当将有关驳回或拒绝申诉的部分的决定情况,通知申诉人、控制者或处理者。

10. 收到领导性监管机构根据第7款和第9款做出的告知后,控制者或处理者应当采取必要措施,确保在欧盟的所有机构的处理活动符合决定。控制者或处理者应当向领导性监管机构告知为遵守决定采取的措施,并通知其他相关监管机构。

11. 相关监管机构认为有充分理由证明需要采取紧急行动以保护数据主体利益的极端情形,应当援引第66条有关紧急程序的规定。

12. 领导性监管机构和其他相关监管机构应当相互通过电子方式与标准化的格式提供本条要求提供的信息。

第61条　协助

1. 监管机构应当为彼此提供信息和互相协助,以便以一种一致性的方式执行和适用本条例,而且应当拥有有效信息以进行有效的相互合作。互助尤其应涵盖信息请求和监督措施,例如进行事先授权和协商、检查和调查的请求。

2. 监管机构应当采取恰当的合适措施及时回应对另一监管机构的请求。回应最迟应当在收到请求内的一个月内做出。合适措施特别包括传输和调查相关的信息。

3. 请求协助应当包括所有必要信息（包括请求的目的与原因）。被交换的信息只能被用于实现请求协助的目的。

4. 被请求的监管机构不应当拒绝请求，但下列情形除外：

（a）被请求的监管机构对被请求的主体事项或被请求执行的措施没有职权的；或者

（b）被请求的监管机构对请求进行协助会侵犯本条例或欧盟或成员国的为被请求的监管机构所制定的法律的。

5. 被请求的监管机构应将结果告知发出请求的监管机构，且应当视情况告知为了实现请求而采取的措施。被请求的监管机构拒绝按第 4 款的规定提出请求的，应当说明理由。

6. 被请求的监管机构应当以电子形式、使用标准化的格式向其他监管机构提供信息。

7. 被请求的监管机构根据请求进行的互相协作，不收取费用。特定情形下因为提供互相协作产生的特定花费，监管机构之间可以签订补偿规则。

8. 监管机构收到另一监管的请求后一个月内仍然不提供第 5 款规定的信息的，做出请求的监管机构可以根据第 55(1) 条在其成员国境内采取临时性措施。采取临时性措施的情况可以推定为符合第 6(1) 条规定的紧急情况，欧盟数据保护委员会应当根据第 66(2) 条做出紧急约束性决定。

9. 欧盟数据保护委员会可以通过制定实施性法案而细化本条规定的互相协助的形式与程序，监管机构之间、监管机构和欧盟委员会之间以电子方式进行的信息交换，特别是本条第 6 款规定的标准化格式。但实施性法案的制定应当遵循第 93(2) 条规定的验证程序。

第 62 条　监管机构的联合运作

1. 在合适的时候，监管机构应当在合适的时候进行包括在涉及其他成员国监管机构的成员或员工的情形下进行联合调查和采取联合执行措施等的联合行动。

2. 控制者或处理者在多个成员国设立机构,或者两国或两国以上的数据主体可能会受处理操作的实质性影响的,成员国的监管机构有权参与联合行动。按照第 56(1)或 56(4)条规定拥有职权的监管机构可以邀请成员国中的每个国家的监管机构参与联合行动,且应当及时回应监管机构的参与请求。

3. 监管机构可以按照成员国的法律,以及临时调派的监管机构的授权,授予临时调查的监管机构的成员或员工调查权等权力,或者监管机构的成员国的法律允许,应当允许临时调派的监管机构的成员或员工行使其符合成员国法律对其做出规定的调查权,但只有在东道主监管机构的成员或员工的指导和见证下才能被行使。临时调派的监管机构的成员或员工应当遵守东道主监管机构所在的成员国国家的法律。

4. 根据第 1 款的规定临时调派的监管机构在另一成员国内活动的,东道主监管机构所在的成员国应当按照临时调派的监管机构活动地所属的成员国法律承担责任,包括对活动期间引起的损害。

5. 在成员国境内造成损害的,可以适用成员国的损害赔偿的应当赔偿。临时调派的监管机构的成员国的员工对另一成员国境内人造成伤害的,在另一成员国对个人进行补偿后,成员国应当对另一成员国进行补偿。

6. 在不影响行使相对于第三人权利的前提下出现第 1 款规定情形的,各成员国不得就第 4 款的损害向相关成员国提出损害赔偿要求,但第5 款规定的情形除外。

7. 存在联合行动计划且监管机构拒绝遵守本条第 2 款第二句设定的责任的,其他监管机构可以根据第 55 条规定在境内采取临时性措施。采取临时性措施的情况可以推定为符合第 66(1)条规定的紧急情况,欧盟数据保护委员会应当根据第 66(1)条作出紧急约束性决定。

第二节　一致性

第 63 条　一致性机制

为帮助本条例在欧盟的一致性适用,监管机构应当相互合作,以及在相关的情形下通过本部分规定的一致性机制,并与欧盟委员会进行合作。

第 64 条　欧盟数据保护委员会的意见

1. 某个有权监管机构计划采取如下任何一项措施的,欧盟数据保护

委员会应当发布意见。有权监管机构应当将决定草案告知欧盟数据保护委员会,特别是涉及:

（a）决定草案的目标是采取一系列符合第 35(4) 条规定的数据保护影响评估要求处理操作的;

（b）决定草案涉及第 40(7) 条规定的行为准则草案的,或行为准则草案的修订案或延期是否符合本条例的;

（c）决定草案的目标是批准符合第 41(3) 条规定的委派实体的,以及符合第 43(3) 条规定的认证实体标准的;

（d）决定草案的目标是确定第 46(2) 条(d)点和第 28(8) 条规定的标准数据保护条款的;

（e）决定草案的目标是批准第 46(3) 条(d)点规定的合同条款的;或者

（f）决定草案的目标是批准第 47 条所指的有效性公司规则的。

2. 监管机构、欧盟数据保护委员会或欧盟委员会的主席有权提出要求,特别是针对有权监管机构不遵守第 61 条规定的相互协助的责任或第 62 条规定的联合行动(可以对任何关乎一般性使用的事项)的,或在不止一个成员国产生影响的事项进行核查给出意见。

3. 欧盟数据保护委员会此前没有对第 1 款和第 2 款提到的情形发表过意见的,应当对提交给它的事项发布一份意见。发布的意见是在八周内根据欧盟数据保护委员会成员的少数服从多数的决定而做出的。事项复杂的可以再延长六周。第 1 款规定的按照第 5 款在欧盟数据保护委员会中流通的决议草案,某成员在欧盟数据保护委员会主席所表明的合理期限内没有提出异议的视为同意决议草案。

4. 监管机构和欧盟数据保护委员会应当及时以电子化手段、标准化的格式将任何相关信息(此类信息可以是事实的总结、决议草案、采取此类必要措施的理由,以及其他相关机构的观点)进行沟通。

5. 欧盟数据保护委员会的主席应当及时通过电子手段:

（a）将任何已经获知的相关信息以标准化格式告知欧盟数据保护委员会和欧盟委员会的成员。欧盟数据保护委员会的秘书应当提供相关信息的翻译(如需要);并且

（b）将意见告知第 1 款和第 2 款规定的监管机构和欧盟委员会,并公开意见。

6. 在第 3 款规定的期间内,有权监管机构不应当采用第 1 款规定的决议草案。

7. 第 1 款中规定的监管机构应当最大限度地考虑欧盟数据保护委员会的意见且应在收到意见的两周内以电子方式告知欧盟数据保护委员会的主席以及(如果有)告知欧盟数据保护委员会是否会维持或修改其决议草案,以及修改后的决议草案。

8. 监管机构在本条第 7 款规定的期限内通知委员会主席并无意遵守委员会的所有意见或意见的一部分且提供了相关理由的,第 65(1)条应当适用。

第 65 条　欧盟数据保护委员会的纠纷解决

1. 欧盟数据保护委员会应当在如下情形中做出有约束力的决定确保在个案中对本条例的正确与融贯适用:

(a) 第 60(4)条规定的情形中相关监管机构对领导性机构的草案决定提出了相关与合理反对的,或者领导性机构驳回了反对,认为其不相关或不合理的。约束性决定应当涉及相关与合理反对所涉及的所有事项,特别是当存在违反本条例情形的;

(b) 对监管机构有权管辖主要营业机构存在不同意见的;

(c) 第 64(1)条规定的情形中有权监管机构并不请求获得欧盟数据保护委员会的意见的,或者不遵守欧盟数据保护委员会按照第 64 条发布的意见的。有前述情形的任何相关监管机构或欧盟数据保护委员会都有告知欧盟数据保护委员会此事项的权利。

2. 三分之二多数的欧盟数据保护委员会成员在将主体事项转交后,应当在 1 个月以内做出第 1 款规定的决定。主体事项复杂的,可以延长一个月。第 1 款规定的决定应当是合理的与应当告知领导性监管机构和所有相关监管机构对它们具有约束力的。

3. 欧盟数据保护委员会无法在第 2 款规定的期限内做出决定的,应当以欧盟数据保护委员会成员少数服从多数的方式在第 2 款规定的第二个月的期限结束后的两星期内做出决定。欧盟数据保护委员会成员的投票相同的,根据主席的投票做出决定。

4. 第 2 款和第 3 款规定的期限内相关监管机构不应对根据第 1 款交给欧盟数据保护委员会的主体事项做出决定。

5. 欧盟数据保护委员会的主席应当及时将第 1 款规定的决定告知相

关监管机构。监管机构告知第 6 款规定的最终决定后,欧盟数据保护委员会的网站上及时发表决定。

6. 领导性监管机构或者收到申诉的监管机构应当根据本条第 1 款规定的决定性基础及时做出最终决定,最迟在欧盟数据保护委员会告知其决定后的一个月以内做出。领导性的监管机构或收到申诉的监管机构应当向欧盟数据保护委员会报告后,应当将决定告知控制者或处理者以及数据主体的时间。相关监管机构的最终决定应当根据第 60(7)(8)(9)条做出。最终决定应当涉及本条第 1 款规定的决议的,应当具体说明。本条第 1 款规定的决定应当按照本条第 5 款的规定欧盟数据保护委员会的网站上发表。最终决定应当附上本条第 1 款规定的决定。

第 66 条　紧急程序

1. 在例外情形中相关监管机构认为有必要对保护数据主体的权利与自由采取紧急行动,可以通过第 63、64 和 65 条规定的一致性机制或第 60 条规定的程序进行克减,并立即在境内采取超过 3 个月具有法律效力的临时性措施。监管机构应当及时将采取临时性措施的手段与原因告知其他相关监管机构、欧盟数据保护委员会与欧盟委员会。

2. 监管机构采取符合第 1 款规定的临时性措施且考虑亟需采用的最终措施的,可以请求欧盟数据保护委员会出具一份紧急意见或紧急约束性决定,但必须说明原因。

3. 有必要对保护数据主体的权利与自由采取紧急行动且有权监管机构却没有采取合适措施的,监管机构可以向欧盟数据保护委员会请求一份紧急意见或紧急约束性决定,但必须说明包括需要采取紧急行动等原因。

4. 第 64(3)条和第 65(2)条规定的克减,欧盟数据保护委员会成员应当以少数服从多数的形式在两个星期内做出符合本条第 2 款和第 3 款规定的紧急意见或紧急约束性决定。

第 67 条　信息交换

欧盟委员会可以制定针对监管机构之间、监管机构与欧盟数据保护委员会之间以电子方式进行的信息交换,特别是对于第 64 条规定的标准化格式的实施性法案。欧盟委员会应当根据第 93(2)条规定的验证程序制定第一款规定实施性法案。

第三节 欧盟数据保护委员会

第 68 条 欧盟数据保护委员会

1. 欧盟数据保护委员会是一个特别设立的具有法人身份的。

2. 欧盟数据保护委员会主席是欧盟数据保护委员会的代表。

3. 欧盟数据保护委员会应当包括成员国监管机构的首长、欧盟数据保护监管者的首长,或者他们的代表。

4. 成员国内有两个或两个以上负责监控对本条例条款适用的监管机构的,应当按照成员国的法律任命一个联合代表。

5. 欧盟委员会有权参与欧盟数据保护委员会的活动与会议,但没有投票权。欧盟委员会应当委任一名代表。欧盟数据保护委员会的主席应当将欧盟数据保护委员会的活动告知欧盟委员会。

6. 欧盟数据保护监管者只有在第 65 条规定的情形中且决议涉及适用和本条例规定的有实质性对应的欧盟机构、实体、办公室、规制机构的原则和规则才有投票权。

第 69 条 独立性

1. 欧盟数据保护委员会履行第 70 条和第 71 条规定的任务或行使权力时应当保持其独立性。

2. 在不影响第 70(1)条(b)点和第 70(2)条规定的欧盟委员会的请求的情况下,欧盟数据保护委员会在执行任务或行使职权时不得寻求、接受任何人的指示。

第 70 条 欧盟数据保护委员会的任务

1. 欧盟数据保护委员会应当确保对本条例的一致性适用,在相关情形中应当主动或根据欧盟委员会的请求而采取如下行动:

(a) 在满足不影响全国性监管机构任务的前提下确保第 64 条和 65 条规定的情形正确适用本条例;

(b) 对欧盟数据保护相关的所有事项(包括对本条例的修改动议)向欧盟委员会提供建议;

(c) 对为制定约束性公司规则在控制者、处理者和监管机构之间进行信息交换的格式与程序向欧盟委员会提供建议;

(d) 对从第 17(2)条规定的公众可以获取的通讯服务中擦除个人信息的链接、备份或复制品活动的程序发布指导方针、建议和最佳操作;

（e）为鼓励对本条例的适用主动或根据其成员的请求，或根据欧盟委员会的请求核查涉及本条例适用的任何问题发布指导方针、建议和最佳操作；

（f）为进一步细化第 22（2）条规定的基于用户画像的决策的标准和条件，发布符合本款（e）点的指导方针、建议和最佳操作；

（g）为认定个人数据泄露，确定是否存在第 33（1）（2）条规定的无理拖延，以及控制者或处理者是否需要告知个人数据泄露，发布符合本款（e）点的指导方针、建议和最佳操作；

（h）针对个人数据违法可能会对第 34（1）条规定的自然人的权利与自由带来高风险的情形，发布符合本款（e）点的纲领、建议和最佳操作；

（i）对符合控制者所遵守的约束性公司规则、处理者所遵守的约束性公司规则的数据转移，为保证第 47 条规定的对数据主体的个人数据保障而采取的必要措施的个人数据转移，为细化此类转移的标准和要求，发布符合本款（e）点的纲领、建议和最佳操作；

（j）为进一步细化第 49（1）条规定的个人数据转移所需要的标准和要求，发布符合本款（e）点的纲领、建议和最佳操作；

（k）为监管机构起草涉及第 58（1）（2）（3）条规定的适用措施和确定第 83 条规定的行政处罚的指导方针；

（l）审查对本款（e）点和（f）点规定的指导方针、建议和最佳操作的实际运用；

（m）针对自然人报告侵犯本条例的行为设立符合第 54（2）条规定的一般程序，发布符合本款（e）点的纲领、建议和最佳操作；

（n）鼓励起草行为准则，设立符合第 40 条和第 42 条规定的数据保护认证机制、数据保护印章和标记；

（o）根据第 43 条规定阶段性审查认证机构的委任、对符合第 43（6）条规定的委任机构与符合第 42（7）条在第三国设立的被认证的控制者或处理者进行持续性的公共登记；

（p）为委任第 42 条规定的认证机构细化第 43（3）条规定的要求；

（q）向欧盟委员会提供关于第 43（8）条规定的验证要求的意见；

（r）向欧盟委员会提供关于第 12（7）条规定的图标的意见；

（s）评估第三国（包括第三国、某个地区、或该第三国的一个或多个特定部门）或国际组织的保护程度，或国际组织是否仍然提供足够程度的保护,欧盟委员会应当向欧盟数据保护委员会提供所有必要的记录,包括和该第三国政府进行的涉及第三国、某个地区、或该第三国的一个或多个特定部门,或国际组织的通信;

(t) 发布按照第 64(1) 条规定的一致性机制做出的关于监管机构的决议草案,按第 64(2) 条提交的事项,以及发布根据第 65、66 条规定的约束性决定;

(u) 以最佳可行性方式促进监管机构之间的合作,有效的双边或多边信息交换;

(v) 促进共同培训项目,协助监管机构之间以及(如果适用)监管机构与第三国监管机构或国际组织之间的人员交换;

(w) 促进与全球数据保护监管机构的知识交流、数据保护立法的记录与实践;

(x) 发布关于根据第 40(9) 条规定的在欧盟层面起草的行为准则的意见;以及

(y) 对于监管机构和法庭做出的决定以及根据一致性机制所处置的事项保存一份公众可以访问的电子登记。

2. 欧盟委员会请求欧盟数据保护委员会提供意见的,欧盟委员会可以在考虑事项的紧急程度后表明期限要求。

3. 欧盟数据保护委员会应当将其意见、指导纲领、推荐以及最佳操作告知欧盟委员会和第 93 条规定的理事会且予以公开。

4. (如适用)欧盟数据保护委员会应当咨询当事人,给予当事人在一段合理期限内进行评论的机会。不影响第 76 条规定的,欧盟数据保护委员会应当公布咨询程序的结果。

第 71 条　报告

1. 欧盟内部、相关第三国以及国际组织中的数据处理活动涉及自然人的保护的,欧盟数据保护委员会应当起草年度报告。报告应当公开且传输给欧洲议会、欧盟理事会和欧盟委员会。

2. 年度报告应当包括第 70(1) 条(1)点规定的对指导方针、建议和最佳操作的实际运用的审查,以及第 65 条规定的约束性决议。

第 72 条　程序

1. 欧盟数据保护委员会应当以少数服从多数的方式做出决定,但本条例有相反规定的除外。

2. 欧盟数据保护委员会应当由委员三分之二大多数通过其自己的议事规则，并组建操作机制。

第 73 条　欧盟数据保护委员会主席

1. 欧盟数据保护委员会应当以少数服从多数的方式从委员中选举主席 1 名、副主席 2 名。

2. 欧盟数据保护委员会主席和副主席的任期为五年，可连任一届。

第 74 条　欧盟数据保护委员会主席的职责

1. 欧盟数据保护委员会主席的职责是：

(a) 召集欧盟数据保护委员会的会议，准备会议议程；

(b) 将欧盟数据保护委员会根据第 65 条而做出的决定告知第 65 条规定的领导性监管机构和相关监管机构；

(c) 确保欧盟数据保护委员会任务的及时履行，特别是和第 63 条规定的一致性机制相关的任务。

2. 欧盟数据保护委员会应当在程序规则中明确主席与副主席的任务。

第 75 条　秘书处

1. 欧盟数据保护委员会设秘书 1 名。秘书应当由欧盟数据保护监督者任命。

2. 秘书应当严格按照欧盟数据保护委员会主席的指示履行职责。

3. 欧盟数据保护监管者的员工涉及履行到本条例赋予欧盟数据保护委员会任务的，应当与涉及履行赋予欧盟数据保护监管者的任务的员工遵守不同的报告程序。

4. (如果适用)欧盟数据保护委员会和欧盟数据保护监管者应当撰写与发布一份实施本条的确定合作条款的谅解备忘录。涉及履行本条例赋予欧盟数据保护委员会任务的，谅解备忘录适用于欧盟数据保护监管者的员工。

5. 秘书应当向欧盟数据保护委员会提供分析、管理与后期支持。

6. 秘书应当对如下事项负责：

(a) 欧盟数据保护委员会的日常事务；

(b) 欧盟数据保护委员会、欧盟数据保护委员会主席与欧盟委员会之间的交流；

(c) 与其他机构及公众的交流；

（d）内部交流与外部交流中对电子手段的使用；

（e）相关信息的翻译；

（f）欧盟数据保护委员会会议的准备与跟踪；

（g）准备、起草与发布欧盟数据保护委员会对监管机构之间分歧的意见有关的决定，以及其他文本。

第 76 条　保密

1. 欧盟数据保护委员会认为根据程序规则要求有必要秘密开展某项讨论活动的，应当严格保密。

2. 访问提交给欧盟数据保护委员会的成员、专家与第三方代表的文件，应当遵守欧洲议会和欧盟理事会的（EC）No 1049/2001 条例的规定。

第八章　救济、责任和惩罚

第 77 条　向监管机构申诉

1. 数据主体在不影响任何其他行政或司法救济的前提下有向监管机构进行申诉的权利，尤其适用向数据主体所属的成员国或经常居住地、工作地、或数据主体认为处理其个人数据违反本条例发生地的监管机构的申诉。

2. 收到申诉的监管机构应当告知申诉者申诉的进展和结果，包括符合第 78 条规定的司法救济的可能性。

第 78 条　针对监管机构的有效司法救济权

1. 自然人或法人不影响其他任何行政或司法救济的前提下有权对与自己有关的监管机构做出有法律约束力的决定获得有效的司法救济。

2. 根据第 55 条和第 56 条规定的有权监管机构不处置申诉，或者在三个月内没有向数据主体告知第 77 条规定的申诉的进展或结果，自然人或法人在不影响其他任何行政或司法救济的前提下都有权获得有效的司法救济。

3. 对监管机构提起法律诉讼的，应当向监管机构所在的成员国的法院提起。

4. 对监管机构决定的法律诉讼发生在欧盟数据保护委员会根据一致性机制做出意见或决定之前的，监管机构应当将意见或决定告知法院。

第 79 条　针对控制者或处理人的有效司法救济权

1. 数据主体在不影响其他任何行政或司法救济（包括在不影响第 77

条规定的向监管机构提交申诉)的前提下认为,违反本条例而处理个人数据导致权利被侵犯的,有权获取司法救济。

2. 对控制者或处理者的法律诉讼应当向拥有它们机构的成员国的法院提起。在数据主体在其他情形下的经常居住地的法院提起,但控制者或处理者是成员国行使公共权力的公共机构的除外。

第80条　数据主体的代表

1. 数据主体有权委托非盈利机构、实体或协会代表其行使第77、78、79条规定的权利,以及在成员国法律规定的情形下,代表其行使第82条规定的获得赔偿权利。非盈利机构、实体或协会应具备按照成员国法律设立的章程目标是实现公共利益且在为保护数据主体的权利与自由代表数据主体提起申诉表现积极的条件。

2. 成员国可以规定本条第1款规定的任何机构、组织或协会认为本条例规定的数据主体的权利已因为处理受到侵犯时,不论数据主体是否委托都有在成员国向第77条规定的有权监管机构提起申诉,行使第78条和第79条规定的权利。

第81条　中止诉讼

1. 一个成员国有管辖权的法院获知另一成员国的法院准备对涉及同一个控制者或处理者处理的同一主要事项进行判决的,应当与另一成员国的该法院联系确认此类诉讼的存在。

2. 另一成员国法院准备对涉及同一个控制者或处理者处理的同一主要事项进行判决的,所有有权审理的法院都可以停止其法律程序,首先接收案件的法院除外。

3. 等待初审的诉讼,首先接收案件的法院对涉及的活动具有管辖权且法律允许合并审理的,所有有管辖权的法院都可以基于相关一方的申请拒绝管辖,首先接收案件的法院除外。

第82条　赔偿权和赔偿责任

1. 因违反本条例而受到物质或非物质性伤害的人有权从控制者或数据者处获得损害赔偿。

2. 任何涉及处理的控制者都应当对因为违反本条例的处理受到的损害承担责任。处理者没有遵守本条例明确规定的对处理者要求的,或者违反控制者的合法指示的,应当对处理所造成的损失负责。

3. 控制者或处理者证明自己对引起损失的事件没有任何责任的可以

免除本条第 2 款规定的责任。

4. 多个控制者或处理者的,或控制者与处理者同时涉及同一处理且对第 2、3 款规定的处理所引起的所有损失承担责任的,控制者或处理者对损失负有连带责任确保对数据主体的有效赔偿。

5. 控制者或处理者已经根据本条第 4 款的规定对所受损失进行全额赔偿的,可以按照本条第 2 款规定的条件,要求另一控制者或处理者返回其造成的损失。

6. 受到物质或非物质性伤害的人应当根据第 79(2)条的规定在成员国认可的有管辖权的法院提起获得赔偿的诉讼。

第 83 条　行政罚款的一般条件

1. 每个监管机构都应当保证根据本条对第 4、5、6 条规定的违反本条例行为的罚款,在每个案件中都应当是有效的、成比例的和劝诫性的。

2. 根据每个案件的具体情形,行政处罚应当在第 58(2)条的(a)至(h)点以及(j)点规定的措施基础上进行追加,或者应当代替这些措施。每个具体案件中决定是否应当进行行政处罚,以及决定行政处罚的金额,应当充分考虑如下因素:

(a) 结合相关处理的性质、范围或目的,被影响的数据主体的数量以及损害程度确定的违法的性质、严重性与持续时间;

(b) 违法的性质是基于故意还是过失;

(c) 控制者或处理者为减轻数据主体损失采取的所有行动;

(d) 结合控制者或处理者采取的符合第 25 条和第 32 条的技术性与组织性措施认定的控制者或处理者的责任程度;

(e) 控制者或处理者之前的所有相关违法行为;

(f) 为纠正违法行为和减轻违法所造成的可能负面影响和监管机构进行合作的程度;

(g) 为违法行为影响的个人数据类型;

(h) 监管机构得知违法行为的方式,特别是控制者或处理者是否对违法行为进行了报告,以及在何种程度上进行了报告;

(i) 是否遵守对同一主题事项已经对控制者或处理者发布第 58(2)条规定措施;

(j) 遵守符合第 40 条的已经生效的行为准则或符合第 42 条的已经生效的认证机制;以及

（k）对案件情形可以适用的所有加重或减轻因素，例如因为违法直接或间接导致的经济收益、避免的损失。

2.控制者或处理者故意或过失性地因为同一或相关的处理操作而违反本条例条款的，行政罚款的总额不应当超过最严重违法确定的额度。

3.违反如下条款，应当按第2款的规定施加最高10 000 000欧元的行政罚款。企业违反如下条款，最高可处相当于上一年全球总营业额2％的金额的罚款，两者取其高的一项进行罚款：

（a）第8、11、25、26、27、28、29、30、31、32、33、34、35、36、37、38、39、42和43条规定的控制者和处理者的责任；

（b）第42条和第43条规定的认证机构的责任；

（c）第41（4）条规定的监管机构的责任。

4.违反如下条款，应当按第2款的规定施加最高20 000 000欧元的行政罚款。企业违反如下条款，最高可处相当于上一年全球总营业额2％的金额的罚款，两者取其高的一项进行罚款：

（a）处理的基本原则，包括第5、6、7和9条规定的同意的条件；

（b）第12条至22条规定的数据主体的权利；

（c）第44条至第49条规定的将个人数据转移到第三国或一个国际组织的接收者；

（d）所有第九章规定的符合成员国法律的责任；

（e）违反监管机构根据第58（2）条对处理所发布的命令、暂时性或确定性的限制，或对数据流动的中止，或违反第58（1）条拒绝提供访问。

5.违反第58（2）条规定的监管机构发布的命令，应当按第2款的规定施加最高20 000 000欧元的行政罚款。企业违反如下条款，最高可处相当于上一年全球总营业额4％的金额的罚款，两者取其高的一项进行罚款：

（a）不影响符合第58（2）条的监管机构的纠正权力的，每个成员国都可以制定规则，确定在什么情况下对在其境内设立的公共机构和实体进行行政处罚；

（b）监管机构行使本条规定的权力，应当采取符合欧盟和成员国法律规定的合适的程序性保障，包括有效的司法救济和正当程序；

（c）成员国的法律体系并不提供行政处罚的，本条可以以如下方式适用：可以通过有权监管机构提出行政处罚，然后有职权的全国性法院进

行适用;同时,

(d) 应保证这些法律救济是有效的且这些法律救济与监管机构所施加的行政处罚具有同等效力。任何情形中施加的处罚必须是有效的、成比的和劝诫性的。成员国应当在本条例生效两年内将根据本款所制定的法律条款、后续的修正性法律或影响它们的法律修订及时告知欧盟委员会。

第84条　罚则

1. 成员国应当制定可适用于违反本条例的其他惩罚的规则,特别是对不受第83条规定的行政处罚约束的违法行为。成员国应当制定必要措施确保惩罚规则得到执行,且惩罚是有效的、成比例的和劝诫性的。

2. 每个成员国应在2018年5月25日之前将根据第1款通过的法律通知欧盟委员会且应当及时告知影响条款的后续修订。

第九章　有关特定处理情形的规定

第85条　处理、表达自由与信息

1. 成员国应当通过制定法律调和符合本条例制定的个人数据保护权与表达自由权与信息权,包括调和为了新闻目的和学术、艺术或文学表达目的而进行的处理。

2. 对出于新闻目的和学术、艺术或文学表达目的处理的,如果对于调和符合本条例制定的个人数据保护权与表达自由权与信息权有必要,成员国应当对第二、三、四、五、六、七、九章的规定进行豁免或克减。

3. 成员国应当及时告知欧盟委员会按照第2款所制定的法律条款以及所有后续的修正性法律或影响修正性法律的修订情况。

第86条　处理和公开获取官方文件

为协调公众对官方文件的访问与本条例规定的个人数据保护权,公共机构或公共实体或为了实现公共利益而履行任务的私人实体拥有的官方文件中的个人数据,机构或实体可以根据成员国为机构或实体制定的法律的规定公开官方文件。

第87条　对全国性身份识别号码的处理

成员国可以对处理全国性身份识别号码或其他一般性识别标识的特定情形做出规定,但只有对本条例规定的数据主体的权利与自由采取适当安全保障,才能使用全国性身份识别号码或其他一般性识别标识。

第 88 条 与雇佣有关的处理

1. 多个成员国可以通过法律或通过协定制定特定规则,以保证处理雇员个人数据保证其权利与自由,特别是:为了招聘、履行雇佣合同,包括法律或集体合同规定的免除合同;对工作的管理、计划与组织;工作场所的合理性与多样性;工作中的健康与安全,对员工与顾客财产的保护;为了行使和享受雇佣相关的权利与收益;以及为了终止雇佣关系。

2. 第 1 款所指的规则应当包括为保障数据主体人身尊严、正当利益与基本权利的合适与特定的措施,特别是处理的透明性、企业间转移个人数据或进行联合经济活动的企业和工作场所的监管系统。

3. 每个成员国应在 2018 年 5 月 25 日之前将根据第 1 款通过的法律通知欧盟委员会且应当及时告知影响条款的后续修订。

第 89 条 为实现公共利益、科学或历史研究或统计目的的处理中的安全保障与克减

1. 为实现公共利益、科学或历史研究或统计目的的处理,应当采取符合本条例的恰当防护措施,保障数据主体的权利与自由。防护措施应当确保数据最小化原则且已采取技术与组织性的措施(可以包括匿名化,如果匿名化也能实现上述目的)。在进一步处理中实现对数据主体无法识别也可以实现上述目的,应当采取这种方式处理。

2. 为实现公共利益、科学或历史研究或统计目的的处理,成员国的法律可以按照本条第 1 款规定的情形与防护措施对第 15、16、18、21 条规定的权利进行克减,如果此类权利可能彻底阻碍或严重阻碍实现上述目的且克减对于实现上述目的是必要的。

3. 为实现公共利益处理个人数据的,欧盟或成员国的法律可以按照本条第 1 款规定的情形与防护措施对第 15、16、18、19、20 和 21 条规定的权利进行克减,如果此类权利可能彻底阻碍或严重阻碍实现上述目的且克减对于实现上述目的是必要的。

4. 第 2 款和第 3 款规定的处理还有其他目的的,克减只适用于为实现第 2 款和第 3 款规定的目的的处理。

第 90 条 保密义务

1. 成员国可以制定针对第 58(1) 条 (3) 和 (f) 点规定的、和作为主体的控制者或处理者相关的、全国性有权机构所设立的监管机构的权力规制的特定规则。特定规则可以施加职业性秘密保守责任或其他同等责任，如果有必要对个人数据保护与保守秘密进行调和与比例性保护。保守秘密责任涉及的活动中或因为此类活动接收个人数据的，特定规制只适用于控制者或处理者。

2. 每个成员国应在 2018 年 5 月 25 日之前将根据第 1 款通过的法律通知欧盟委员会且应当及时告知影响条款的后续修订。

第 91 条　现有对教会和宗教协会的数据保护规则

1. 适用于某成员国境内教会、宗教协会或团体的保护自然人在处理相关中的综合性规则与本条例保持一致的，在本条例生效后应当适用。

2. 适用符合第 1 款的综合性规则的教会和宗教协会，其应当接受一个独立监管机构的监管。教会和宗教协会满足本条例第六章规定的条件的，独立监管机构可以特别指定。

第十章　授权性、实施性法案

第 92 条　授权的行使

1. 欧盟委员会享有受本条规定的条件约束的授权法案制定权。

2. 第 12(8)条和 43(8)条规定的授权应当在本条例生后的一段不确定的时间内赋予欧盟委员会。

3. 欧洲议会或欧盟理事会可以随时行使第 12(8)条和 43(8)条规定的授权；撤销决定应当终止决定所特别指明的授予性权力；撤销决定在欧盟官方杂志发布后的第二天或决定所特别标明的日期生效，但不影响任何已经生效的授权性法案。

4. 欧盟委员会制定授权性法案应当及时且同时告知欧洲议会和欧盟理事会。

5. 根据第 12(8)条和第 43(8)条制定的授权性法案在欧洲议会或欧盟理事会收到通知后三个月内都没有表达反对的，或者在三个月内欧洲议会或欧盟理事会已经告知欧洲委员会不会反对的，才能生效。欧洲议会或欧盟理事会提出延期的，可以再延长三个月。

第 93 条　委员会程序

1. 欧盟委员会应建立一个（EU）No 182/2011 条例规定的小组协助其工作。

2.（EU）No 182/2011 指令第 5 条适用本条。

3. 与（EU）No 182/2011 指令第 5 条配套的（EU）No 182/2011 指令适用本条。

第十一章 最后条款

第 94 条 指令 95/46/EC 的废除

1. 自 2018 年 5 月 25 日起废止指令 95/46/EC。

2. 参照废止指令的,应当通过参照本条例来进行解释。工作小组参照 95/46/EC 指令第 29 条规定的处理个人数据中个人保护,应当由本条例规定的欧盟数据保护委员会解释。

第 95 条 与指令 2002/58/EC 的关系

欧盟的公共通讯网络中提供公众可获取的电子通讯服务的,2002/58/EC 指令已施加特殊责任的事项,本条例不得对同一事项再向自然人或法人施加额外责任。

第 96 条 与先前签订的协议的关系

成员国在 2016 年 5 月 24 日之前缔结并在该日期之前适用的涉及将个人数据转移到第三国或国际组织的国际协议,在被修改、替代或撤销之前有效。

第 97 条 委员会报告

1. 委员会应在 2020 年 5 月 25 日之前及其后每四年向欧洲议会和理事会提交一份有关本法规评估和审查的报告。报告应公开。

2. 有第 1 款规定的评估与审查情形的,欧盟委员会应当检查如下事项的适用与运作:

（a）第五章规定的将个人数据转移到第三国或国际组织,特别是按照本条例第 45(3)条做出的决定,以及根据 95/46/EC 第 25(6)条而做出的决定;

（b）第七章规定的合作与一致性。

3. 欧盟委员会为实现第 1 款的目的可以要求成员国和监管机构提供相关信息。

4. 欧盟理事会实施第 1 款和第 2 款规定的评价与审查时应当考虑欧洲议会、欧盟理事会以及其他相关实体与生产商的立场与调查。

5. 欧盟委员会在必要的情形下应当提交修改本条例的合适动议,特别是考虑了信息科技的发展以及信息社会中的发展状态。

第 98 条　对欧盟其他数据保护法案的审查

欧盟委员会应酌情提出立法建议,修正欧盟其他有关保护个人数据的法律行为,确保对自然人在处理方面的统一和一致的保护,特别是涉及欧盟机构、实体、办公室和规制机构处理中和自然人保护相关的规则,以及此类数据的自由流动。

第 99 条　生效与适用

1. 本条例的生效时间是在欧盟官方杂志发布后的二十天后。

2. 自 2018 年 5 月 25 日起适用。

本条例应具有全部约束力且直接适用于所有成员国。

2016 年 4 月 27 日制订于布鲁塞尔

主要参考文献

一、中文文献

1. 李昌麒:《经济法学》,法律出版社 2008 年版。

2. 高鸿业:《西方经济学》,中国人民大学出版社 2007 年版。

3. 熊春泉、聂佳龙:《大数据时代的中国法治建设——一种立法视角的分析》,中国政法大学出版社 2017 年版。

4. 张文显:《法理学》,高等教育出版社、北京大学出版社 2011 年版。

5. 陈希孺:《数理统计学简史》,湖南教育出版社 2002 年版。

6. 涂子沛:《大数据:正在到来的数据革命,以及它如何改变政府、商业与我们的生活》,广西师范大学出版社 2013 年版。

7. 聂佳龙:《跨越效率与正义的冲突:法律经济学他种想象》,中国政法大学出版社 2017 年版。

8. 程燎原、王人博:《赢得神圣——权利及其救济通论》,山东人民出版社 1993 年版。

9. 李桂花:《科技哲思——科技异化问题研究》,吉林大学出版社 2011 年版。

10. 黄欣荣:《现代西方技术哲学》,江西人民出版社 2011 年版。

11. 石佑启:《论公共行政与行政法学范式转换》,北京大学出版社 2003 年版。

12. 熊春泉、聂佳龙:《法律经济学》,中国政法大学出版社 2017 年版。

13. 魏建、周林彬:《法经济学》,中国人民大学出版社 2008 年版。

14. 刘禾:《跨语际实践:文学,民间文化与被译介的现代性(中国,1900—1937)》,宋伟杰等译,生活·读书·新知三联书店 2002 年版。

15. 周丹:《爱悦与规训:中国现代性中同性欲望的法理想象》,广西师范大学出版社 2009 年版。

16. 王红梅、胡明:《算法设计与分析》(第二版),清华大学出版社 2013 年版。

17. 李彦宏等:《智能革命:迎接人工智能时代的社会、经济与文化变革》,中信出版集团 2017 年版。

18. 盛洪:《现代制度经济学》,中国发展出版社 2009 年版。

19. 徐昕:《论私力救济》,中国政法大学出版社 2005 年版。

20. 江伟:《仲裁法》,中国人民大学出版社 2012 年版。

21. 季卫东:《法律程序的意义》,中国法制出版社 2012 年版。

22. 赵国求、桂起权、吴新忠、万小龙:《物理学的新神曲:量子力学曲率解释》,武汉出版社 2002 年版。

23. 谢康、乌家培:《阿克洛夫、斯彭斯和斯蒂格利茨论文精选》,商务印书馆 2002 年版。

24. 王小卫:《宪政经济学——探索市场经济的游戏规则》,立信会计出版社 2006 年版。

二、翻译文献

1. [英]弗里德利希·冯·哈耶克:《法律、立法与自由》(第 1 卷),邓正来译,中国大百科全书出版社 2000 年版。

2. [美]罗斯科·庞德:《通过法律的社会控制》,沈宗灵译,商务印书馆 2010 年版。

3. [英]维克托·迈尔—舍恩伯格、肯尼思·库克耶:《大数据时代:生活、工作与思维的大变革》,盛杨燕、周涛译.浙江人民出版社 2012 年版,第 135 页。

4. [美]道格拉斯·C.诺斯:《制度、制度变迁与经济绩效》,杭行译,格致出版社、上海三联书店、上海人民出版社 2008 年版。

5. [美]理查德·A.波斯纳:《法理学问题》,苏力译,中国政法大学出版社 2001 年版。

6. [美]保罗·萨缪尔森、威廉·诺德豪斯:《经济学》(第 17 版),萧琛等译,人民邮电出版社 2007 年版,第 21 页。

7. [德]彼得·科斯洛夫斯基:《伦理经济学原理》,孙瑜译,中国社会科学出版社 1997 年版。

8.［德］贝克、威尔姆斯：《自由与资本主义》，路国林译，浙江人民出版社 2001 年版。

9.［美］布莱恩·阿瑟：《技术的本质——技术是什么，它是如何进化的》，曹东溟、王健译，浙江人民出版社 2014 年版。

10.［美］N.维纳：《人有人的用处——控制论和社会》，陈步译，商务印书馆 1978 年版。

11.［英］托马斯·克伦普：《数字人类学》，郑元者译，中央编译出版社 2007 年版。

12.［英］休谟：《人类理解研究》，关文运译，商务印书馆 1981 年版。

13.［美］凯文·凯利：《失控——全人类的最终命运和结局》，新星出版社 2010 年版。

14.［美］约翰·H.米勒、斯科特·E.佩奇：《复杂适应系统：社会生活计算模型导论》，隆云滔译，上海人民出版社 2012 年版。

15.［法］埃德加·莫兰：《复杂思想导论》，陈一壮译，华东师范大学出版社 2008 年版。

16.［美］A.H.马斯洛：《人格与动机》，许金声、程朝翔译，华夏出版社 1987 年版。

17.［法］莫里斯·哈布瓦赫：《论集体记忆》，毕然、郭金华壮译，上海人民出版社 2002 年版。

18.［美］约·冯·诺依曼：《计算机与人脑》，甘子玉译，商务印书馆 2001 年版。

19.［美］A.N.怀特海：《观念的冒险》，周邦宪译，人民出版社 2011 年版。

20.［德］莫里茨·石里克：《伦理学问题》，孙美堂译，华夏出版社 2001 年版。

21.［奥］维特根斯坦：《哲学研究》，韩林合译，商务印书馆 2013 年版。

22.［德］黑格尔：《精神现象学》，贺麟、王玖兴译，商务印书馆 1987 年版。

23.［德］佛洛依德：《自我与本我》，杨韶刚译，长春出版社 2004 年版。

24.［德］弗洛依德：《一种幻想的未来　文明及其不满》，严志军、张沫译，河北教育出版社 2003 年版。

25.［法］奥古斯特·孔德：《论实证精神》，黄建华译，商务印书馆

2001 年版。

26.［德］魏德士：《法理学》，丁晓春、吴越译，法律出版社 2005 年版。

27.［美］赫伯特·A.西蒙：《管理决策新科学》，李柱流、汤俊澄等译，中国社会科学出版社 1982 年版。

28.［美］尼古拉斯·麦考罗、斯蒂文·G.曼德姆：《经济学与法律——从波斯纳到后现代主义》，朱慧等译，法律出版社 2005 年版。

29.［英］迈克尔·曼：《社会权力的来源》（第 1 卷），李少军、刘北成译，上海人民出版社 2002 年版。

30.［德］康拉德·黑塞：《联邦德国宪法纲要》，李辉译，商务印书馆 2007 年版。

31.［美］罗纳德·德沃金：《认真对待权利》，信春鹰、吴玉章译，上海三联书店 2008 年版。

32.［美］艾伦·德肖维茨：《你的权利从哪里来？》，黄煜文译，北京大学出版 2014 年版。

33.［美］巴泽尔：《产权的经济分析》，费方域、段毅才译，格致出版社、上海三联书店、上海人民出版社 2008 年版。

34.［德］乌尔里希·贝克：《风险社会》，何博闻译，译林出版社 2004 年版。

35.［美］唐·布莱克：《社会学视野中的司法》，郭星华等译，法律出版社 2002 年版。

36.［美］罗伯特·考特、托马斯·尤伦：《法和经济学》，史晋川、董学兵等译，格致出版社、上海三联书店、上海人民出版社 2010 年版。

37.［澳］布伦南、［美］布坎南：《宪政经济学》，冯克利等译，中国社会科学出版社 2004 年版。

38.［美］罗纳德·哈里·科斯：《企业、市场与法律》，盛洪、陈郁译，格致出版社、上海三联书店、上海人民出版社 2009 年版。

39.［英］安德鲁·海伍德：《政治学核心概念》，吴勇译，天津人民出版社 2008 年版。

40.［英］亚当·斯密：《国民财富的性质和原因的研究》，郭大力、王亚南译，商务印书馆 1974 年版。

41.［英］琼·罗宾逊、约翰·伊特韦尔：《现代经济学导论》，陈彪如译，商务印书馆 1982 年版。

42. ［瑞士］费尔迪南·德·索绪尔：《普通语言学教程》，高名凯译，商务印书馆 2009 年版。

43. ［法］雅克·德里达：《多重立场》，佘碧平译，生活·读书·新知三联书店 2004 年版。

44. ［美］大卫·D.弗里德曼：《经济学语境下的法律规则》，杨欣欣译，法律出版社 2004 年版。

45. ［德］柯武刚、史漫飞：《制度经济学——社会秩序与公共政策》，韩朝华译，商务印书馆 2000 年版。

46. ［德］考夫曼：《法律哲学》，刘幸义译，法律出版社 2003 年版。

47. ［美］阿莱克斯·彭特兰：《智慧社会：大数据与社会物理学》，王小帆、汪容译，浙江人民出版社 2015 年版。

48. ［以色列］尤瓦尔·赫拉利：《未来简史：从智人到智神》，林俊宏译，中信出版社 2017 年版。

49. ［英］阿兰·谢里登：《求真意志：密歇尔·福柯的心路历程》，尚志英等译，上海人民出版社 1997 年版。

50. ［美］佩德罗·多明戈斯：《终极算法：机器学习和人工智能如何重塑世界》，黄芳萍译，中信出版社 2017 年版。

51. ［美］迈克尔·T.古德里奇、［美］罗伯托·塔马西亚：《算法设计与应用》，乔海燕、李悫炜、王烁程译，机械工业出版社 2018 年版。

52. ［美］塞奇威克、［美］韦恩：《算法》（第 4 版），谢路云译，人民邮电出版社 2012 年版。

53. ［美］迈克尔·西普塞：《计算理论导引》，段磊、唐常杰等译.机械工业出版社 2015 年版。

54. ［英］玛格丽特·博登：《人工智能哲学》，刘西瑞、王汉琦译，上海译文出版社 2001 年版。

55. ［美］埃德加·博登海默：《法理学：法律哲学与法律方法》，邓正来译，中国政法大学出版社 1999 年版。

56. ［英］休谟：《人性论》，关文运译，商务印书馆 1980 年版。

57. ［法］米歇尔·福柯：《规训与惩罚——监狱的诞生》，刘北成、杨远婴译，生活·读书·新知三联书店 1999 年版。

58. ［德］马克思：《1844 年经济学哲学手稿》，人民出版社 2000 年版。

59. ［德］康德：《实践理性批判》，韩水法译，商务印书馆 1999 年版。

60. [美]斯图尔特·罗素、彼得·诺维格:《人工智能:一种现代方法》,姜哲等译,人民邮电出版社 2010 年版。

61. [以色列]尤瓦尔·赫拉利:《今日简史:人类命运大议题》,林俊宏译,中信出版社 2018 年版。

62. [美]凯文·凯利:《技术元素》,张行舟等译,电子工业出版社 2012 年版。

63. [美]潘恩:《潘恩选集》,马清槐等译,商务印书馆 1981 年版。

64. [南]斯韦托扎尔·平乔维奇:《产权经济学——一种关于比较体制的理论》,蒋琳琦译,经济科学出版社 1999 年版。

65. [美]哈德罗·德姆塞茨:《所有权、控制与企业——论经济活动的组织》,段毅才等译,经济科学出版社 1999 年版。

66. [英]F.A.冯·哈耶克:《个人主义与经济秩序》,邓正来译,生活·读书·新知三联书店 2003 年版。

67. [美]加里·S.贝克尔:《人类行为的经济分析》,王业宇等译,格致出版社、上海三联出版社、上海人民出版社 2008 年版。

68. [美]本杰明·卡多佐:《司法过程的性质》,苏力译,商务印书馆 2000 年版。

69. [美]尼葛洛庞帝:《数字化生存》,胡咏、范海燕译,海南出版社 1997 年版。

70. [英]安东尼·吉登斯:《失控的世界:全球化如何重塑我们的生活》,周红云译,江西人民出版社 2000 年版。

71. [美]汉密尔顿、杰伊、麦迪逊:《联邦党人文集》,程逢如、在汉、舒逊译,商务印书馆 1980 年版。

72. [古罗马]亚里士多德:《政治学》,吴寿彭译,商务印书馆 1983 年版,第 48 页。

73. [美]迈克尔·D.贝勒斯:《法律的原则——一个规范的分析》,张文显等译,中国大百科全书出版社 1996 年版。

74. [英]弗·培根:《培根论说文集》,水天同译,商务印书馆 1983 年版。

75. [美]马丁·P.戈尔丁:《法律哲学》,齐海滨译,上海三联书店 1987 年版。

76. [法]普里马韦拉·德·菲利皮、[美]亚伦·赖特:《监管区块链:

代码之治》,卫东亮译,中信出版社 2019 年版。

77.〔美〕杜威:《哲学的改造》,许崇清译,商务印书馆 1989 年版。

78.〔日〕大木雅夫:《比较法》,范愉译,法律出版社 1999 年版。

79.〔英〕A.J.M.米尔恩:《人的权利与人的多样性——人权哲学》,夏勇、张志铭译,中国大百科全书出版社 1995 年版。

80.〔德〕马克思:《资本论》,人民出版社 2004 年版。

81.〔美〕科斯塔斯·杜兹纳:《人权的终结》,郭春发译,江苏人民出版社 2002 年版。

82.〔美〕杰克·唐纳利:《普遍人权理论与实践》,王浦劬等译,中国社会科学出版社 2001 年版。

83.〔德〕恩斯特·卡尔西:《人论》,甘阳译,上海译文出版社 1985 年版。

84.〔美〕罗宾·保罗·马洛伊:《法律和市场经济——法律经济学价值的重新诠释》,钱弘道、朱素梅译,法律出版社 2005 年版。

85.〔美〕尼古拉斯·卡尔:《数字乌托邦》,姜忠伟译,中信出版社 2018 年版。

86.〔美〕本杰明·N.卡多佐:《法律的成长　法律科学的悖论》,董炯、彭冰译,中国法制出版社 2002 年版。

87.〔美〕莫里斯:《指号、语言和行为》,罗兰、周易译,上海人民出版社 2011 年版。

88.〔奥地利〕恩斯特·马赫:《认识与谬误》,洪佩郁译,东方出版社 2005 年版。

89.〔英〕约翰·帕克:《全民监控:大数据时代的安全与隐私困境》,关立深译,金城出版社 2015 年版。

90.〔德〕克里斯多夫·库克里克:《微粒社会——数字化时代的社会模式》,黄昆等译,中信出版社 2018 年版。

91.〔英〕卢恰诺·弗洛里迪:《信息伦理学》,薛平译,上海译文出版社 2018 年版。

92.〔德〕马克斯·韦伯:《新教伦理与资本主义精神》,康乐、简惠美译,广西师范大学出版社 2007 年版。

93.〔美〕托马斯·库恩:《科学革命的结构》,金吾伦、胡新和译,北京大学出版社 2003 年版。

94. ［美］Neil Postman：《技术垄断——文明向技术投降》，蔡金栋等译，机械工业出版社 2013 年版。

95. ［英］詹姆斯·格里芬：《论人权》，徐向东等译，译林出版社 2015 年版。

三、期刊论文文献

1. 王春业、聂佳龙："从'三公'经费公开谈人大预算权的落实"，《云南大学学报》（法学版）2013 年第 1 期。

2. 郑戈："在鼓励创新与保护人权之间——法律如何回应大数据技术革新的挑战"，《探索与争鸣》2016 年第 7 期。

3. 邱仁宗、黄雯、翟晓梅："大数据技术的伦理问题"，《科学与社会》2014 年第 4 期。

4. 王春业、聂佳龙："论博弈语境下法的生成"，《甘肃理论学刊》2011 年第 4 期。

5. 郝丽、刘乐平、刘骏豪："统计历史的发展与统计科学的智慧"，《统计与信息论坛》第 11 期。

6. 于忠义："高尔顿发现相关与回归的历史回顾与反思"，《统计与信息论坛》2009 年第 9 期。

7. 余鹏："经典统计学的缺陷"，《统计研究》1993 年第 6 期。

8. 宁骚："行政改革与行政范式"，《新视野》1998 年第 3 期。

9. 肖冬梅、文禹衡："数据权谱系论纲"，《湘潭大学学报（哲学社会科学版）》2015 年第 6 期。

10. 陈仕伟："大数据技术异化的伦理治理"，《自然辩证法研究》2016 年第 1 期。

11. ［美］罗纳德·高斯："生产制度的结构"，银温泉译，《经济社会体制比较》1992 年第 4 期。

12. 应飞虎："信息如何影响法律——对法律基于信息视角的阐释"，《法学》2002 年第 6 期。

13. 孙林玉："大数据时代下我国竞争政策问题研究——以我国首例大数据不正当竞争纠纷案为视角"，《黑龙江工业大学学报》2017 年第 8 期。

14. 何非、何克清："大数据及其科学问题与方法的探讨"，《武汉大学学报(理学版)》,2014 年第 1 期。

15. 吴伟光:"大数据技术下个人数据信息私权保护论批判",《政治与法律》2016 年第 7 期。

16. 丁文联:"数据竞争的法律制度基础",《财经问题研究》2018 年第 2 期。

17. 邹开亮、刘佳明:"试论大数据垄断的法律规制",《大庆师范学院学报》2017 年第 4 期。

18. 黄晓锦:"大数据时代数据分享与抓取的竞争法边界",《财经问题研究》2018 年第 2 期。

19. 王晓晔:"再论反不正当竞争法与其相邻法的关系",《竞争政策研究》2017 年第 4 期。

20. 高学强:"人工智能时代的算法裁判及其规制",《陕西师范大学学报(哲学社会科学版)》2019 年第 3 期。

21. 季卫东:"人工智能开发的理念、法律以及政策",《东方法学》2019 年第 5 期。

22. 朱祝武:"人工智能发展综述",《中国西部科技》2011 年第 17 期。

23. 齐昆鹏:"'2017' 人工智能:技术、伦理与法律'研讨会在京召开",《科学与社会》2017 年第 2 期。

24. 贾开、蒋余浩:"人工智能治理的三个基本问题:技术逻辑、风险挑战与公共政策选择",《中国行政管理》2017 年第 10 期。

25. 何哲:"通向人工智能时代——兼论美国人工智能战略方向及对中国人工智能战略的借鉴",《电子政务》2016 年第 12 期。

26. 张今、迟海生:"开放源码运动对计算机软件保护的启示",《网络法学评论》,2004 年第 2 期。

27. Rob Caron:"微软编程准则和编码技巧",于志文译,《程序员》2002 年第 3 期。

28. 王春业、聂佳龙:"论仲裁启示下行政复议组织的改造",《法治社会》2017 年第 6 期。

29. 张淑玲:"破解黑箱:智媒时代的算法权力规制与透明实现机制",《中国出版》2018 年第 7 期。

30. 张毅、肖聪利、宁晓静:"区块链技术对政府治理创新的影响",《电子政务》2016 年第 12 期。

31. 邵奇峰、金澈清、张召、钱卫宁、周傲英："区块链技术：架构及进展"，《计算机》2017 年第 12 期。

32. 董宁、朱轩彤："区块链技术演进及产业应用展望"，《信息安全研究》2017 年第 3 期。

33. 孙国茂："区块链技术的本质特征及其金融领域应用研究"，《理论学刊》2017 年第 2 期。

34. 周瑞钰："区块链技术的法律监管探究"，《北京邮电大学学报（社会科学版）》2017 年第 3 期。

35. 金耀："个人信息去身份的法理基础与规范重塑"，《法学评论》2017 年第 3 期。

36. 鞠宏磊、李欢："精准广告相关隐私问题的规制原则与策略"，《编辑之友》2016 年第 6 期。

37. 王利明："生活安宁权：一种特殊的隐私权"，《中州学刊》2019 年第 7 期。

38. 雷磊："法律概念重要吗"，《法学研究》2017 年第 4 期。

39. 黄道丽、张敏："大数据背景下我国个人数据法律保护模式分析"，《中国信息安全》2015 年第 6 期。

40. 高秦伟："个人信息概念之反思和重塑"，《人大法律评论》2019 年卷第 1 辑，法律出版社 2019 年版。

41. 郑昊、范义龙："量子密码在数据链系统中的应用研究"，《信息通信》2019 年第 5 期。

42. 施郁："解密量子密码、量子纠缠与量子隐形传态"，《自然杂志》2019 年第 4 期。

43. 漆彤、施小燕："数据时代的个人信息'被遗忘权'——评冈萨雷斯诉谷歌案"，《财经法学》2015 年第 3 期。

44. 张浩："'被遗忘'能否成为一项法律权利？——兼与杨立新、韩煦教授商榷"，《广西社会科学》2016 年第 7 期。

45. 陈希："个人信息权民事确权的立法路径——兼评《民法总则》第111 条"，《北华大学学报》（社会科学版）2019 年第 6 期。

46. 王春业、聂佳龙："论财政代际公平"，《学术界》2014 年 12 月。

47. 夏正林："人权在宪法学中研究的意义"，《连云港职业技术学院学报》2005 年第 4 期。

48. 聂佳龙、丁志兵："利用区块链实现农村民营企业信息用精准画像的法学思考",《老区建设》2019 年第 16 期。

49. 马长山："智慧社会背景下的'第四代人权'及其保障",《中国法学》2019 年第 5 期。

50. 张新宝："《民法总则》个人信息保护条文研究",《中外法学》2019 年第 1 期。

51. 林喆："平等权:法律上的一视同仁",《学习时报》2004 年第 3 期。

52. 李一:"'数字社会'的发展趋势、时代特征和业态成长",《中共杭州市委党校学报》2019 年第 5 期。

53. 夏军:"数字化导引 21 世纪社会文明",《党政论坛》1999 年第 5 期。

54. 陈刚、谢佩宏:"信息社会还是数字社会",《学术界》2020 年第 5 期。

55. 郑戈:"人工智能与法律的未来",《探索与争鸣》2017 年第 10 期。

56. 李宏图:"概念史与历史的选择",《史学理论研究》2012 年第 1 期。

四、外文文献

1. Melanie Swan. *The Quantified Self : Fundamental Disruption in Big Data Science and Biological Discovery*. Big Data, 2013, 1(2).

2. Thucydides. Jeremy Mynott(trans). *The War of the Peloponnesians and the Athenians*. Cambridge University Press, 2013.

3. Allport, Gordon W. 1954a. The Nature of Prejudice. MA: Perseus Books.

4. Wainer H. *The Stanchions of Statistics*, Scinence 2016, 352 (6287).

6. Kashmir Hill. How Target Figured Out a Teen Girl Was Pregnant Before Her Father Did. Forbes, Feb. 16, 2012.

7. Morris M., Shirokova G., Shatalov, A. "*The Business Model and Firm Performance : The Case of Russian Food Service Ventures*", Journal of Small Business Management, 2013, 51(1).

8. Melvin Kranzberg, *Technology and History : Kranzberg's Laws*, 27. 3Technology and Culture, (1986).

9. Richards，Neil M. King，Jonathan H.，*Three Paradoxes of Big Data*，*Stanford Law Review Online*（2013）. Available at SSRN：http：//ssrn.com/abstract＝2325537.

10. Ausiello G，Petreschi R：*The Power of Algorithms*：*Inspiration and Examples in Everyday Life*，Springer Publishing Company Incorporated，2013.

11. Manuel Castells. Communication Power. Oxford：Oxford University Press，2009.

12. Michel Foucaul. The history of sexuality. New York：Pantheon，1978.

13. Michel Foucaul. Discipline and punish：the birth of the prison. New York：Pandom House，1977.

14. Mager A. Algorithmic Ideology：How Capitalist Society Shapes Search Engines，Informati，Communication & Society，2012，5(15).

15. Ruth Gavison. Privacy and the Limits of Law，Yale Law Journal，1980，vol.89.

16. Austin. "The Province of Jurisprudence Determined"，Weidenfeld & Nicholson，London，1954.

五、文集文献

1.《马克思恩格斯选集》(第 2 卷)，人民出版社 1995 年版。

2.《马克思恩格斯选集》(第 4 卷)，人民出版社 1995 年版。

3.《马克思恩格斯全集》(第 8 卷)，人民出版社 1961 年版。

4.《列宁选集》(第 4 卷)，人民出版社 1995 年版。

5.《马克思恩格斯选集》(第 3 卷)，人民出版社 1979 年版。

6.《马克思恩格斯全集》(第 1 卷)，人民出版社 1995 年版。

7.《列宁全集》(第 38 卷)，人民出版社 1959 年版。

8.《马克思恩格斯全集》(第 3 卷)，人民出版社 1976 年版。

9.《马克思恩格斯选集》(第 1 卷)，人民出版社 1995 年版。

10.《马克思恩格斯选集》(第 3 卷)，人民出版社 1974 年版。

11.《马克思恩格斯全集》(第 1 卷)，人民出版社 1976 年版。

六、其他文献

1. 宁吉喆:"坚持依法统计依法治统　确保统计数据真实准确",《人民日报》2016 年 12 月 8 日,第 12 版。

2.《辞海》编辑部:《辞海》,上海辞书出版社 1989 年版。

3. [英]约翰·伊特韦尔等:《新帕尔格雷夫经济学大辞典》(第 1 卷),陈岱孙等译,经济科学出版社 1996 年版。

4. 谢作诗:"市场经济是消除歧视的机制",《深圳特区报》,2017 年 8 月 15 日第 B11 版。

5.《商君书》。

6. 顾荣:"大数据处理技术与系统研究",南京大学 2016 年博士学位论文。

7. 李德伟:"同构关系:大数据的数理哲学基础",《光明日报》2012 年 12 月 5 日第 12 版。

8. 龚超:"论我国环境纠纷仲裁制度的构建",中南林业科技大学 2014 年硕士学位论文。

9. 周頔、李卓谦:"周汉民:'个人信息隐身份'需要法律保护",《民主与法制时报》2018 年 3 月 11 日第 2 版。

10. 卓力雄:"被遗忘权中国适用论批判",《第六届湘江青年法治论坛会议论文集》。

11. 张文显:"无数字,不人权",《北京日报》2019 年 9 月 2 日第 15 版。

12. 张兰廷:"大数据的社会价值与战略选择",中共中央党校 2014 年博士学位论文。

13. 聂佳龙:《基于正义标准复杂性范式分析的人工智能时代法律构建》,《第五届湘江青年法治论坛论文集》。

14. 聂佳龙:"法律经济学视域下大数据不正当竞争行为的法律规制论纲",《第六届湘江青年法治论坛会议论文集》。

15. 柳华文:"科学技术与人权保障",《光明日报》2012 年 5 月 12 日第 6 版。

后 记

　　按照格式化的要求,画上了后记的最后一个句点似乎才能预示着一本著作写作的彻底地结束。我们从 2015 年年底起接触大数据技术,2016年完成了一部将大数据技术应用于立法领域的学术著作。当时我们对大数据技术有着相当的乐观。但随着对大数据技术在法学方面研究的深入,以及在商业领域所展现出的各种负面,我们对大数据的态度也就由乐观变成了谨慎。因为这个缘故,我们有了通过法律防控大数据技术风险的想法。在这个想法的指引下,2017 年上半年聂佳龙出于教学的需要完成了《大数据不正当竞争的法律经济学思考》一文。2018 年我们在该文的基础上申报的《基于数据驱动的不正当竞争行为法律规制研究》项目成功立项为江西师范大学规划项目则为本书的写作添加了催化剂。

　　万事俱备,东风也有了,但写作并非如设想那样顺利。光一个导言,我们就写了一个暑假。导言写完后,第一章却因为需要统计学的知识而未能顺利开笔。第一章能开笔的时候,已是草长莺飞、花红叶绿的 2019年春。第一章完成的时候已是蝉立杨柳聒噪不停的盛夏。涉及我们熟悉领域——法律经济学——的第二章写作才稍显顺利,从中所获的信心与鼓舞都暗示着接下来的三章写作应该会很顺利。但是,我们又一次预估错了,这三章不仅仅需要产权经济学、区块链技术等我们掌握的知识,还需要量子力学、计算机编程等我们并不熟知的领域。好在熊春泉有着大学理科学习的经历(数学专业)具有一定的理科功底;再凭着聂佳龙以无比坚韧的毅力啃下了这些硬骨头。絮叨这些并非是要显示我们的过人之处,仅仅是借后记这块"自留地"自我打开我们这一年半写作时光里积累的郁结。

　　任何学问都是在前人的基础上。本书所列的参考文献让我们在写作的过程中受益匪浅。于是,我们更愿将这一年半的写作视为学习。我们领略了经典著作历久弥新的魅力,领略了跨学科带来的宽阔视野,领略了异域文化所蕴含的逻辑之美。当然,这种学习对我们来说更是砥砺心性的过程。我们有过放弃、有过动摇、有过怀疑。虽然现在看来如风轻云淡一般,但当时却是黑云压境。

完成本书的写作没有什么幸运,只是我们坚持到底了。让我们坚持的理由除了别无退路,还有两个家庭的关爱与支持,以及朋友们、前辈们等的鼓励。

今书付梓,不敢奢望能够推动数据驱动型竞争异化风险的研究,如果能让读者受到一点点启发便心满意足。我们也真诚希望读者、同仁等对本书提出批评,让我们进步更快!

熊春泉、聂佳龙

图书在版编目(CIP)数据

数据驱动型竞争异化风险的法律防控研究/熊春泉，
聂佳龙著.—上海：上海三联书店，2021.5
ISBN 978-7-5426-7299-5

Ⅰ.①数… Ⅱ.①熊… ②聂… Ⅲ.①互联网络-科
学技术管理法规-研究-中国 Ⅳ.①D922.174

中国版本图书馆 CIP 数据核字(2020)第 262020 号

数据驱动型竞争异化风险的法律防控研究

著　者 / 熊春泉　聂佳龙

责任编辑 / 殷亚平
装帧设计 / 一本好书
监　制 / 姚　军
责任校对 / 张大伟　王凌霄

出版发行 / 上海三联书店
　　　　　(200030)中国上海市漕溪北路 331 号 A 座 6 楼
邮购电话 / 021-22895540
印　刷 / 上海惠敦印务科技有限公司

版　次 / 2021 年 5 月第 1 版
印　次 / 2021 年 5 月第 1 次印刷
开　本 / 640×960　1/16
字　数 / 250 千字
印　张 / 14.25
书　号 / ISBN 978-7-5426-7299-5/D·478
定　价 / 68.00 元

敬启读者,如发现本书有印装质量问题,请与印刷厂联系 021-63779028